지도, 권력의 얼굴

Maps and Politics
by Jeremy Black

Copyright ⓒ 1997 Jeremy Black
This original edition was published in English by Reaktion Books
Korean translation copyright ⓒ 2006 Simsan Publishing Co.
This Korean edition was published by arrangement with Reaktion Books, UK
through Best Literary & Rights Agency, Korea
All rights reserved.

이 책의 한국어판 저작권은 베스트 에이전시를 통해 원저작권자와 독점 계약한
심산출판사에 있습니다. 신저작권법에 의하여 한국 내에서
보호를 받는 저작물이므로 무단전재와 복제를 금합니다.

지도, 권력의 얼굴

초판 1쇄 발행 2006년 12월 10일

지은이 | 제러미 블랙
옮긴이 | 박광식
펴낸이 | 최원필
펴낸곳 | 심산출판사
주 소 | 경기도 고양시 일산동구 백석동 1302
        동문굿모닝힐 1차 102동 302호
전 화 | 0502-324-6280
팩시밀리 | 031-905-6373
E-mail | simsan@korea.com
등 록 | 제1-2114호(1996년 11월 28일)

ISBN 89-89721-64-4 04900
     89-89721-35-0 04900 (세트)

* 책값은 뒤표지에 표시되어 있습니다.

이 도서의 국립중앙도서관 출판시도서목록(CIP)은 e-CIP 홈페이지
(http://www.nl.go.kr/cip.php)에서 이용하실 수 있습니다.
(CIP제어번호: CIP2006002495)

지도, 권력의 얼굴

제러미 블랙 지음 | 박광식 옮김

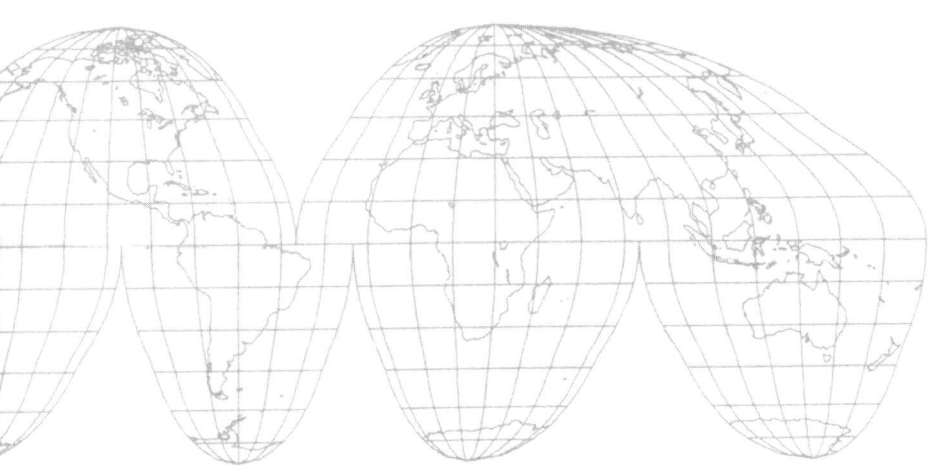

심산

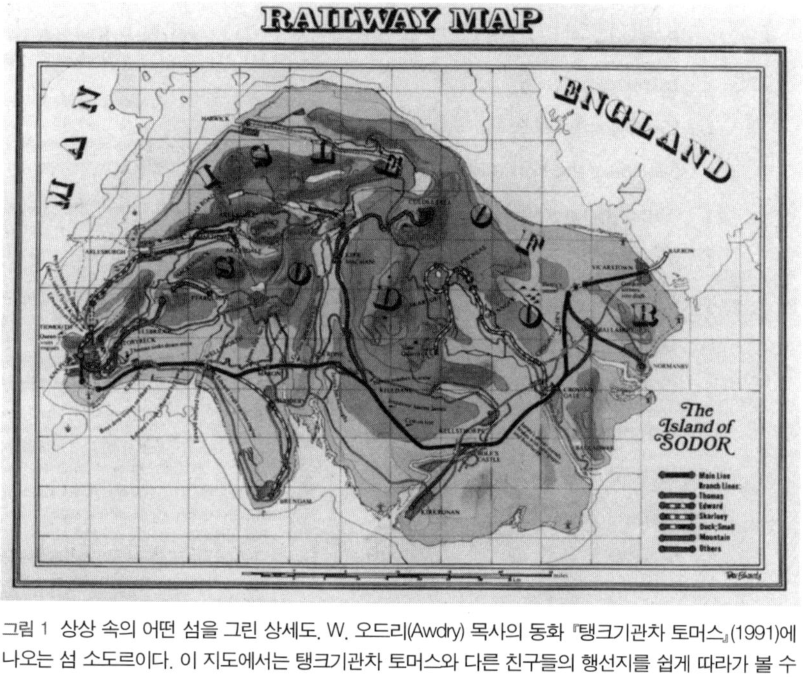

그림 1 상상 속의 어떤 섬을 그린 상세도. W. 오드리(Awdry) 목사의 동화 『탱크기관차 토머스』(1991)에 나오는 섬 소도르이다. 이 지도에서는 탱크기관차 토머스와 다른 친구들의 행선지를 쉽게 따라가 볼 수 있다. 여기서는 여행 그 자체가 중요하며, 여행 경로는 큰 의미를 갖지 못한다.

머리말

내가 어린 시절에 읽었던 책들 중에는 지도가 실린 것들이 많이 있었다. 거기에는 아서 랜섬(Arthur Ransome)의 어린이 모험 소설 제비호와 아마존호(Swallows and Amazons) 시리즈에 들어 있던 공상 세계의 지도들이나, 중세의 전투를 묘사한 셀먼(R. R. Sellman)의 지도들이 포함된다. 나는 또 가상 국가의 지도를 직접 그려보기도 했는데, 이를 통해 이 나라를 구체적으로 아니 일종의 현실로 느낄 수 있었다. 학교를 다닐 때는 지리와 역사에서 항상 최고 점수를 받았고, 이 때문에 대학교에서 둘 중 하나를 선택하는 데 어려움을 겪기도 했다. 지리학을 공부하려면 수학을 잘해야 한다는 점 때문에, 결국 역사를 선택했고 지도는 포기하고 말았다. 역사지리학은 지리학자들에게 '맡겨 두기로' 했던 것이다. 물론 지도에 대한 관심은 여전히 남아 있었지만 1992년까지는 학문적 관심은 갖고 있지 않았다. 그러나 이 무렵부터 역사 지도학 및 관련 주제들을 연구하기 시작했고 그 결과 두 권의 책을 집필하게 됐다. 그 중 하나가 과거의 지도책들에 초점을 맞추고 역사 지도학의 기원을 추적한 『지도와 역사』(Maps and History)로, 분량이 많은 이 책은 1997년에 출판될 예정이다. 다른 하나가 바로 이 『지도, 권력의 얼굴』(Maps and Politics)로, 이 책은 멀지 않은 과거 및 요즘의 지도에 관해 다루고 있으며 『지도와 역사』보다는 조금 짧다. 이 책은 지금 엑서터 대학에서 강의하고 있는 내용과 관련돼 있다.

　이 책을 준비하면서 많은 사람들에게서 도움을 받았다. 특히 대영박물관 지도열람실의 직원에게 특별한 감사의 말을 전하고 싶다. 또 스코틀랜드국립도서관의 지도열람실을 비롯해, 볼스테이터, 브리티시 컬럼비아, 케임브리지, 콜로라도(볼더), 덴버, 뉴캐슬, 옥스퍼드, 텍사스, 텍사스 크리스천, 웨스턴 온타리오, 요크(온타리오) 대학 도서관의 지도열람실에서도 많은 도움을 받았다. 또 존 앤드루스, 폴 하비, 로버트 피버디, 찰스 위더스를 비롯해, 이름을 다 적을 수 없는 많은 독자들이 이 책의 초고를 읽어주었다. 일리노이 주립대학(어바나)과 바르부르크연구소, 길드홀대학에서 들었던 강의들을 통해서는 이 책에서 밝힌 몇몇 개념들을 발전시킬 수 있었다. 비서 역할을 해줬던 웬디 두리에게도 많은 빚을 졌음을 밝혀둔다.

　이 책은 내가 진심으로 존경하는 한 역사학자에게 바치는 것이다. 로이 포터는 엄청나게 광범위한 분야를 알기 쉽게 전달하는 뛰어난 학자이다. 그리고 현대 역사학자들 중에서는 보기 드물게 과거를 일반 대중에게 눈 앞에서 펼쳐지는 것처럼 흥미 있게 전달할 의향과 능력을 두루 갖추고 있다. 또 그가 개인적으로는 대단히 매력적이고 활기차며, 인간적이라는 점 역시 밝혀두고 싶다.

차례

머리말 _ 5

들어가는 말 9

1장 **지도, 권력의 얼굴** 15

2장 **투영법과 세계관** 47

3장 **사회·경제 문제의 지도화** 83
    자연계 _ 85
    경제적 공간 _ 88
    사회 문제 _ 96
    환경을 다룬 지도책들 _ 124
    자원 관리 _ 132
    지도 구매자들 _ 140
    관광 _ 143
    지도, 역사, 성지 _ 148
    결론 _ 152

4장 **정치의 지도화** 157
    공상 세계 _ 164
    생략의 정치성 _ 169
    선거 _ 171
    지정학 _ 179

차례 7

이데올로기 _ 183
멸균된 공간 _ 187
결론 _ 193

5장 국경 ······ 197

근대 초 유럽의 국경 _ 201
18세기 _ 206
동유럽 _ 211
경계의 국경화 _ 214
유럽과 아시아의 경계 _ 216
신세계 _ 218
19세기 _ 222
제국주의와 그 경계 _ 225
1945년 이후 _ 236
영토와 경계 _ 239
결론 _ 242

6장 전쟁과 지도 ······ 243

7장 결론 ······ 273

옮긴이의 말 _ 283
참고문헌 _ 287
찾아보기 _ 305

들어가는 말

지도는 국제정치는 물론 국내 정치에서 대단히 중요한 역할을 수행해 왔고, 또 수행하고 있다. 이것은 시각 이미지 및 메시지들이 의제를 설정·제시하는 강력한 능력을 갖고 있음을 보여주고 있는 것이다. 1900년대에 특히 정치와 관련된 지도가 눈에 띄게 발전했던 것은 지도학 일반이 발전한 데다가, 정치화와 민주화의 영향을 받아 그래픽 이미지가 강조되고, 또 소비를 비롯한 문화 전반의 흐름이 시각적 요소들을 중요하게 여기게 된 따위의 변화들을 반영하고 있다.

상당수 지도들이 정치를 다루고 있다는 사실은 쉽게 읽어낼 수 있는데, 사실 지도는 출발부터 정치와 관련을 맺고 있었다. 고대로부터 지도 제작과 제국주의적 정복 및 통치 사이에, 즉 세계 지도라고 알려진 것들과 세계적 패권을 주장하는 세력은 밀접한 관련을 맺고 있었다.[1] 정치 권력에 대한 강조는 상당수 현대 지도에서도 똑같이 적용된다. 지도는 영토상의 권리를 주장하고, 특히 국경 분쟁에서처럼 영토를 둘러싼 갈등을 해결하는 데 사용되고 있다. 그리고 투표에서 나타난 지지 성향은 보통 지도를 통해 표시되고 있다.

그러나 지도 구매자나 사용자들은 대부분의 지도와 지도화 과정에는 아무런 정치적 의미가 담겨 있지 않은 것으로 여기고 있다. 이들이 지도를 보는 것은 주로 길을 잃었을 때나, 정확한 또는 제일 빠른 길을 찾을 때, 아니면 따분해서 항공사가 발행한 잡지를 훑어보다 취항 노선을 보게 될 때 정도이다. 이들에게 세계는 인간에 의해 질서가 부여되고 파악된 공간일 뿐이다. 또 대부분의 지도 구매자와 사용자들은 수학과 투시법, 측량 기술 등에서 일어난 변화 덕에 지도 제작 기술이 발전했다는 점에서 지도 제작 과정은 과학적이라고 믿고 있다. 그리고 인공위성으로 측량을 하고, 컴퓨터로 자료를 처리하고, 정교하게 컬러 인쇄를 하는 따위의 발전상을 목도하고 있는 오늘날에는 이런 생각이 더 강해졌다고도 할 수 있다. 사실 지도 제작 기술은 실로 엄청나게 발전했다. 이제 지도는 전과는 비교할 수 없을 정도로 빨리, 많이 제작될 수 있다. 지도의 가운데 오는 지역을 쉽게 바꿀 수도 있고, 쉽게 다른 투영법과 투시법들을 적용해 볼 수도 있게 됐다. 많은 양의 복잡한 자료들도 아무런 어려움 없이 지도화할 수 있게 됐다. 위도와 경도를 사용하게 됨으로써 지도는 상황에 따라 달라지거나 하지 않는 확고한 요소들을 갖게 됐다. 거기다 최근에는 자료를 컴퓨터로 처리·표현하게 되면서 지도 제작 기술은 과학적으로 한층 더 정밀하고 포괄적이 됐다는 인상을 주고 있다.

대부분의 지도 사용자들은 지도의 이같은 표면적인 정확성과 객관성을 신뢰하고 있다. 지도 제작 과정을 정치적이라고는 생각하지 않는 것이다. 과연 그럴까? 정치는 단순히 지도의 부분 집합일 뿐인가? 지도가 다룰 수 있는 하나의 전문 분야이며 편향돼 있다는 것이 사실이긴 하지만, 대부분의 경우 지도를 제작하고 사용하는 목적은 정치와는 별개라고 할 수 있을까? 아니면 지도를 제작하고 사용하는 행위는 본질적으로 정치적인 것인가? 이 책에서는 이런 중요한 질문들을 다루게 되는데, 그 과정에서 지도 제작과 사용은 겉으로는 '객관성'을 표방하고 있지만 여기에는 표시의 정치학이 작동하고 있다는 점을 계속 강조할 것이다.

장소와 공간이 중요하다는 점에서, 더욱이 꽤 많은 분야에서 중요성이 더 커져가고 있다는 점에서 이 연구 역시 중요하다고 할 수 있다. '역사가만' 시간을 다루고 설명할 수 있는 것이 아니듯이, 공간과 지형을 놓고도 같은 말을 할 수 있다. 공간이 수행하는 다양한, 그리고 상충하는 역할들은 인류학자와 역사학자, 사회학자들에게도[2] 관심사가 아닐 수 없다. 지도는 단순히 이런 역할들을 기록하는 데서 그치지 않는다. 지도를 만든다는 것은 공간과 공간성에 대한 특정한 관점을 제시·기록하고, 또 다른 관점들과 다툼을 벌이는 과정이기도 하기 때문이다.

1장
지도, 권력의 얼굴

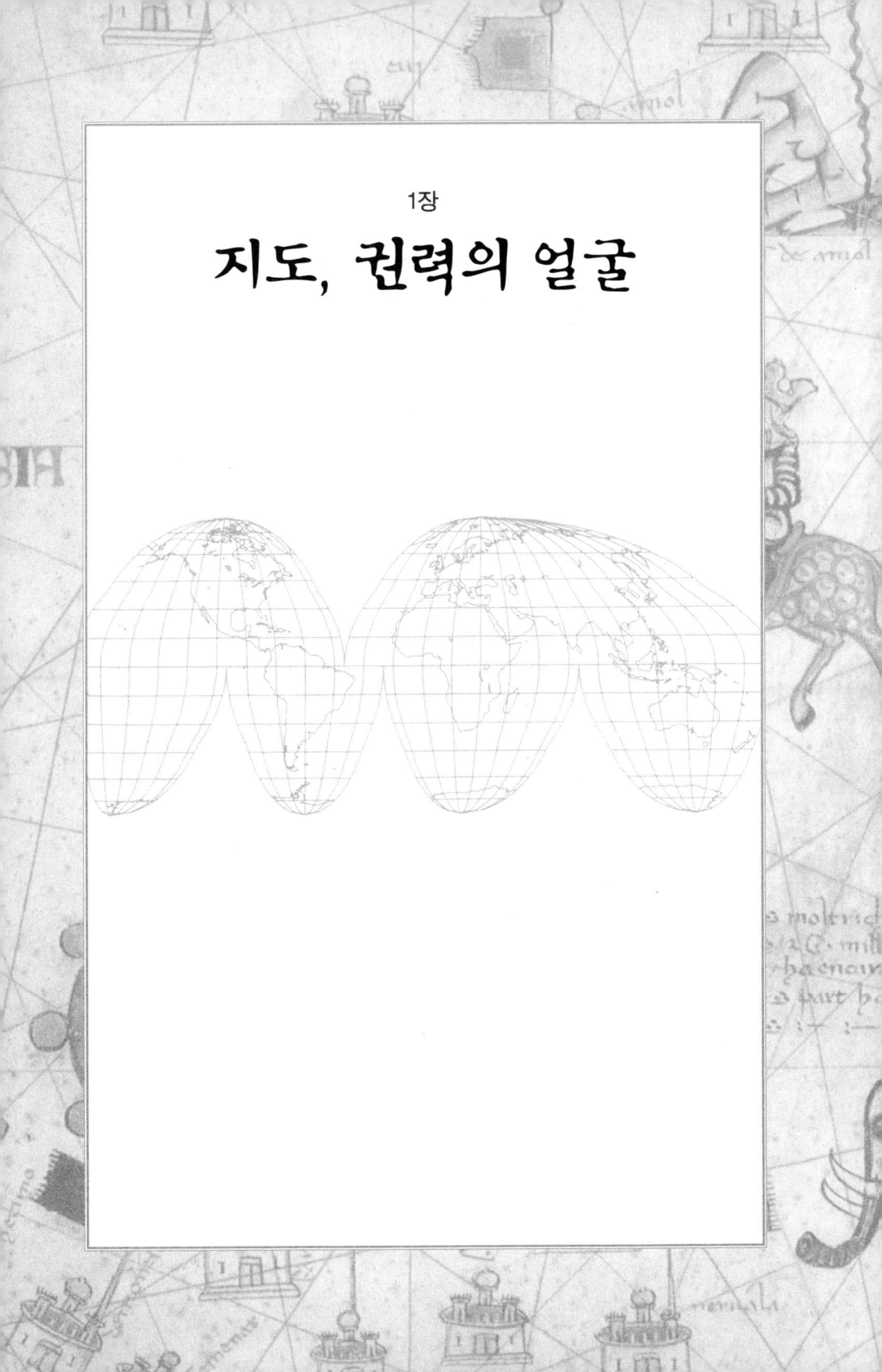

지도는 현실의 선택적 재현이다. 또 반드시 선택적 재현이어야만 한다. 지도가 실물대(實物大)의 사진일 경우에도 그것은 여전히 왜곡일 수밖에 없기 때문이다. 지구 같은 3차원의 구형은 그 본질을 거세시키지 않고는 2차원으로 표시할 수가 없다. 그리고 이 문제는 지구의 여러 부분을 지도화하는 데도 영향을 미치고 있다. 그러나 이 문제가 해결되고, 가상현실을 이용한 첨단 기술로 실물대의 사진 같은 지도를 제작할 수 있게 되더라도, 그 사진/지도를 어떻게 표현할 것이냐의 문제는 여전히 남게 될 것이다. 어떤 투시법을 채택할 것인가? 거기에 그림자를 표현할 것인가? 혹은 빛이 비추지 않을 때, 즉 어두웠을 때를 기준으로 지도를 제작할 수는 없을까? 안 된다면, 그 이유는 무엇인가? 해질 무렵의 어스름이나 한밤의 어두움 속에 있다가 조명을 통해 드러나는 인간의 존재. 사실 이런 광경이야말로 구름 한 점 없는 한낮의 완전한 시계(視界)를 통해 드러나는 장면만큼이나, 아니 그 이상으로 '현실적'인 것은 아닐까? 그러나 대부분의 지도에서는 완벽하게 밝고 맑은 날의 시계를 채택하고 있다(이에 대한 예외가 있다면 그것은 구름을 표현하는 기상도 정도가 될 터이다). 더욱이 '한낮'의 지도는 실물대든 아니든 실재 지각 과정과는 달리 모든 것을 동시에 펼쳐 보여주기 때문에, 공간에 대한 인지를 유도하거나 방해할 목적으로 지상의 '실제' 인간들이 빛과 인공조명을 이용해 공간을 정의하는 여러 가지 방법들을 하나도 반영하고 있지 않다.

지도는 실물대가 아니다. 지도는 초상화도 아니고 사진은 더더욱 아니며, 실물의 모형일 뿐이다. 대부분의 지도는 그것들이 표현하고 있는 것에 비하면 대단히 작다. 따라서 지도 제작자들은 무엇을 보여줄지 또 그것을 어떻게 보여줄지, 그리고 그 연장선상에서 무엇을 보여주지 않을지도 선택해야 한다. 여기서는 '보여준다'(show)는 말을 의도적으로 선택했다. 이 말은 창조적 행위와 숙련된 기술을, 그리고 지도 제작자는 재현자라기보다 창작자라는 사실을 시사하고 있다. 지도가 보여주는 것이 실재인 것은 사실이다. 그러나 그것이 완벽하다거나, 보여줄 실재를 선정하고 표현하는 과정에서 어떤 선택도 없었다는 의미는 아니다.

가장 주목할 만한 최근의 지구 이미지들 중 일부는 인공위성에 의해 제작되고 있다. 1970년부터 NASA, 즉 미 항공우주국은 가시 영역 외의 전자파 방사를 이용해 이미지를 만들어내는 랜드샛 원격탐사 화상(Remote Sensing by Landsat Imagery)이란 기술을 이용해 이런 사진들을 제작해내고 있다. 이 사진들은 자연스러운 지도로, 그러니까 인간의 숙련된 기술이 만들어 낸 산물로 보일 수 있다. 그러나 본질적으로는 지도가 된 사진인 동시에 사진으로 된 지도일 뿐이다. 하지만 이런 이미지들을 만들어내는 과정에 대한 인간의 개입은 많은 사람들이 생각하는 것보다 훨씬 더 직접적이다. 예를 들어 파장이 다른 전자파들을 이용해 지구 표면의 다양한 측면을 강조할 수 있다. 적외선은 식물 분포나 수자원을 파악하는 데 특히 유용하다. 파장의 선택과 주변 정보들은 보는 사람들이 받게 될 인상에 큰 영향을 미친다. 특히 이미지와 색 범위(color-range)가 대부분의 사람들에게는 낯설기 때문에 텍스트에 의한 설명 등이 보는 사람들의 반응에 큰 영향을 미치게 된다.

지도는 단순한 조명이 아니다. 가령 항공기에서 온타리오(Ontario) 동부를 촬영한 대축척 사진의 경우 너무 복잡해서, 호수 주변에 인간 활동이 불빛의 형태로 집중돼 있다는 것 정도를 빼면 뭐가 뭔지 제대로 식별할 수 있는 게 별로 없다. 항공기가 낮게 비행할 경우 사진에는 더 많은 것이 드러나겠지만, 지도는 단순한 사진이 아니다. 무엇을 보여줄 것인지의 선택은 축척 및 용도의 문제와 연결돼 있는 동시에 연동적인 관계에 놓여 있기도 하다. 그 중에서도 용도의 문제가 결정적이다. 지도는 특정 장소와 그 장소가 맺는 주위와의 관계를 보여주기 위해 제작되며, 이를 통해 지도 사용자들의 인식 속에 공간을 창조해내며, 그 결과 권력이라는 주제가 부각된다. 이 점은 대단히 다양한 축척으로 제작되고 있는, 흔히 볼 수 있는 두 가지 형태의 지도에서 분명하게 드러나 있다.

첫 번째는 세계지도 또는 한 특정 지역의 지도로, 이것들은 세계의 땅과 공간을 (일반적으로 바다를 포함시키지는 않지만) 영토와 정치적 지역을 기준으로 나누고 있다. 지도는 주권의 주장인 셈이다. 이런 지도에서는 프랑스나 영국 같은 개별국가들이 구성단위가 되는 셈이다. 나중에 다시 다루겠지만, 이런 규모에서 공간을 조직하는 다른 방법들, 즉 정치적 공간을 표시하는 다른 방법들은 무시되고 있다.

국가를 구성단위로 사용하는 지도라고 해서 반드시 정치적인 것은 아니다. 예를 들어 기상도는 가장 익숙한 형태의 지도라고 할 수 있다. 그리고 이런 지도들은 정치 세계와는 완전히 동떨어져 있는 것처럼 보인다. 그러나 이런 지도들은 일반적으로 이탈리아나 스페인 같은 정치적 단위를 기준으로 삼고 있다. 그것은 한편으로는 기상도가 한 나라에서 발행되는 신문이나 텔레비전, 라디오에 일상적으로 등장하기 때문이기도 하고, 이런 국가들이 설명이나 묘사에 가장 필요한 단위이기 때문이기도 하다. 그 결과 영국 켄트(Kent) 주의 주민들은 지리적으로는 훨씬 가깝지만 다른 나라에 속한 파드칼레(Pas-de-Calais)보다, 멀리 있는 웨스트몰랜드(Westmorland)의 상황에 대해 더 많은 정보를 제공받고 있다. 다른 나라라 해도 가까운 지역의 날씨 정보를 제공받는 게 더 적절해 보일 수도 있지만 어쨌든 적절해 보인다는 것이 기상도의 범위를 결정하는 본질적 요인은 아니다. 이는 국가가 어떤 역할도 하지 못하는 날씨 정보에 관해서도 국가(사실은 조국이라고 하는 편이 더 정확하겠지만)가 중심적 위치에 있다는 것을 보여주는 예이다.

두 번째로 흔한 형태의 지도는 도시나 시가지의 지도, 또는 그 일부의 세부도이다. 이런 지도들은 큰 거리를 중심으로 만들어지는데, '런던 A-Z' 같은 것이 그런 예이다. 시가(市街) 지도책들을 제작하면서 색인을 할 때도 같은 방법을 사용한다. 이런 지도책들에서는 색인이 대단히 중요한 역할을 한다. 철도 노선들도 표시되지만 얇은 선으로만 처리되고 색인에는 들어가지 않는다. 요즘의 영국지도에서 도로와 철도를 같이 지도에 표시하고도 도로를 철도에 비해 훨씬 눈에 덜 띄게 만들 수 있는 곳은 『탱크 기관차 토머스』 이야기의 무대가 되는 가상의 섬 소도르(Sodor)뿐일 것이다.

실제 도시를 'A-Z' 화하게 되면 주거 지역은 도로들 사이의 공간으로만 나타나게 된다. 도시 안의 차이들, 예를 들면 빈부나 환경, 주택의 질 같은 차이들은 무시되는 것이다. 대립적이며 경쟁의 대상이 되고, 과거의 모습이 되풀이 되는 경우가 잦은 도시 공간의 분위기를 창조하고 동시에 반영하는 지각작용들은 소홀히 취급되는데, 그것은 아무런 특징이 없는 단일한 배경, 즉 어디까지나 도로의 관점에서 묘사되고, 또 설명을 하더라도 도로의 관점에서만 설명되는, 아무런 특징이 없는 균일한 배경이 우선시되기 때문이다.

여기서 묘사된 도시는 서로 다른 특성을 가진 주거 지역들, 이를테면 상류층으로 진입하는 중이거나 아니면 쇠락해 가는, 또 주로 가족 단위로, 아니면 독신으로 사는 사람들이 모여 있는 지역들 따위로 이루어진 곳이 아니다. 도로들을 강조하려면 이런 배경의 균일성이 불가피하다. 또한 상세도가 일반적으로 도로 사이의 서열을 표시하지 않기 때문에, 설령 표시하더라도 충분히 분명하게 표시하지 않기 때문에, 이렇게 해서

드러나는 도로망 역시 실제를 제대로 보여주지 못한다는 점을 덧붙일 필요가 있다. 주요 도로들을 색을 입혀 구분하는 것이 일반적이 돼 가고 있지만 도시의 도로지도는 교통량이 어느 정도인지를 보여주지는 않는다. 그리고 대부분의 도시 지도들은 중요 공공건물들을 (보통은 검은색으로) 보여주고, 이를 통해 도시의 중심지들을 대충 손쉽게 구별할 수 있게 하고 있다.

그러나 도시 지도들은 대단히 평면적이다. 도시의 수직적인 측면은 거의 보여주지 않으며, 그에 따라 초고층 빌딩들과 그보다는 낮은 고층 건물에 살고 일하는 많은 사람들에 대해서도 말하지 않으며, 이런 건물들 때문에 발생하는 교통 문제나 (계단이나 승강기 같은) 이런 건물들이 제공하는 이동수단들도 표시하지 않는다. 이처럼 도시생활의 수직적 측면을 생략하는 것은 지상 교통로, 특히 도로를 강조하는 한 방법이다. 도시는 가로질러야 하는 공간이며, 개인이 주어진 목적지를 찾는 과정에서 조작 또는 극복해야 할 지역이지 머물거나 살 곳은 아닌 것이다. 도시는 주거지역들로 구성됐다기보다는 도로를 이용해 통과해야 하는, 사실은 극복해야 하는 거리(距離) 공간인 셈이다. 좀 더 포괄적으로 말하면 도시 안에서 이루어지는 활동의 구조나 유형, 밀도 따위는 무시되는 것이다.[1]

물론 A-Z 방식의 도로지도도 도시 환경의 질에 관해 얼마간의 정보를 제공한다. 여기서 녹지 공간의 존재 여부는 중요한 지표가 된다. 내가 사용하는 〈니컬슨판 런던 길찾기 컬러 지도〉(런던, 1985)를 보면, 46쪽 햄스테드(Hampstead) 지역의 녹지 공간을 나타내는 지도상의 빈 공간과 녹지는 전혀 보이지 않는 브릭스턴(Brixton) 지역(90쪽) 사이에는 상당한 차이가 있다. 이를 통해 지도 사용자들은 아직 가 보지 않은 지역의 도시적 특성에 대한 정보를 얻을 수 있고, 도시의 몇몇 지역을 방문해 이미 갖고 있는 기존의 인식을 더욱 강화하게 된다.

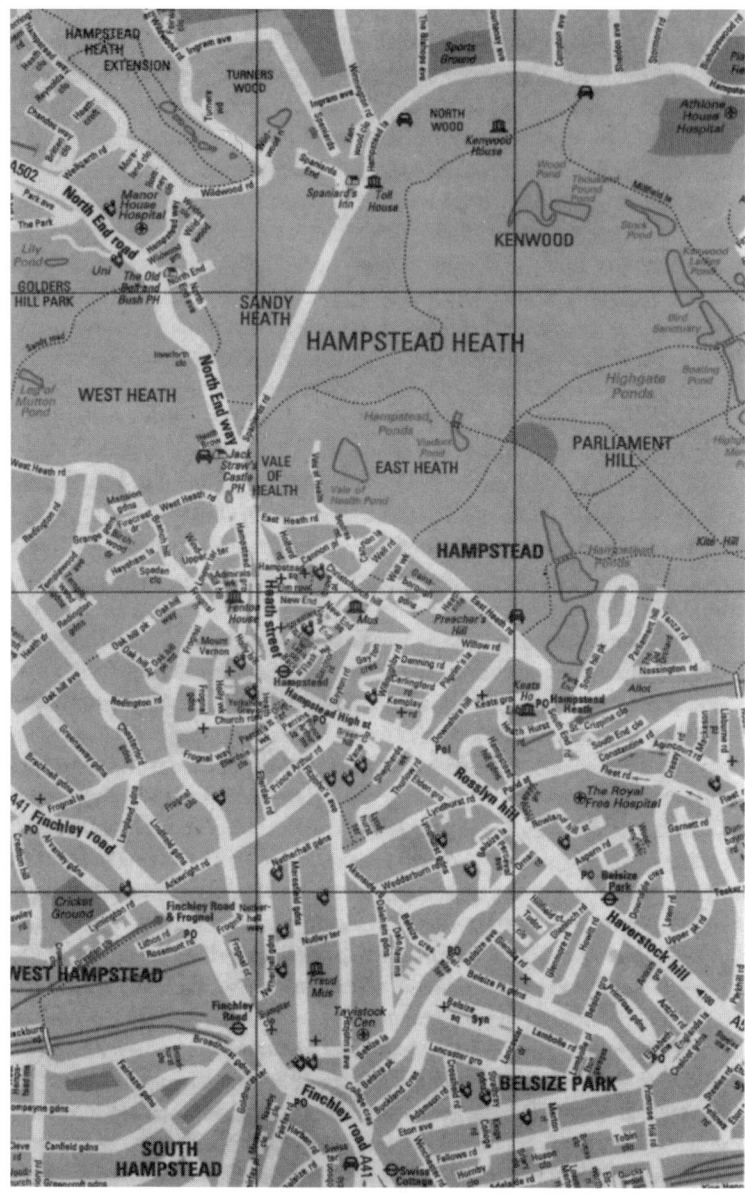

그림 2 〈니컬슨판 런던 길찾기 컬러 지도〉(1996)는 녹지 공간이 충분한 햄스테드 지역과 녹지가 거의 없다시피 한 켄티시타운(Kentish Town) 같은 이웃 지역의 차이를 아주 분명하게 보여주고 있다. 그러나 이 지도에서는 히스(Heath) 지역에서 본 경관이나 햄스테드가 주변의 다른 지역들을 문자 그대로 내려다보고 있는 상황 따위의 다른 주거 조건들은 드러나지 않고 있다.

22 지도, 권력의 얼굴

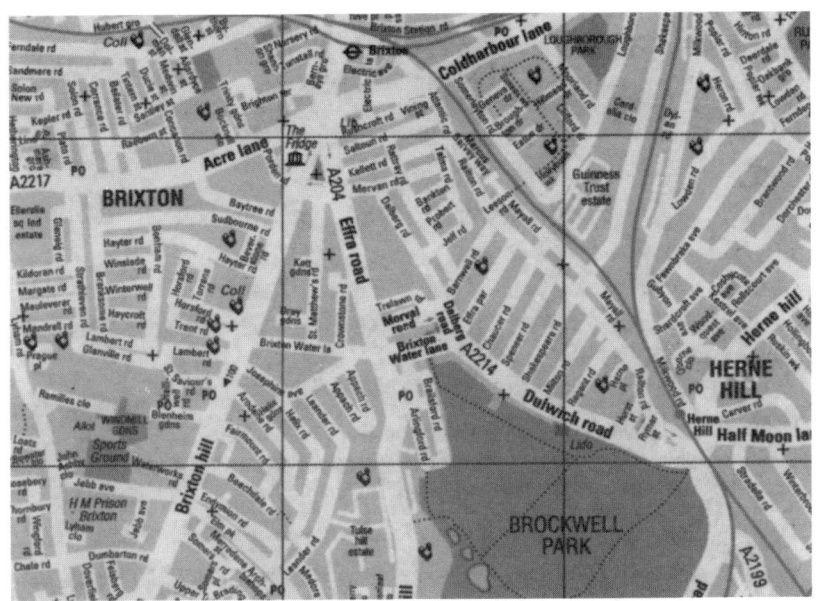

그림 3 〈니컬슨판 런던 길찾기 컬러 지도〉에 표시된 브릭스턴(Brixton) 지역. 이 지도는 브릭스턴 지역의 역동성이나 개성, 긴장 관계 따위는 전혀 보여주지 않고 있다. 실제로 브릭스턴 지역은 여러 개의 도로로만 이루어져 있는 것처럼 보인다. 이런 지도에서는 도로가 없으면 지역도 없는 셈이다.

도로 사이의 거리도 또 다른 지표가 될 수 있다. 언제나 통용되는 규칙은 아니지만, 도로 사이의 간격이 넓을수록 일정 규모의 정원이 존재할 가능성이 높다고 할 수 있다. 가령 〈엑서터(Exeter) A-Z 도로계획도〉에서 볼 수 있는 마운트 래드퍼드(Mount Radford) 지역의 밀집된 도로들은 세인트토머스(St Thomas) 지역보다 훨씬 비싼 부동산을 끼고 있다. 그러나 도로를 강조하고 있는 이 지도는 주택의 질이나 특성 따위는 무시하고 있다. 그에 비해 엑서터 지역의 정책 입안자들이나 부동산 업자들은 어떤 도로지도에도 나와 있지 않은 각 도로들 사이의 구체적인 차이점들이나 여러 지역의 지형과 경계, 소유권, 주거 패턴들을 파악하고 있다.

이런 지도들을 채용한 역사지도 역시 대체로 인간적 차원을 제대로 다루지 못하고 있다. 『지도로 본 울버햄프턴(Wolverhampton)의 과거,

그림 4 영국 육지측량부에서 제작한 울버햄프턴시의 지도. 새로운 순환도로가 보이기는 하지만, 이 도로의 건설이 불러온 주거 지역의 파괴나 교란은 나타나 있지 않다.

1577~1986』(울버햄프턴시 도서정보국 발행, 1993)은 마지막 지도로 시의 중심지를 다룬 영국 육지측량부의 지도 일부를 실었다. 이 지도에는 순환도로가 표시되어 있고, 거기에 딸린 텍스트는 '낙후 주거 지역' 정리에 관해 언급하고 있다. 그러나 지도나 텍스트 어디에서도 도로 건설에 따른 주거 지역의 파괴나 교란에 관한 정보는 찾아볼 수 없다. 지도 사용자들로서는 추측을 할 수밖에 없는 것이다.

축척이나 방향보다 명료함을 강조하는 유형도(typological maps)들에서도 도시 활동의 구조나 밀도가 무시될 수 있는데 〈런던 지하철 노선도〉가 이런 예에 해당한다. 이 지도는 런던 지하철의 설계자인 해리 벡

(Harry Beck)이 1931년 제작한 지도에 기초하고 있다. 벡의 지도가 나오기 전에 지하철 회사들이 발행했던 지도들은 거리와 방향을 정확히 표시하고 있었다. 개별 회사들의 노선만 표시하던 지도들과 달리 전체 지하철 노선을 보여줄 목적으로 제작된 것들 중 첫 지도는 1908년에 발행됐는데, 여기서는 런던 중심지의 도로지도 위에 지하철 노선들을 표시했다. 1920년대가 되면 배경으로 깔렸던 도로지도는 없어지지만, 여전히 벡이 제작하게 될 지도에서와 같은 도해적 형식은 찾아보기 힘들었다.

벡의 표현 방식은 과학 모형들, 그 중에서도 특히 전기회로도의 영향을 많이 받았으며, 지하철 노선들의 수직과 수평 차원을 모두 보여줄 수 있도록 45도 각도를 사용했다. 그의 지도는 대단히 성공적이었고 런던 시는 역에 게시하는 노선도들은 물론 포켓판에서도 그의 지도를 사용하게 된다. 사용자들에게서 좋은 반응을 얻었던 이 지도는 런던 시내의 중심 지역을 확대해 다룸으로써 각 노선과 환승역들을 쉽게 알아볼 수 있게 했다. 이 지도는 다른 용도로도 사용됐다. 이보다 앞서 나온 일부 지도들에서는 런던 외곽의 지상 노선들을 제외해야 했고, 설사 포함했을 경우에도 이런 노선들을 제대로 표시하는 데 상당한 어려움을 겪어야 했다. 반면 벡의 모델은 전 노선을 포함할 수 있었다. 이를 통해 벡의 지도는 교외와 시내 중심지 간의 거리를 실제보다 줄일 수 있었고, 이는 에지웨어(Edgware) 같은 교외 거주지가 개발되고 있던 무렵에 한 가지 중요한 결과를 낳게 된다. 즉 교외와 중심지를 가깝게 표현함으로써, 교외 이주가 런던을 떠나는 것이 아닌 것처럼 보이게 만들었던 것이다. 그의 지도는 개별 노선들을 직선으로 표시함으로써 런던에 가기가 쉽다는 점을 강조하는 시각 효과를 거둘 수 있었던 셈이다.

지도의 주제는 선택된 것이며 지도에 사용된 축척, 투영, 방위, 기호, 약호표, 제목, 표제 따위도 역시 마찬가지다. 완전히 객관적인 지도 제작법이 존재한다고 생각한다면, 그것은 선택이라는 요소와 그 특성을 부정하는 것이며, 규정된 (따라서 선택된) 경계 안에서는 다른 선택의 여지가 없는 것처럼 보이는 경우가 자주 있기는 하지만, 이 선택들에 일정한 전제가 깔려 있음을 무시하는 것이다. 정확성은 근대 지도에 깔려 있는 이데올로기이며, 존재 이유다. 즉 지도는 객관적이기 때문에 정확하고, 실제를 공정하게 '과학적으로' 재현한다는 것이다. 그러나 전제와 선택은 주관적인 판단을 수반한다는 점에서 사용자들의 역(逆)선택이 필요할 수도 있다. 대부분의 지도 사용자들은 지도 제작을 과학적인, 의심의 여지없이 정밀하고 숙련된 작업으로 여기고 있으며, 첨단 기술의 발전에 따라 점점 더 정확해지고 있다고 생각한다. 이런 접근 방식은 과학에 대한 제한된 이해에 바탕을 두고 있기 때문에 사실을 호도하게 된다. 지도라는 매체의 한계는 이렇다 할 이견이 존재하지 않는 '기술적'인 것에만 머물지 않는다. 즉 단순히 어떤 투영법과 축척을 선택할 것인가 따위의 '기술적'인 문제로 보이는 것들만이 지도의 한계를 결정짓지는 않는다는 것이다. 사실 여기에는 훨씬 더 광범위한 문제들이 얽혀 있다.

예를 들어 그 안에 존재하는 강력한 분리주의적 경향들을 전혀 고려하지 않고서도 현대 이탈리아의 지도를 정확하게 제작하는 것이 가능하다. 이탈리아의 행정 지역들, 즉 국가의 권력 구조에 참여하고 있는 지역들은 지도에 표시되지만, 남부와 북부 사이의 두드러지는 경제적 격차 따위는 거의 지도에 나타나지 않는다. 또한 분리주의를 주장하는 북부동맹이 1996년 계획했던 파다니아(Padania)라는 국가를 표시하는 지도는 아주 드물다.

지도를 이용한 국가의 자기주장은 국민과 국가의 영역을 분명하게 표시하는 데서 출발하기 때문에, 본질적으로 국가주의적인 이런 지도 제작 방식은 과거나 지금이나 대단히 중요하다. 즉 공간은 반드시 영토로 이해되어야 하는 것이다. 예를 들어 철도 및 도로지도, 일기예보 등에 국가의 지도 이미지가 반복적으로 등장함으로써 이 국가의 모양과 영토의 윤곽이 분명하게 확립되는 것이다. 이것은 공간을 정리하는 자연스러운 방법을 국민들에게 분명히 보여주는 교육 과정이기도 하다. 기업들이 제작하는 광고나 지도에 국가의 모양을 자주 사용하는 것도 이 과정을 더욱 강화하는 요인이 된다.

1980년대와 1990년대가 되면서 객관적 지도라는 개념은 일련의 주목할 만한 저작들을 통해 도전을 받게 된다. 그 중 가장 설득력 있는 책이 데니스 우드(Denis Wood)가 쓴 『지도의 힘』(뉴욕, 1992)이다. 각 장의 제목들은 이 책의 주제를 잘 보여주고 있는데 이를 살펴보면 다음과 같다. '지도는 이해관계에 복무함으로써 기능한다', '지도는 지도가 구축한 역사의 핵심적 일부분이다', '모든 지도는 이것은 보여주고 저것은 보여주지 않는다', '지도가 복무하는 이해관계는 감춰져 있다', '이해관계는 기호와 신호를 다룬 지도에 체현돼 있다', '모든 기호에는 역사가 있다', '지도는 당신의 이해관계에 복무할 수도 있다'. 우드가 말하려는 바는 지도는 권력을 반영하며, 또한 강화시킨다는 것이다.

지도에 대한 이런 접근에는 역사적으로 유명한 회화 작품 등을 해독하고자 했던 도상학, 그리고 텍스트의 성격이나 저자의 의도가 고정적이지 않다는 데 관심을 가졌던 포스트모더니즘이 결합돼 있다. 우드의 이 책은 영국의 지리학자로, 우드 자신이 서문에서 그의 영향을 받았다고 밝힌 브라이언 할리(Brian Harley, 1932~1991)의 영전에 바쳐진 것이었다.

할리는 지도를 본질적으로 권력의 담론에 기여하는, 그리고 이런 관점에서 이해해야만 하는 문서로 보았다. 그는 지도를 언어의 한 형태로 취급했으며, 롤랑 바르트와 자크 데리다가 문학과 건축, 기호 등을 분석하면서 개척했던 후기구조주의와 포스트모더니즘의 측면에서 읽고 해체해야 하는 텍스트로 바라봤다.² 그에게 지도는 존재론, 인식론, 도상학, 수용이론과 연결돼 있으며, 이런 연계 속에서 이해해야 하는 것이었다. 지도의 수사학을 식별하는 데 쏟았던 그의 관심을 통해 지도 제작³에는 새로운 의미가 부여됐으며, 지도는 더욱 폭넓은 지적 조류, 특히 단순한 지식의 확산을 넘어서는 맥락 속으로 흘러들게 됐다.⁴

할리는 지도의 정확성에 관한 문제를 넘어서, 특히 후기 저서들에서는 권력의 도구로서 작동하는 지도의 성격, 그 중에서도 영유권을 주장·공표하는 지도의 실질적·상징적 역할에 관심을 기울였다.⁵ 권력과 지식, 지도화 과정 사이의 관계에 대한 그의 분석은 큰 영향력을 갖고 있는 급진적 프랑스 철학자 미셸 푸코에 의존했는데, 특히 지식과 그것이 권력과 맺는 관계를 문제화한 대목에서 많은 도움을 얻었다. 푸코는 지식의 정치학을 이해하고, 이에 관한 자신의 견해를 발전시키기 위해 지도학의 개념과 상징, 언어를 사용했으며, 특히 공간과 경계, 네트워크에 집중했다. 푸코에게 지식은 투쟁이었으며, 주로 공간과 관련지어 이해해야 할 것이었다. 즉 다툼의 대상이 되는 경계와 영역이 있었던 것이며, 이데올로기가 이런 영역들을 식민지화했던 셈이다.

권력이 공간에 관한 것이라면, 공간은 권력의 행사를 통해 창조된다. 지도는 이 과정에서 핵심적인 것으로 간주될 수 있다. 할리는 지도를 결코 수동적인 것으로, 단지 보여지는 것으로 이해하지 않았다. 그에게 지도는 통제, 한걸음 더 나아가 감시의 한 형태였다. 지도 제작자는 단순한 편찬자가 아니라 지도 창작자(map-creator)였던 것이다. 창작자로서 지도 제작자는 지도 사용자들을 조종했고, 그렇게 할 수 있는 한에서만 성공적이었다. 이런 조작은 주로 사용자들이 깔고 있는 문화적 전제에 부응함으로써 이루어졌고, 결국 이를 통해 지도의 언어는 지도의 기호들이 표시하는 것 이상을 내포하게 됐다.

이런 인식은 할리로 하여금 지도의 도덕성과 지도 제작의 윤리에 초점을 맞추도록 이끌었으며, 지도에 저항할 필요가 있다고 주장하도록 했고, 지도가 '침묵하는 부분들'인 무시당하거나 주변으로 밀려난 사람들에 주목하도록 했으며, 지도를 사회정의를 증진시키는 데 사용하도록 만들었다.[6] 또한 지도 창작자와 사용자의 자율성이 강조되면서 이들의 역할도 중요하게 부각됐다. 지도의 성격과 영향을 밝혀내기 위한 연구에서 이들의 역할은 중요한 주제가 됐다. 1990년대식 어법을 사용하자면 지도 사용자들은 지식을 통해 더욱 강해지는 존재였던 것이다.

최근에는 지도를 연구하는 일부 학자들도 비슷한 주장들을 내놓고 있는데, 이들 역시 할리에게 빚을 졌음을 인정하고 있다. 이것은 직접 지도를 만드는 일부 제작자들과 지도이론을 연구하는 학자들도 역시 마찬가지였다. 할리는 제국주의 국가들의 지도와 지도 제작 전통이 유럽 안팎을 막론하고 제국주의를 경험했던 사람들, 이를테면 아일랜드 사람들이 지도를 취급하고 이해하는 과정을 얼마나 왜곡시켰느냐에 특히 많은 관심을 가졌다. 그는 제국주의의 지배를 받아야 했던 사람들이 자신들의 땅에 대해 갖고 있는 느낌이나 지명은 제국주의가 전유해 버렸으며, 이에 따라 영토와 경계에 대한 이들의 이해 역시 무시됐다고 주장했다.

실제로 제국주의 국가들의 식민지 지도 제작은 상당 부분 자신들의 목적을 위한 것이었다. 7년전쟁(1756~1763)이 끝나고 프랑스인들은 마르티니크(Martinique)와 과들루프(Guadeloupe)의 지도를 제작했는데, 그들은 이 지도에 설탕과 커피, 면화 플랜테이션 체제를 기록했으며, 한편으로는 미래에 영국과 갈등이 발생했을 때를 대비한 정보들을 기재해 두었다. 이런 지도에는 플랜테이션에서 일하는 사람들이 아니라 소유주의 이름이 표시되어 있었다.[7] 결국 할리가 판단하건대 가난한 사람들과 식민 지배를 받던 사람들은 서구의 지도에 땅을 빼앗겼던 것이고, 이들의 지도 역시 무시를 당했던 것이다. 할리는 비서구적 지도를 원시적인 것으로, 그렇게까지는 아니더라도 최소한 제한적인 것으로 정형화했던 지적 서열화를 사악한 목적에 봉사하는 것으로 간주했다. 지식이 곧 권력이었다기보다는 권력이 지식의 서열화를 용인했고, 이런 서열화가 권력의 목적에 봉사했던 것이다.

비유럽인들의 과거 세계를 재구축하거나, 유럽적 요소들을 덧씌우지 않고 비유럽인들의 근대 세계를 제시하는 데 관심을 가졌던 다른 지도학자들도 비슷한 주장을 내놓았다. 가령 잭 포브스(Jack Forbes)는 『원주민 역사지도』(Davis, 1981)에서 19세기 미국의 지도는 원주민들의 세력권이 현실적으로 존재했는데도 그것을 미국 정부의 근거가 희박한 영토권 주장(그리고 동부 해안 사회의 일반적 인식)으로 대체해 버렸다는 점에서 현실을 호도하고 있었다고 주장했다. 그는 '꾸며낸 지도'를 교정하려고 했으며, 자신의 지도를 이에 대한 지도적 정화물로 제시했다.

> 이 지도는 …… 우리가 미국에서 거쳐야만 하는 지적 과정을 상징하고 있다. 그것은 인종적 편견과 식민주의적 쇼비니즘에서 자유로운 진실을 발견하는 과정이다.[8]

포브스는 객관적 지도가 가능하다고 주장했다. 그러나 그런 지도를 제작하려면 인종적·문화적 편견에 맞서야만 하고, 그리고 실제로 이런 편견에 맞서는 과정은 정확한 지도 제작에서 결정적으로 중요한 부분이라고 강조했다.

과거에도 그랬고 지금도 그렇지만, 독립 이후 아프리카 지도를 제작할 때도 똑같은 목표가 깔려 있었다. 그러나 포브스와 달리 아데 아제이(J. F. Ade Ajayi)와 마이클 크로더(Michael Crowder)는 지금까지 나온 최고의 아프리카 역사지도로 평가받고 있는 자신들의 저서에서 지도는 주관적일 수밖에 없다는 점을 강조했다.

역사지도를 놓고 보자면 확정된, 또는 최종적인 것은 없다. 지도들은 단순히 역사적 증거를 보여주는 수단이 아니다. 지도는 이 증거들에 대한 해석이며, 문제가 되고 있는 현상과 과정, 또는 사건들의 성격에 관해 저자 또는 편집자가 갖고 있는 전제들을 종종 선명하게 보여주기도 한다.[9]

학자들 중에서도 비슷한 논지를 폈던 사람들이 있는데, 이들은 지도와 지도 제작의 정통성, 그리고 영토에 대한 지배를 자연스럽게 받아들이도록 호도하는 지도의 역할을 문제 삼고 있었다.

실제 공간과 상상의 공간을 구별하는 것이 대단히 중요한데, 오늘날 대부분의 지도 제작 방식은 이것과는 상당한 거리가 있다. 지금의 소비사회에서 지도 제작은 주로 권력을 가진 사람들을 위한, 그리고 민족국가와 다국적 기업들의 '소유지'를 분명히 표시하기 위한 행위가 되어 버렸다. 그리고 지도 제작은 전문가들이 완전히 장악하게 됐다. …… 아주 냉소적으로 말한다면, 일반적인 이해와는 무관하게 지도 제작을 전유하는 행위는 5천여 개의 다양한 인류문화를 균질화시켜 순응적이고 유순한 단일 시장 안으로 몰아넣는 과정을 촉진시키는 또 다른 치안 활동으로 간주될 수 있다.[10]

이에 따라 지도의 개념이 재정립되어야 했으며, 객관성과 진보를 상징하는 것으로 여겨졌던 지도는 이제 과학의 한 분야로 취급될 그 무엇이라기보다는, 그것이 과학이든 아니든 다양한 그리고 변화하는 지적, 사회적 맥락 속에서 다뤄져야 할 그런 것으로 인식되게 되었다. 이 접근 방법을 따를 경우 지도학은 권력의 담론으로 간주되며,[11] 이 담론에서는 공간 자체가 권력관계의 근본 동인이며 반영으로 이해된다.[12] 어떤 점에서는 국가가 창조물이 된 셈이었고, 또한 권력이 자신의 영역을 구축하려는 시도였던 것이다.[13] 좀더 일반적으로 봤을 때, 근대의 공간 개념은 이중적 의미를 띠고 있었다.

…… 지도는 사회적 공간을 창조하며, 동시에 공간을 표시하는 방법이기도 하다. 지도는 거기에 두 가지 방식의 결합을 가능하게 함으로써 공간성의 두 양상을 창조해 낸다. 지도는 본성상 이질적인 실체와 사건, 위치, 현상들을 결합함으로써 다른 방법으로는 보이지 않는 패턴들을 볼 수 있게 해 준다. 지도는 또한 영토와 사회적 질서를 결합하고 있다. 근대의 체계적 지도들은 알고, 보고, 행동할 수 있는 한계를 미리 규정짓고 있는 표준화된 형태의 지식에 의존하고 있다. 지도는 주제와 물적 대상, 그리고 시공간 안에서 이것들이 맺는 관계에 대한 특정한 이해와 지식들이 정통성과 합법성을 획득하는 일종의 지식 공간을 창조한다.

이 과정은 근대 유럽 국가의 등장과 관련이 있다.

이 새로운 국제적 공간의 확립으로 지구의 전 영역이 하나로 지도화될 수 있는 과정이 시작됐다. 모든 장소는 동등하게 표시되고, 모든 지방성은 공간을 균질화하고 기하학적으로 처리하는 과정에서 사라진다. 현대 과학과 지도학을 구성하는 보편적이고 정확한 지식을 축적하기 위해서도 지역의 지식과 인적 자원, 수단 따위들은 국가적, 국제적 규모로 취합돼야만 한다. 이런 수준의 조직화는 국가와 과학, 지도학이 통합됐을 때에야 비로소 가능하다.[14]

지도의 표시 및 사용 방법에 대한 일련의 연구에서도 권력이 강조됐다. 앨런 맥이크렌(Alan MacEachren)은 그의 주목할 만한 저작 『지도의 기능』(뉴욕, 1995)에서 이렇게 주장하고 있다.

지도가 어떤 일을 하는지를 좀 더 완전하게 이해하기 위해서는 지도가 무언가를 표시하는 방식, 그리고 이런 표시가 촉매가 돼 또 다른 표시들을 자극하는 방식, 둘 다를 살펴볼 필요가 있다. 지도의 커뮤니케이션 기능을 강조하는 패러다임에서는 지도를 주로 정보 전달의 '수단'으로 이해했는데, 이 같은 기본 전제는 전체 지도화 과정의 극히 일부에만 적용되는 것이었기 때문에 곧 혼란에 빠지고 말았다. 그러나 지도의 표시(representation) 기능에 주목하는 관점은 이와는 대조적으로 표시 과정이 표시 이전에는 존재하지 않았던 지식을 낳게 된다는 전제에서 출발한다. 따라서 지도화와 지도의 사용은 지식의 전달보다는 지식을 구축하는 과정이 되는 것이다. 결국 지도의 기능을 심도 있게 이해하려면 지도 제작자들이 지식을 구축하는 과정, 그리고 지도상의 표기를 만들어내는 데 적용됐던 인지적, 사회적 과정들이 지식을 재구축하고 다양한 표기를 만들어내는 방법들을 고려해야만 한다.

전달 대 표시의 대조가 객관성 대 정치화라는 논의의 대립 축과 정확히 일치하는 것은 아니지만 관련이 있는 것만은 사실이다. 권력이라고 했을 때 거기에는 시선의 권위라는 개념이 얼마간 포함되는데, 곧 누가 어떻게, 왜 바라보느냐가 문제시되는 것이다. 바라보는 행위의 힘은 지도에 의해서 더욱 강화되는 동시에 유도(誘導)를 받는다. 그것은 지도의 표면적 객관성이 '데카르트적 투시'의 관점에서 본 바라보는 행위의 객관성과 일치하기 때문이다. 그러나 데카르트적 접근 방법은 최근에 들어 도전을 받고 있다.[15] 더군다나 지도는 특정 형태의 실체를 단순히 표현하는 것이 아니라 그것을 구성하는 중요한 부분이기도 하다. 지도가 사용하는 매체와 그 메시지는 글의 그것과는 다른데, 그것은 특히 지도가 형태와 인상을 동시에 제공하는 데 반해 글은 구성과 내용을 순차적으로 제시하기 때문이다.

지식구성이론은 지도 제작 과정과 거기에 따르는 문제들, 특히 자료를 수집하고 지도화할 수 있는 것들을 결정하는 과정을 특징짓는 여러 긴박한 사정들과 여기서 비롯된 여러 가지 타협들을 이해하려고 할 때 제한적인 지침이 될 뿐이다. 할리 같은 학자들은 비록 지도학에 관한 논의를 한층 더 풍부하게 만들기는 했지만, 모종의 음모를 찾아내려다가 이런 선택과 절충 과정들을 정치화함으로써 복잡한 상황을 단순화시켜 버리고 말았다. 그들은 지도로 '할 수도' 있는 것을 지도로 '해야만 하는' 것으로 치환해 버렸다. 즉 지도화될 수도, 지도로 보여줄 수도 있을 따름이었던 것을 지도화하고 보여주어야만 한다고 생각했던 것이다. 혹은 무엇을 지도화할 수 있었고, 또 할 수 있느냐의 문제는 문화적, 정치적 추정에 의해 결정됐다고 주장했던 것이다. 이들이 지도 분석과 이론화를 정치화한 것은 얼마간 그 자체로 정치적 주장이었으며, 학문적 이데올로기의 선언이었다. 특히 할리의 경우는 국가에 대한 불신을 숨기지 않았는데, 그는 이 실체를 단순화·추상화하는 경향을 갖고 있었다. 정부와 지도의 결합 관계를 연구 대상으로 삼는 과정에서 할리와 그를 비롯한 다른 학자들은 실제로는 훨씬 복잡한 이 결합 관계에 일관성을 부여했던 것이다.

포스트모더니즘의 지도 해석은 권위에 대한 좌파의 혐오와 불신에 의존하고 있다. 여기서 권위는 전통적인 지도 제작자들, 지도에 관한 종래의 관습적인 견해, 특히 지도학의 진보적, 실증주의적 성격에 관한 기존의 견해, 그리고 객관적 진실이라는 개념 따위를 정부(좀 더 악의적으로 표현하면 국가)와 효율적으로 결합시키는 주체가 된다. 매슈 에드니(Matthew Edney)는 "국가는 정부 및 기업의 지도 제작을 지배해 왔으며 (지금도 지배하고 있고) 스스로를 위해 지도적 모사라는 경험주의적 환상을 조장해 왔으며 (지금도 조장하고 있다) …… 지도 제작은 유럽 지배 엘리트들의 재정적, 정치적, 문화적 헤게모니에서 필수적이었던 것이다"[16]라고 주장했다. 그러나 국가가 지도 제작에서 중요한 역할을 하는 것은 분명한 사실이지만, 정부가 적극적으로 특정한 지도 해석을 조장하느냐 하는 점은 그렇게 분명하지 않다. 덧붙여서 지도 제작이 헤게모니를 구성하는 필수적인 요소였거나 요소라는 주장은 면밀히 검토해 볼 필요가 있다. 또 헤게모니라는 개념 그 자체가 보통 대단히 복잡하고 다양한 상황을 이해하는 데 언제나 도움을 줬던 것 또한 아니다.

　데니스 우드는 사람들이 지도에 대해 의식하기 시작한 것은 '자본주의 국가에서는 필수불가결한 끊임없는 관리의 합리화'와 관계가 있다고 보았는데, 그는 이 관리라는 대목을 분명히 부정적인 것으로 이해했다. 그러나 이런 지적은 기껏해야 진실의 일부분만을 포착하고 있을 따름인데, 지도를 의식하게 된 것은 여행의 증가를 포함하는 폭넓은 변화를 반영하고 있기 때문이다.[17] 존 앤드루스(John Andrews)는 할리 같은 저명한 학자들이 영국 육지측량부의 구조나 지도 제작 과정은 비교적 균형이 잘 잡혀 있었고, 식민 본국 그러니까 영국이 아일랜드의 지명을 표기하면서 아일랜드어를 영어로 대체한 비율은 얼마 되지 않는다는 자신의 연구 결과보다는 브라이언 프리엘(Brian Friel)의 유명한 희곡 『번역』의 기본 관점, 다시 말하면 19세기 영국 육지측량부의 아일랜드 지도 제작을 정치적 전제주의와 문화적 배타주의의 도구로 봤던 과장된 관점의 손을 들어줬던 이유를 설명하고자 했다. 존 앤드루스는 근대 지식인들은 정부의 권위에 대한 비판에 공감하는 경향이 있었으며, 또 프리엘의 희곡

이 지도에 기울였던 관심 정도에 만족했기 때문이라고 추측했다.[18]

앤드루스가 분석한 비판적 접근 방법은 1980년대와 1990년대 초에는 전혀 새로운 것이 아니었다. 이 시기의 학자들은 표면적인 과학적 공정성 뒤에 숨어 있는 권위 및 강제력의 구조와 그것이 확산되는 과정을 탐구하는 데 몰두했던 것이다. 이 과정은 상당한 가치가 있었지만 한편으로는 꽤 많은 약점도 안고 있었다. 이를테면 자명한 것을 그저 다시 한번 되풀이하는 경향이 있었고, 권력체계를 단순화하고 그 성격을 이해하지 못했으며, 실질보다 형식을 더 중요하게 여겼던 점 등을 꼽을 수 있다. '관습에 물든 사람들에게 충격을 주는 것'은 재미있는 일일 수 있다. 그리고 그것이 강연에 아니 최소한 강연자에게 활기를 불어넣어 주는 것도 사실이다. 그러나 이상할 정도로 그 효과는 제한적이었고, 지금도 역시 그렇다. 그리고 '제1세계'의 조사 및 출판 기술을 매개로 비유럽 세계의 지도를 재창조하는 것은 일종의 아이러니였다. 비록 그 과정에서 시간과 공간에 관한 근대 '제1세계'의 감각은 절대적인 것도 아니며, 또한 비교적 최근에 형성된 것이라는 사실을 다시 확인할 수 있었지만 말이다.[19]

지도를 둘러싼 음모를 밝혀내려고 하기보다는 당대의 사람들이 공간을 얼마나 다르게 이해했고 또 이해하고 있는지에 주목하고, 이런 차이가 사람들을 속이는 기회로 이용된다고 보기보다는 그 시대의 지도 제작자와 사용자들이 안고 있는 핵심적인 문제라고 보는 시각이 더 가치가 있었다. 리처드 데니스(Richard Dennis)가 19세기 영국 산업도시들의 사회지리학에 관해 연구하면서 지적했던 것처럼, "빈민가 거주민들 같은 내부인들'과 보건소 직원 같은 '외부인들'은 현실을 같은 식으로 바라보지 않았고, 아니 무엇을 봐야 하는지에 대해서조차도 생각이 달랐다."[20] 결국 지도와 지도 제작에 관한 논의는 관점에 대한 포괄적 고찰과 관련돼 있는 것이다.

지도 제작에 오직 하나의 관점만 채택됐다면 그것은 의식적이든 그렇지 않든 정치적 선언 또는 판단으로 볼 수 있다. 그러나 이것이 주로 구할 수 있는 증거가 많지 않았던 데서, 혹은 아예 다른 증거가 없었던 데서 비롯된 것은 아닌지를 반드시 고려해야 한다.

이것은 오늘날에도 역시 마찬가지다. 자료를 구하기가 어렵고, 자료 수집에서 통일성이 부족한 것은 과거의 문제만은 아니다. 그리고 자료가 제시되는 방법에서도 역시 통일성이 결여돼 있다. 과거는 물론 현재도 권위의 양상, 결국 권력을 반영하는 방식으로 공간이 분할돼 있다. 비정치적 자료를 수집, 제시, 분석할 때 보통 정치적, 행정적 단위들이 사용되고 있는 것이다. 그리고 이 때문에 자료 수집에서 통일성이 결여될 가능성이 생겨난다. 이에 따라 문자 해독률이나 보건위생에 관한 자료 등은 예를 들어 공통의 경제 지표가 적용되는 지역들로 묶이는 대신 수집 과정에서처럼 보통 행정 단위를 기준으로 제시되고 있다. 그리고 지도화되지 않는 대부분의 자료들 역시 정치적, 행정적 단위에 따라 조직돼 있다. 그러나 다른 단위들, 예를 들어 공통의 경제 지표가 적용되는 지역의 관점에서 지도를 제작하는 것 역시 가능하고, 점차 그렇게 되어가고 있다. 만약 모든 관련 정보가 공간적으로 균형이 잡혀 있다면 자료들은 정치적 단위들을 사용하지 않고서도 재지도화될 수 있다. 그리고 이 과정은 자료가 디지털화되고, 자료 처리에 컴퓨터를 사용하면서 대단히 쉬워졌다.

그러나 자료들이 제시될 기본 지도(base map)에, 예를 들어 그리드 스퀘어(grid square) 같은 비정치적 단위들을 채용한다고 하더라도, 여전히 모든 관점에 균등하게 발언권이 주어지는 것은 아니다. 19세기 영국 빈민가 거주민들의 견해를, 예를 들어 보건소 직원들의 보고서를 통해서만 확인할 수 있고, 그래서 결국 빈민가 거주민들의 관점을 직접 확인하기가 어려운 것 같은 그런 상황은 오늘날에도 그대로 적용된다. 물론 과거에 비해 문맹률은 현격히 낮아졌고, 교육과 의료보장, 고용보험 같은 제도 때문에 '황공하게도' 국가의 기록에 올라 있는 국민들의 비율은 훨씬 높아졌다. 그러나 이것이 국민들의 견해를 보여주는 것은 아니다. 국가의 기록은 결국 정부가 정한 기준에 따라 분류될 뿐이기 때문이다. 더욱이 어떤 측면에서 보면, 근대 세계의 특징인 의견의 다양성 그 자체는 자신들을 좀 더 부각시킬 수 있는 몇몇 집단의 능력을 더욱 더 강화시키고 있으며, 한편으로는 침묵까지는 아니더라도 더 조용한, 분명하게 의견을 밝히지 못하는, 결국 주목을 덜 받는 다수의 견해를 파악하는 것을 한층 어렵게 만들고 있다.

역설적이지만, 바로 이 소수 의견과 다수 의견의 문제는 지도에 관한 논의에 흥미로운 시각을 제공하고 있다. 적어도 '서구'에서는 현실적 재현이라는 개념이 광범위하게 받아들여지고 있기 때문이다. 지도는 실제를 반영한다고 생각하고 있고, 이런 믿음에 기초해 사람들은 여행지나 일기예보 등과 관련해 일상적으로 지도를 참조하고 있다. 대다수 지도 사용자들에게 기호화의 문제는 고민거리가 아니며, 이들이 관심을 가져야 할 대상도 아니다. 또 이들에게 이 문제를 설명해 주지도 않는다. 결국 지도의 정치학에서 중요한 한 측면은 지도 및 지도 제작의 성격과 의도를 정치적인 것으로 몰고 가려는 시도 그 자체가 소수 의견이라는 점이다. 즉 학자들은 그들 스스로 비판했던 지도 제작자들처럼 자신들만의 의제를 부각시키기 위해 불편부당해 보이는 연구 용어를 사용하고 있는 것이다.

"지도가 지도학의 기치 아래 제작되든 …… 아니면 공공연한 프로파간다이든, 지도가 권력이 전개되는 과정에 관련되는 것을 피할 수는 없다"[21]라는 할리의 주장은 '전개되는'을 '분석되는' 또는 '묘사되는'으로 대체할 경우 주장하는 바가 좀 더 정확해질 수 있다. 최근 들어 정치적 메시지를 담은 지도를 제작하기 위해 공간적 분포를, 이를테면 부유층과 빈곤층 또는 건강한 집단과 질병에 노출된 집단의 공간적 분포를 이용하려는 사례들이 많아지고 있는 점을 감안하면 이 점은 특히 더 분명해진다. 물론 여기서 말하는 정치적 메시지는 민족주의적 경향, 그러니까 프로파간다용 지도들과 결부돼 있는, 또 이런 경향을 띠고 있었기 때문에 프로파간다용 지도들이 보통 비난을 받아왔던 민족주의적 성향과는 전혀 다른 성격의 것이다. 벤 크로(Ben Crow)와 앨런 토머스(Alan Thomas)의 『제3세계 아틀라스』(Milton Keynes, 1983; 2판은 1994)는 내용과 전반적 분위기에서 공간을 제시하는 새로운 접근 방법과 꼭 그렇게 하려는 의도가 없는데도 특정 사실이 강조되는 방식에 관심을 갖고 있었다. 이 지도책에서는 세기(世紀)를 표시하는 데 '기독교력(曆)'이 사용되는 데 주목했다.[22]

비록 상당수의 경우 '제3세계'의 관점이 '서구'의 창조물이고, 서구 지식인들이 설정한 의제, 그리고 '서구'에서 고안된 출판 및 판매 전략을 반영하고 있기는 하지만, '제3세계'의 관점이 전통적인 '서구'의 접근법과는 다른 방식으로 지구 공간을 분석·제시할 수 있는 길을 제공하는 것은 사실이다. 좀 더 미시적인 차원으로 내려가 보면 다른 방법들도 눈에 띈다. 일반적으로 대중적 정치운동들은 기존의 정치 구조에 맞서 '반(反)공간'을 창조하려 해 왔고[23], 급진적 또는 대안적 생활방식을 추구하는 집단들[24]이 공간을 차지하고 재정의하려고 했던 것도 역시 '반공간'의 창조와 같은 맥락이라고 할 수 있다. 이런 움직임들 때문에 사람들이 지도에서 기대하는 것은 유동적이 됐다. 공동체라는 바로 그 개념은 분석을 위한 중립적 논제 또는 수단으로서뿐만 아니라, 지도적 차원을 가질 수 있는 사회적·정치적 관습과 규범에 대한 잠재적 도전의 하나로 제시돼 왔다. 또 최근에는 토착민들의 시공간 인식[25]을 발견해 확산시키려는 움직임이 일고 있다. 그리고 환경적인 것이든, 아니면 사회적·정치적·인종적·성별적인 것이든 어떠한 '정의(正義)'를 실현하는 보조 수단을 확보한다는 차원에서, 또 아예 지도를 제쳐놓을 것이 아니라면 어차피 필요하기 때문에 지도를 '활용' 해야 한다는 주장도 있다. 1995년 페르얀 오르멜링(Ferjan Ormeling)이 다음과 같은 말을 한 것도 이 때문이었다.

> 오늘날 지도책들은 '주인공이 진정한 사랑을 찾을 것인가', '그가 과연 악을 물리칠 것인가', 또는 '그는 수수께끼를 풀 수 있을 것인가' 따위의 중요한 질문을 던지고 있는 텔레비전 드라마나 컴퓨터 게임들과 경쟁해야만 한다. 지도가 이런 중요한 질문들에 대응해 제기할 수 있는 질문은 다음과 같은 것이다. '이 지역에서는 인간이 환경을 지배하는가?', '이 나라는 이상적인 상황과 얼마나 동떨어져 있는가?', 또는 '이 곳의 사람들은 다른 곳의 사람들보다 성공할 가능성이 더 많은가, 만약 그렇다면 이들은 이 때문에 어떤 대가를 치러야 하는가?'[26]

여기에서는 명백하게 현실 참여적인 지도를 옹호하기 위해 지도는 정의의 문제와 '관련돼' 있다는 점을 부각시키고 있는 것이다. 그러나 텔레비전과 경쟁해야 한다는 대목에 대해서는 의문이 제기될 수 있으며, 대부분의 지도책 사용자들에게 지도와 관련해 중요한 질문은 여전히 자기가 찾는 지역의 상대적 위치와 교통로일 뿐이라는 점을 들어 반박할 수도 있다. 그렇지만 음모론과는 달리, 공간에 대한 다양한 의미 부여는 오직 하나의 지도적 관점만이 지배하지 못하도록 막아 준다고 이해하는 토론 지향적 관점에서 보면, 이렇게 다른 관점에서 공간을 제시하는 방법들이 그 나름대로 지도와 정치를 바라보는 의미 있는 시각을 제공하고 있다는 것은 분명하다. 이런 다원주의는 민주주의의 개념이 투표권을 중심으로 한 정치적 문제들을 넘어서서, 개인의 관점과 의견이 광범위하게 존중 받고 위계적 권력구조에 의해서도 통제당하지 않는 세계의 창조를 꿈꾸거나 바라는 데까지 확장된, 갈수록 민주화되어 가고 있는 요즘의 문화에 적절하다고 할 수 있다. 공간에 대한 다양한 의미 부여는 분석적 판단은 변하기 마련이고 확정적이지 않다는 점을 인식하고 있는 지적 문화와도 걸맞은 태도라고 할 수 있다.

이런 다원주의는 할리와 다른 해체주의자들이 지도 제작을 인정할 만한 것과 인정할 수 없는 것으로 대비시킴으로써, 또 다양한 기준이 존재한다는 점을 제대로 평가하지 못함으로써[27] 자신들이 비판했던 지도학자들과 똑같은 실수를 저질렀다는 주장을 통해 더욱 더 힘을 얻게 됐다. 할리의 이 같은 단점은 그가 이른바 과학적 지도[28]에 관해 논의하면서 비판했던 전통적 지도 제작자들의 전문가연하는 태도나 이들이 부정확하고 편향돼 있다고 봤던 것들에 대해 품었던 적대감과도 비견된다고 할 수 있다.

할리가 이른바 인정할 만한 지도 제작과 인정할 수 없는 지도 제작을 이분법적으로 병치시켰던 것은 전통적 지도학에 대한 비판을 쏟아 부을 수 있는 분석적 '타자'를 찾으려 했던, 다시 말해 '물어뜯기'를 좋아했던 그가 택한 접근 방법의 한 특징이기도 했다. 그러나 전통적 지도학을 하나의 구체적인 실체로 만드는 데는 큰 위험이 도사리고 있다. 지도의 내용에서나 그 내용을 제시하는 데서 전통적 지도학은 정체돼 있지도, 균질적이지도, 무분별하지도 않았기 때문이다. 흔히 그런 것처럼 새로움의 추구는 옛것을 부정하기보다는 옛것에 기초해 이루어질 때 가치가 있는 것이다.

'전통적' 지도학에 대한 비판이 최근의 지도 이해에서 일고 있는 변화들이 채택한 유일한 방법도 아니고, 유일한 산물 역시 아니다. 또한 장소의 의미도 확대되어 왔는데, 이러한 변화가 비록 지도화와 직접 관련되어 있는 것은 아니지만, 지도화가 검토될 수 있는 상황에 중요한 영향을 미치고 있다. 즉 장소가 지식이 만들어지는 현실적 분석 공간, 다시 말하면 대학이나 연구실 따위와 같은 구체적 의미의 장소뿐만 아니라 개념적 공간까지 아우를 수 있도록 재개념화된 것이다. 결국 지식이 특정한 구체적 장소와 특정한 비유적 장소 모두에서 이해·확산되고 있는 것인데, 여기서 장소라는 용어는 공통분모 노릇을 하는 셈이다.[29]

이런 장소들의 상당수는 일반적 의미의 지도화 가능성이 높지 않다. 지도학자들에게는 일관성이 중요한 문제라는 점도 충분히 이해할 수 있거니와, 자료상에 빠진 부분이 있거나 주제나 기호, 자료 등이 제대로 정의되지 않았을 때 이들이 만족스런 작업을 하기가 어려우리란 사실을 감안하면, 이런 점들이 지도화에 심각한 문제로 작용한다는 것은 놀랄 일이 아니다. 사실 이 새로운 지리학의 상당 부분은 도형으로 처리했을 때 시각적으로 가장 잘 제시될 수 있다. 여기서 장소는 위치적 구체성보다는 모델 구성(model building)의 한 측면을 의미한다고 할 수 있는데, 설령 이 둘 다에 해당된다고 하더라도 여전히 후자가 더 중요하다.

지도학에서 발생한 최근의 변모를 가능하게 한 지적 원동력의 일부는 비유럽적 지도 제작 전통에 주목함으로써 기존의 지도학 규범에 의문을 제기하고, 이를 재정의하려는 지도학적 시도에서 비롯됐다. 지도학의 변모는 '서구' 지도학을 비판해 온 학자들에게도 역시 대단히 중요한 분야로 자리 잡았다. 유럽의 초기 지도를 포함해 다른 지도 제작 문화들이 관심권 안으로 들어오고 있는 것이다. 이 과정은 『지도학의 역사』(시카고, 1987~)에 실린 논문 중에서도 특히 동남아시아의 지도 역사에 많은 관심을 갖고 있는 연구들과 아메리카 원주민을 비롯해 오스트레일리아의 애버리지니,[30] 뉴질랜드 마오리 족, 캐나다 이누이트 족 등 토착민들의 공간 이해에 관한 개별 연구들에 의해 주도되고 있다.

이 책에서는 원주민들의 지도가 훨씬 더 포괄적이며 개인 및 지역공동체의 상황과 생산 활동상의 요구 따위와도 뛰어난 교호작용을 하고 있음을 보여주고 있다. 더욱이 원주민들의 지도는 비(非)비교적 상황 속에서, 즉 다른 지도문화들을 비교·판단할 수 있는 유일한 지도학적 기준 따위는 존재하지 않는 상황 속에서 검토가 가능하다. 여기서 '지도'가 도대체 무엇이냐를 놓고 대단히 다양한 해석이 나올 수 있게 된다. 지도에 대한 서구의 관습적 정의나 서구의 지도 사용 방식을 가지고 다른 문화의 지도들이 서구의 지도학 모델을 따르는 데 실패한 '지도들'이라고 폄하해 버리는 기준으로 삼을 필요는 없다. 이럴 경우 지도학에 다시 정치가 개입하는 셈이 되는데, 다른 지도학 전통들이 무시 또는 폄하됐던 것은 바로 힘의 관계에서 우위에 있던 서구의 투시법(이 말은 '확실히' 모호하면서도 다의적인 용어가 아닐 수 없다)을 통해서였기 때문이다. 더욱이 서로 다른 지도학적 개념들을 먼저 이해해야만 수많은 사회들의 공간 개념을 완전히 이해할 수 있다.[31]

그러나 이것은 단순히 문화적 상대주의의 문제, 즉 유럽 사회와 비유럽 사회를 비교하는 문제가 아니다. 왜냐하면 지도학은 특정한 문화와 사회, 정치조직 안에서 공간성을 기술하는 다른 방식, 또 공간의 연결 관계 등에 주목해야 하기 때문이다.[32] 그리고 유럽과 비유럽적 공간성 사이의 차이를 지나치게 대비시키지 않는 것 또한 중요하다. 비유럽 사회의 집단적 기억 속에서 장소가 갖는 역할과 위치는 유럽인들의 기억 속에 존재하는 상징적 공간들과 같은 맥락에서 검토할 수 있기 때문이다.[33] 물론 유럽의 지도학에서는 상징적 공간이 제한적인 역할을 수행한다는 점을 기억해 둘 필요가 있다. 언제나 그랬던 것처럼 지도화에는 선택이라는 행위가 따르는 것이다.

비서구적 지도학은 단순히 '원시' 사회의 공간 의식을 가리키는 것은 아니다. 여기서 말하는 '원시'라는 개념은 오늘날 그것이 다원주의적 의미이든 아니든 '존재의 거대한 사슬'에 대한 설명이나 그것의 한 단계가 아니라, 서구와는 다른, 그리고 일부가 보기에는 서구보다 바람직한 사회적, 문화적, 정치적 구조와 기질을 가진 사회를 가리키는 것으로 이해되고 있다. 그러나 우리로서는 유럽 이외의, 발달된 학문 문화를 가진 관료화된 사회의 지도학 전통들에 주목할 필요가 있다. 특히 여러 측면에서 지도학이 일찌감치 싹텄던 중국의 경우가 여기에 해당한다. 중국에서 지도화에 대한 관심은 일찍부터 생겨났다. 중국에서 발견된 최초의 지도는 '딩'(ding: 고대의 요리 용기)의 바깥쪽에 그려진 것으로 시기는 기원전 2100년경까지 거슬러 올라간다. 또 기원전 323년에서 15년 사이에 제작된 묘지의 지도가 1977년에 발굴된 무덤에서 발견됐다. 비록 행정 문서 같은 다양한 형태의 출판물에 지도가 자주 사용됐던 12세기 이전의 지도들은 거의 전해져 내려오는 것이 없지만, 어쨌든 중국에서 지도가 흔해지게 된 것은 전한(기원전 206~기원후 9) 시대였던 것이 분명하다. 기원후 1세기경이 되면 중국인들은 거리 축척과 직사각형의 바둑판식 모눈 방식을 채용하고 있었다. 이후 중국인들은 항해용 나침반과 지도 인쇄술을 사용하게 되는데, 이 두 기술이 유럽에 소개되는 것은 훨씬 뒤의 일이다.[34] 물론 지도학 지식과 기술이 전파된 방식을 추정하기는 무척 어렵다.[35] 따라서 중국의 기술이 근대 지도에 영향을 주었다고 잘라 말하는 것은 곤란하다. 그러나 목판에 글자를 새겨 인쇄하는 따위의 중국의 선진 기술들을 이슬람 교역상들이 채용했고, 다시 유럽에 전파한 것만큼은 분명해 보인다. 지중해 세계의 경우 고전주의 시대에 지도학 지식은 물론 제작 활동 및 기술에서 주목할 만한 진전이 있었지만, 그 뒤 대부분의 지식이 그대로 잊혀지고 말았다. 그리고 중국의 지도 기술들이 전래되던 바로 그 무렵 프톨레마이오스 왕조의 지도가 재발견됐다.

지도학이 발달한 방식이나 서로 영향을 주고받은 과정 등에 관한 기록은 충분치 않고, 또 연구자마다 서로 다르게 해석돼 왔다. 그러나 지난 500년 동안 서구의 지도 제작에 유럽 중심적 발상이 깔려 있었던 점이나, 유럽의 세력 확대와 지도 제작이 관련됐던 상황 등은 어느 정도는 중국의 지도 제작과 유사하다고 할 수 있다. 중국에서 그랬던 것처럼 지식과 이해관계가 결합된 결과 특정 사항에 초점을 맞춘 지도가 만들어졌던 것이다. 중국의 경우 지도는 중국과 인접국들에 주목했고, 여기서 중국의 인접국들은 항상 중국과 관련된 형태로 이해·제시됐다.

지도의 정의나 지도학의 이해, 두 경우 모두에는 권력의 문제가 개입한다. 정치는 지도학이 놓이게 되는 상황을 제공하고, 지도학의 내용과 수용 과정 대부분을 형성하는 사회적 과정들의 메타포 역할을 하고 있다. 비록 지도 안에서 권력이, 또 권력 안에서 지도가 수행하는 역할에 관해 지나칠 정도로 논쟁적인 일부 주장들에 대해서는 의문을 제기할 수 있지만, 여전히 이런 주제들은 지도의 내용과 목적을 둘러싼 논의에서 중요한 역할을 해야만 한다.

2장

투영법과 세계관

세계적으로 지도화와 관련된 최초의 논쟁은 투영법의 문제에서 시작됐다. 투영법에는 왜곡이 따를 수밖에 없다. 어떤 투영법이든 구체를 평면(2차원)에 표시한 것이고, (3차원인) 만곡 구체는 평면이 아니기 때문이다. 지도의 투영법에는 '정확한 형태' 따위가 있을 수 없다. 무엇보다도 지도 가장자리에는 '절단면'이 있기 때문이다.

세계를 지도로 표시할 때 사용되는 가장 일반적인 형태는 직사각형이다. 이것은 현대 인쇄술의 특성을 반영하고 있다. 즉 사각형 이미지들이 지도책의 한 페이지 또는 펼친 페이지에 잘 들어맞고, 그것이 지도이든 아니든 한 장짜리 문서들이 일반적으로 (컴퓨터 화면처럼) 직사각형이기 때문이다. 그러나 직사각형 지도들은 지구의 원형을 살려내지 못한다. 위선과 경선은 곡선이 아닌 직선으로 보이게 되고, 지구는 모서리가 직각이고 분명한 테두리가 있다는 잘못된 시각적 특성을 갖게 되는 것이다. 특정한 투영법을 선택해야만 한다는 점이 지도의 표현적 성격에 선택의 요소가 얼마나 개입돼 있는지를 보여주고 있는 것이다.

수세기에 걸쳐 서로 다른 많은 투영법들이 다른 용도를 위해 고안되어 왔다. 세계적으로 가장 많은 영향을 미치고, 또 '발전된' 사회, 이를테면 유럽화된 사회에서 채용된 투영법들은 모두 유럽의 것이었다. 최초의 세계일주 항해가 이루어진 것은 16세기였으며, 그 주인공은 유럽인이었다. 이 무렵 유럽인들이 제작한 상당수의 지도들이 나침반을 사용하기에 좋고, 특히 중위도 지역에서 항해 방향과 거리 측정에 가장 잘 들어맞는 투영법을 사용했던 것은 당연한 일이었다. 유럽인들로서는 멀리 떨어진 식민지들의 경제적 논리를 충족시키고, 교역 기회를 활용하기 위

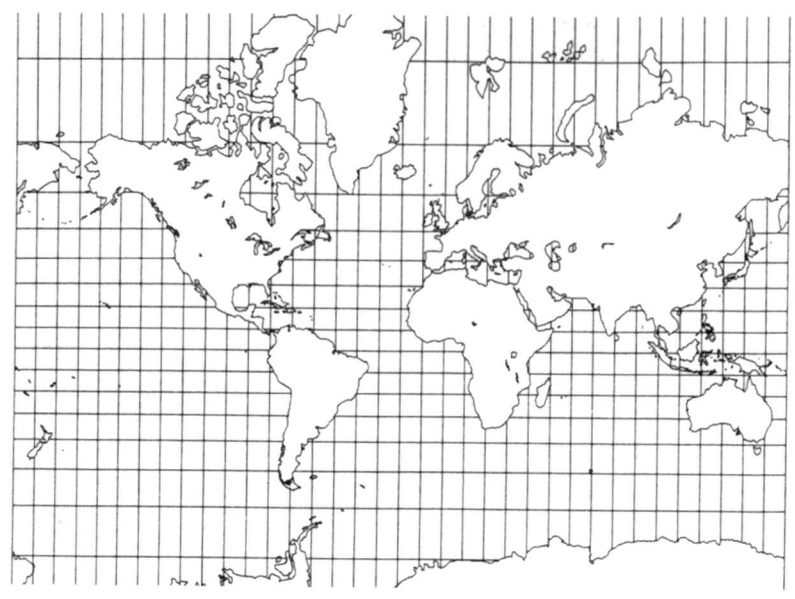

그림 5 항해자들의 필요에 맞춘 지도. 1599년 게르하르두스 메르카토르가 개발한 지도를 현대에 다시 그렸다.

해 엄청난 거리를 항해해야만 했기 때문이다.

1569년 메르카토르(Mercator)라는 라틴어 이름으로 잘 알려진 플랑드르 출신의 지리학자 게르하르두스 크라메르(Gerhardus Kramer, 1512~1694)가 세계를 원통형으로 묘사한 투영법을 만들어냈다. 이 투영법에서는 경선들이 양 극점에서 모이지 않고 평행 상태를 유지했다. 양 극점은 적도와 같은 원주를 갖도록 확장됐으며, 이에 따라 적도 근처의 육지에 비해 양 극점 가까이에 있는 대륙들이 실제보다 훨씬 크게 표시됐다. 대신 메르카토르의 투영법을 사용하면, 곡선으로 이루어진 지구의 실제 표면과 달리 각도가 변하지 않아 지도상의 모든 부분에서 방위가 정확하게 유지됐다. 이에 따라 방위가 변하지 않는 직선들을 지도의 평면 위에 표시할 수 있었는데, 항해를 위해서 이는 반드시 필요한 것이었다. 그러나 이렇게 함으로써 지역에 따라 축척이 바뀔 수밖에 없었고, 결국 크기가 왜곡되고 말았다. 엄격하게 말해 메르카토르 지도는 세계지도가 아니다. 메르카토르의 적도 투영법(횡축 또는 사선축 투영법과 반대되는 의미로)을 따를 경우 양극 지점들이 무한대로 확대돼 결국 지도에 표시할 수 없게 되기 때문이다.

그러나 유럽의 통치자들이나 상인들에게 이 점은 문제가 되지 않았다. 이들은 중위도 지역, 그러니까 서쪽으로는 아메리카 대륙, 동쪽으로는 남아시아 지역에 대한 탐험과 정복을 통해 얻을 수 있는 가능성들을 조사하는 데 관심이 가 있었기 때문이다. 메르카토르 투영법은 포르투갈과 스페인이 건설한 제국을 강조하고 있었으며, 펠리페(Felipe) 2세 치하에서 스페인이 건설하게 될 세계 최초의 세계 제국, 말 그대로 해가 지지 않는 최초의 제국을 미리 그려보는 데도 적합했던 것이다.

중세 기독교권의 지도들과는 달리 메르카토르의 세계지도는 예루살렘을 중심으로 삼지 않았다. 메르카토르는 유럽인들에게 가장 중요해 보였고, 또 가장 쉽게 지도화할 수 있었던 유럽을 자신이 제작한 지도의 중앙 위쪽에 배치했고, 북반구는 위쪽에, 남반구는 지도의 반도 채 차지하지 못하는 것으로 표시함으로써 북반구의 남반구에 대한 우위를 부여했다. 그러나 메르카토르의 투영법을 채택했다고 해서 자동적으로 북반구가 남반구보다 넓은 영역을 차지하게 되는 것은 아니다. 마찬가지로 메르카토르가 그의 지도에서 유럽을 중앙 위쪽에 배치한 것은 사실이지만, 그의 투영법 자체가 그런 결과를 가져오는 것은 아니다. 메르카토르의 투영법을 사용하더라도 북태평양을 중앙 위쪽에 배치하고 유럽은 왼쪽과 오른쪽 양끝으로 나눠놓을 수가 있다. 그리고 남반구를 위쪽에 배치할 수도 있다.

메르카토르의 투영법은 간혹 유럽의 전형적인 투영법으로 취급되고 있다. 비록 이 투영법의 영향이 컸고, 지금도 그렇기는 하지만 실제 지도 제작에 다른 투영법들이 채택되기도 했다는 점에서 이것은 오해라고 할 수 있다. 그러나 다른 투영법들에서도 유럽은 중심에, 북반구는 위쪽에 배치하는 방식이 그대로 남아 있었다. 메르카토르의 것과 다른 투영법으로는 1772년에 요한 하인리히 람베르트(Johann Heinrich Lambert)가 고안한 정적(正積) 도법이란 것을 들 수 있는데, 1855년에는 스코틀랜드의 성직자 제임스 골(James Gall)이 이와 유사한 것을 시험하기도 했다. 샌슨 플램스티드(Sanson-Flamsteed)와 몰바이데(Mollweide)가 제작한 것 역시 초기 정적 도법의 또 다른 사례로 꼽히고 있다.

그러나 해상 교통로에 대한 관심이 높았던 데다 사람들이 메르카토르식 투영법에 익숙해지면서, 표시 방법은 보수적이 되어 갔다. 이것은 1920년대에 폴 구드(J. Paul Goode)가 메르카토르 투영법에 대한 대안으로 제시했던 정적 도법이 가장자리뿐만 아니라 대양을 표현한 부분에서도 절단면이 필요해[1] 항로를 표시하기 어려웠던 때문이기도 하고, 문화적 경향이 가장자리 말고는 접합면이나 절단면 없이 지구를 2차원의 형태로 평평하게 표시하는 쪽을 선호했던 때문이기도 하다. 그러나 원칙적으로 직사각형 지도든 아니면 원형이나 타원형 지도든 양 반구를 따로 표시하는 단속적인 투영법을 채택하고 있어, 절단면이 아주 분명하게 드러나는 세계지도만큼이나 많은 절단면이 있는 것이 사실이다.

1898년에 고안된 반데르 그린텐(Van der Grinten) 투영법에서도 온대 위도 지역을 과장해 표현하는 메르카토르 투영법의 방식이 계속됐다.[2] 그 결과 그린란드, 알래스카, 캐나다, 소련이 실제보다 크게 표시되었다. 이 투영법은 1922년부터 1988년까지 미국 지리학협회에서 사용했고, 그런 만큼 대단한 영향력을 갖고 있었다. 지리학협회의 지도는 교육기관에서 사용하는 지도의 기준이었으며, 신문 및 방송용 지도의 기초가 됐고, 일반용 지도로서는 최고의 지위를 누렸다. 그리고 이 기간 동안 미국

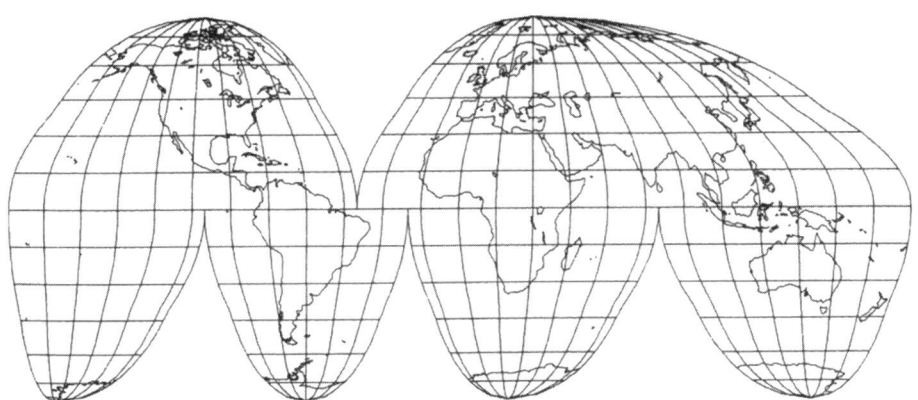

그림 6 땅덩이들, 곧 대륙들이 잘리지 않는 대신 절단면이 많아진 구드의 상동 투영도법으로 1925년에 개발된 지도. 정적도법은 랜드 맥널리 같은 출판업자들이 많이 채택한 덕에 미국에서는 영향력이 큰 편이었다.

그림 7 1898년에 발명한 반데르 그린텐 투영법. 원 안에 세계를 표시하는 이 투영법은 알폰스 J. 반데르 그린텐이 고안해 냈다. 이 투영법은 메르카토르 투영법과 대체로 비슷해 보이면서도, 면적의 왜곡이 적어 오늘날 우리가 갖고 있는 세계의 이미지와 부합하고 있다.

2장 투영법과 세계관 53

이 세계에서 가장 강력한 국가였고, 또 새로운 다른 판본들이 소개된 뒤에도 먼저 나온 지도들이 오랜 수명을 누렸던 점으로 미루어, 반데르 그린텐 투영법의 영향력은 상당 기간 계속될 것으로 보인다. 이 투영법에서는 소련이 거대하게 위협적으로 그려졌다. 즉 유라시아 전체를 위협하는 압도적인 존재로, 봉쇄해야 하는 대상으로 묘사됐다. 결국 이 투영법은 냉전시대에 맞는 지도 이미지였던 셈이다.

그러나 1988년 미국 지리학협회가 채택한 로빈슨(Robinson) 투영법에서는 소련의 지정학적 위협이 갑자기 축소됐다.[3] 로빈슨 투영법은 세계를 반데르 그린텐 투영법에서보다 좀 더 납작하고 폭이 넓은 모양으로 제시하고 있는데, 면적의 측면에서는 더 정확해졌다. 이에 따라 반데르 그린텐 투영법에서는 '실제' 크기보다 223퍼센트나 컸던 소련이 이제 불과 18퍼센트 정도만 크게 그려졌다. 캐나다는 258퍼센트에서 21퍼센트만 크게, 흔히 생각하는 것보다 훨씬 더 남쪽에 있는 미국은 68퍼센트 컸던 것에서 오히려 3퍼센트 작게 표시됐다. 미국을 실제보다 조금 작게 표시한 것은 겸양의 일단으로 볼 수도 있고, 아니면 미국에 비해 훨씬 넓게 표시됐던 소련의 크기를 줄인 결과일 수도 있다. 혹은 주요 국가들 중에서 특히 미국의 면적 왜곡을 최소화하는 투영법을 만들어내는 데 무엇보다 중점을 뒀던 미국 중심 지도학의 산물일지도 모르겠다. 이처럼 다양한 설명이 가능하고, 또 여기에 다른 이유를 더 덧붙일 수도 있는 것은 지도 제작에서 일어난 변화의 인과 관계를 따지기가 어려운 사정을 반영하고 있다. 아서 로빈슨(Arthur Robinson)은 저명한 지리학자로 일찍이 제2차 세계대전 중 미국 전략첩보국(OSS)에서 지도 제작을 총괄했던 인물이다. 그가 자신의 투영법을 고안한 것은 1963년이지만, 그 뒤 25년가량이 흐를 때까지도 그의 투영법은 많이 채용되지 않고 있었다.

지도에 표시된 한 나라의 면적이 실제보다 크거나 혹은 작다는 생각은 광범위한 혼동을 반영하고 있다. 당연히 모든 지도는 한 나라보다 작다. 그리고 '제국과 같은 크기의 제국 지도'는 호르헤 루이스 보르헤스(Jorge Luis Borges)의 소설 속에서나 생각해 봄직한 일이다. 투영법이 구체를 변형한 것이라면, 그 투영법으로 제작한 지도의 '실제' 축척(또는 주[主]축척)은 원래 구체의 축척과 같아야 한다. 따라서 앞에서 소련이 223퍼센트나 컸다는 말의 실제 의미는 같은 주축척이 적용된 구체에서 223퍼센트 크게 표시됐다는 것과 같다. 이런 계산 과정은 번거롭기도 하고, 또 대부분의 독자들로서는 이해하기도 힘들다. 그리고 구형의 지도를 사용하지 않은 이유를 이해하는 것은 어렵지 않으나, 왜 이해를 증진시키기 위해 실제를 왜곡하는 또 다른 투영법을 채택했는지에 대해서는 아무런 해명도 없었다. 다만 언론 등에서 실제로는 소련을 가리키면서도 가끔씩 '러시아'라고 언급했던 것을 통해 그 이유를 짐작해 볼 수는 있다. 어쨌든 이 같은 미국 지리학협회의 역할은 미국에서는 일부 다른 나라와는 비교가 안 될 정도로 제도가 강력한 지배력을 갖고 있다는 점을 반영하고 있다. 영국의 경우를 보더라도 왕립지리협회는 영국의 지도학계나 제작 업체에 특정 투영법을 강제할 시도조차 하지 않고 있다.

미국 정부를 대신하는 지리학협회가 반데르 그린텐 투영법에 기초한 지도들 대신 다른 지도들을 채택하면서, 독일 마르크스주의자 아르노 페터스(Arno Peters)가 고안한 지도가 아니라 로빈슨의 지도를 골랐던 것은 당연한 일이었다. 1967년 페터스는 골의 지도와 비슷한 정적 투영법을 사용해 자신의 투영법을 만들어냈고, 이를 1973년 독일에서 열린 기자회견을 통해 발표했다. 그의 지도에는 정적 도법을 사용한 다른 지도들보다 훨씬 많은 약점이 있었다. 여기서는 형태가 한층 더 심각하게 왜곡됐기 때문인데, 특히 열대 지방을 엄청나게 키워놓았다. 그 결과 아프리카의 길이가 극단적으로 과장됐다. 해안선의 모양도 상당히 왜곡됐다.

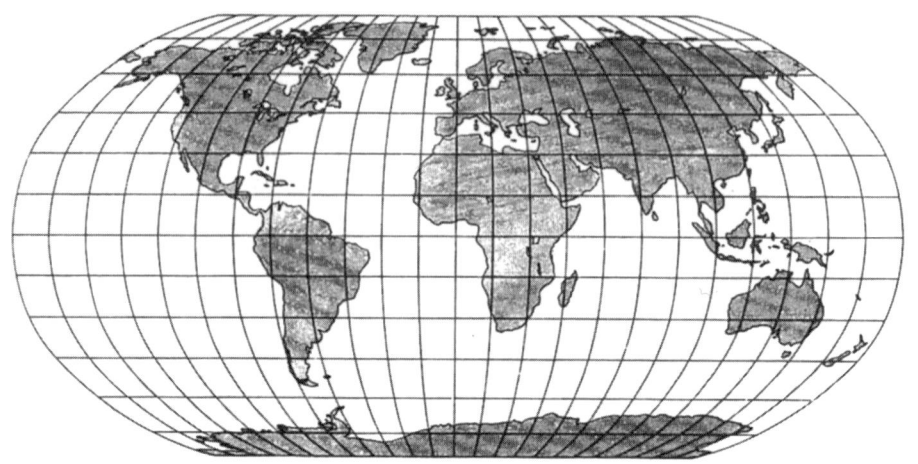

그림 8 1963년에 개발된 로빈슨 투영법. 주요 대륙들을 자르지 않으면서도 면적 왜곡을 최소화한 지도를 제작하려고 만들어낸 투영법이다. 이 투영법에서는 양극 지역의 크기가 과장되지도 않았다. 1988년에는 미국지리학협회에서 채택하면서 상업적으로도 큰 성공을 거두게 된다.

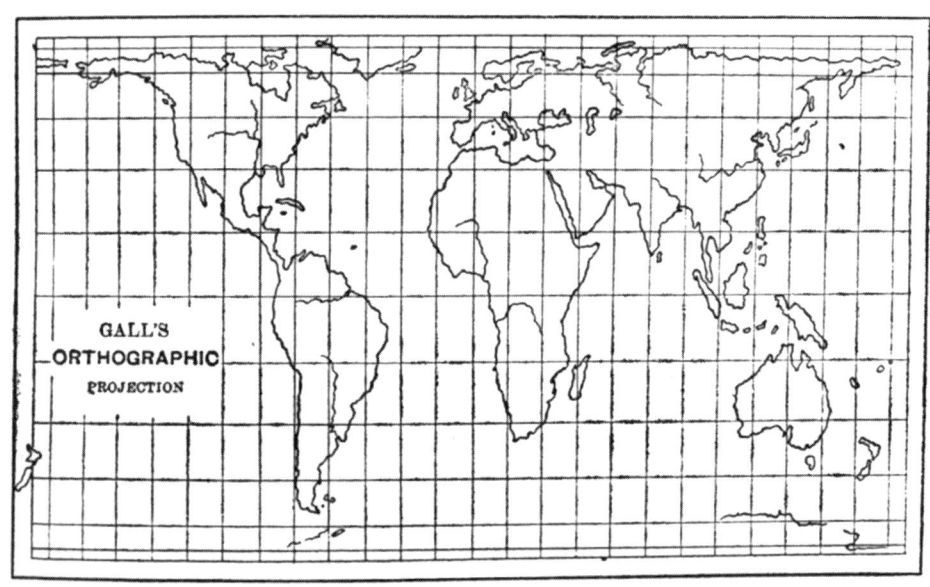

그림 9 1855년의 골 투영법. 스코틀랜드의 성직자 제임스 골이 고안한 정적 투영법의 하나. 북위 45°와 남위 45°에서 두 개의 표준 위선을 갖도록 조정한 원통형의 정적 투영법.

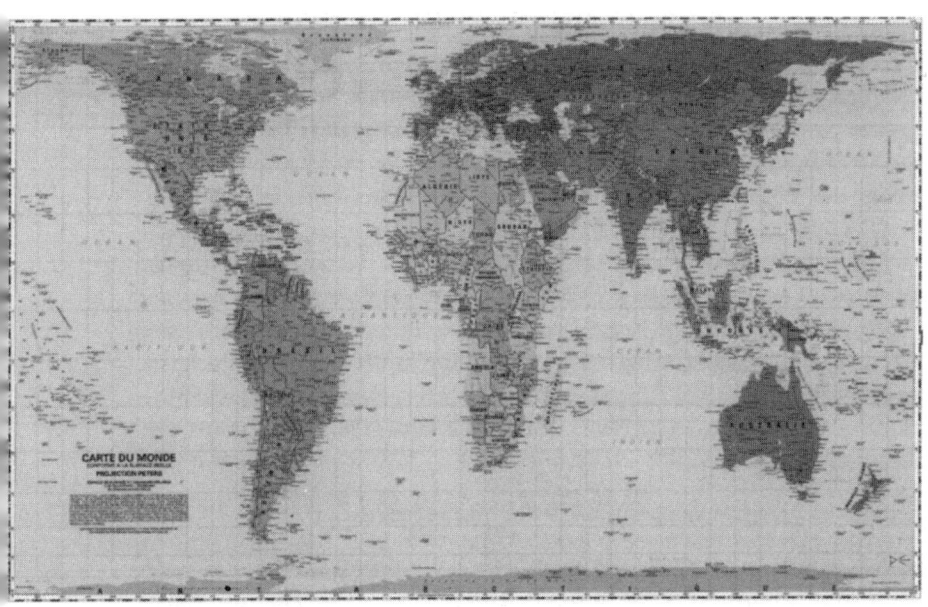

그림 10 1967년에 만들어진 페터스 투영법은 지도적 재분배를 주장하고 나섰다. 아르노 페터스가 채택한 이 투영법은 기존 질서의 재정립을 겨냥한 시도의 하나로, 당시까지 지도에서 소홀하게 취급했던 지역들을 새삼스럽게 강조했다.

이에 따라 대륙들의 표준적 지도 이미지, 다시 말하면 지도 독자들에게는 대단히 중요한 지도의 기호 언어가 바뀌게 되었다. 페터스 투영법상의 거리는 데이터를 플롯하는 데 쉽게 채용될 수도 없었다.

그러나 페터스 투영도법이 실제로 수용됐다는 사실은 정치가 투영법의 서브텍스트, 조금 더 포괄적으로는 지도의 단순한 서브텍스트 그 이상이라는 점을 보여주고 있다. 분명한 정치적 입장을 갖고 있었던 데다, 자기 과시적이었던 페터스는 앞으로 지도의 세계는 그 스스로 정확하고 평등주의적이라고 평가했던 자신의 투영법과 전통적인 메르카토르 투영법이 양분하게 될 것이라고 보았다.[4] 그는 유럽 식민주의의 종식과 근대 과학의 발전에 따라 새로운 지도학이 필요해졌고 또 가능해지기도 했다고 주장하면서, 이른바 과학적 지도학과 유럽의 인식에 제약을 받지 않는 분명하고 쉽게 이해할 수 있는 지도 제작을 촉구했다. 『신지도학』 (클라겐푸르트[Klagenfurt] 및 뉴욕 동시 출간, 1983) 같은 저작들을 통해 페터스는 그의 지도를 기꺼운 마음으로 받아들일 준비가 돼 있던 전세계의 독자들과 만나게 된다. 이들은 지도학 자체에는 거의 관심이 없었고 다만 서구의 구상에서 자유로운 새로운 세계 질서가 필요하다는 점을 보여줄 수 있는 지도를 찾고 있었다. 열대 지역에 대한 페터스의 강조는 제3세계의, 또 제3세계에 관한 관심과 일치했고, 국제 구호단체들로부터 극찬을 받았다. 특히 유니세프(유엔아동기금)를 비롯해, 국제교육기구들 그 중에서도 유네스코(유엔교육과학문화기구)와 제3세계에 관심을 갖고 있던 교황청이나 크리스천에이드(Christian Aid), 세계교회협의회, 미국교회협의회 같은 기독교 단체들이 그의 지도에 열띤 지지를 보냈다.[5] 그의 지도는 금전적으로도 성공을 거두었다. 이들 단체는 그의 지도를 6천만 장이나 배포하며, 세계의 '진정한' 성격에 관한 자신들의 주장을 뒷받침하는 데 사용했던 것이다.[6] 페터스의 세계지도는 『남북관계: 생존을 위한 계획』(런던, 1980)이란 책에서도 상당히 좋은 평가를 받으며 표지에 사용되기도 했다. 이 책은 국제 개발문제에 관한 독립위원회(ICIDI)가 세계적 차원의 사회 문제와 재분배 전략을 정리한 것으로, '브란트 보고서'라고도 불리는 주목할 만한 저작이다. 이렇게 해서 세계를 다른 시각으로 제시한 투영법이 변화를 지향하는 책이나 정치적, 윤리적 계획들과 직접 관련을 맺게 됐던 것이다.

많은 비판 속에서도 페터스 투영법은 계속해서 정치적 올바름의 아이콘으로 남아 있었다. 예를 들어, 페터스 투영법은 1995년 옥스퍼드 지리학회(Oxford Cartographers)가 옥스퍼드의 원빌리지(One Village)를 비롯한 지도 판매점들에 보급하기 위해 제작한 영어판 〈세계지도〉에 채택되기도 했다. 이 지도에는 이런 설명이 붙어 있었다.

표면적에 따라 각국을 정확하게 표시한 지도 …… 이 지도는 이상하게 보일 수도 있지만 대부분의 지도들보다 더 정확하다. 유럽에서 제작된 지도들은 보통 유럽과 북반구를 실제보다 크게, 즉 세계의 다른 지역들과는 비례에 맞지 않게 표시하고 있다. 이와는 대조적으로 이 **페터스 투영법**은 정확한 비율에 맞춰 각 나라를 보여주고 있다. 지도가 우리를 둘러싼 세계를 이해하는 데 심대한 영향을 끼치고 있음을 생각하면, 이 비율을 제대로 표시하는 것은 대단히 중요하다. …… 비록 구체를 직사각형의 평면 형태로 변환하면 어떤 경우도 모든 면에서 정확할 수는 없지만 페터스의 지도는 오늘날 가장 정확하고 유용한 지도라고 할 수 있다.

이 글은 또한 페터스 투영법에 비해 보잘 것 없는 것으로 평가된 메르카토르 투영법을 공격하고 있다. 옥스퍼드 지리학회가 제작해 1996년 브리스톨 과학센터에서 판매했던 지도의 경우도 마찬가지였다. 제작 연도가 표시되지 않은 이 지도에는 '모든 사람들을 공평하게'라는 제목이 붙은 설명이 실려 있었다.

이 지도는 모든 나라들에게 정확한 크기와 위치를 잡아 줌으로써 사람들이 세계 안에서 자기의 실제 위치를 알 수 있게 해 준다. 여러 민족이 살고 있는 이 복잡하고 상호의존적 세계에서, 세계의 모든 사람들은 가능한 한 정확한 세계상을 요구할 수 있다. 이런 의미에서 페터스 지도는 우리 시대에 맞는 지도인 것이다.

페터스는 자신이 제작한 주제별 지도책 『페터스 세계지도』(The Peters Atlas of the World, 할로[Harlow], 1989; 뉴욕, 1990)에도 자신의 투영법을 사용했다. 모든 지도에는 같은 축척이 적용됐으며, 이에 따라 전통적인 지도들에서보다 아프리카와 아시아, 남미는 좀 더 크게, 유럽과 북미 지역은 조금 작게 취급됐다. 이 지도에서는 모든 지역이 평등했고, 또 최소한 평등하게 취급되어야 했다.

그러나 페터스 투영법은 대단히 심각한 비판에 그대로 노출돼 있다. 우선 페터스 투영법은 그의 주장과는 달리 새로움과는 거리가 멀었다(페터스는 자신의 투영법과 골의 투영법 사이에 존재하는 유사성을 짐짓 과소평가했다). 게다가 이 투영법의 형태 왜곡은 대단히 심각했는데, 특히 동서의 길이에 비례한 남북의 길이 왜곡에서 이런 현상이 두드러졌다. 열대 지역과 양 극점에서 가까운 지역에서는 정적 도법의 원칙이 제대로 지켜지지 않았다. 그리고 그의 투영법에는 위험한 독단주의가 도사리고 있었다. 페터스 투영법이 실제로 새로운 것이냐 아니냐가 유일한 문제였던 것은 아니다. 페터스 지도가 직사각형이었고, 북반구를 위쪽에 배치했고, 기준 자오선을 그리니치에 가깝게 잡았던 점 등은 역설적이게도 이 지도가 기존 지도의 관습적 특성들을 그대로 갖고 있었음을 보여주고 있다.[7] 실제로 태평양을 가운데 배치한 페터스 투영법이 최초로 제작된 것은 1993년 출판된 말레이시아 항공의 지도에서였다.

페터스 투영법보다 문제가 적으면서도 제3세계를 강조하는 지도에 사용할 수 있는 다른 정적 투영법들도 있다. 예를 들어 크로와 토머스의 『제3세계 아틀라스』(1983)에서는 에케르트 IV 투영법을 사용했고, 『세계은행지도』(1980)에도 이 투영법이 적용됐다. 페터스 투영법보다 왜곡도가 낮은 투영법을 사용한 지도들도 제작돼 왔다. 또 『옥스퍼드-해먼드 세계지도』(옥스퍼드, 1993)는 98퍼센트의 정확도로 대륙들을 표시한 최초의 정각(正角) 투영법을 사용했다.

페터스 지도를 둘러싼 논란을 보면 지도를 제작하면서 특정 투영법을 선택하는 문제는 정치적인 것으로 여겨질 수도 있고, 또 정치적 논쟁으로 이어질 수도 있음을 알 수 있다.[8] 이 문제는 더 확장될 수 있다. 지도가 '어떤 방식을 선택해야 하느냐' 하는 질문은 특히 남반부에서 문제가 된다. 또 지도가 어디를 중심에 놓아야 하느냐 하는 문제, 구체적으로는 유럽중심주의의 문제도 있다. 역설적이게도 페터스 세계지도에서는 아프리카가 중앙에 있기는 하지만 유럽이 가운데에 배치됐다. 육지와 해양의 상대적 역할도 토론의 주제가 되고 있다. 아셀스탄 스필하우스(Athelstan Spilhaus)는 『대양과 대륙, 지각판의 지구물리학적 경계를 완전히 보여주는 세계지도』(필라델피아, 1991)에서 다른 지도들에서보다 바다를 훨씬 더 강조했다. 스필하우스는 지도의 테두리, 그러니까 테두리를 두름으로써 지도의 형태가 결정되는 점에도 문제를 제기했다. 그는 스스로 '물의 혹성'이라고 이름 붙인 지구를 지도로 제작했는데, 여기에서는 지도의 테두리 때문에 세계의 대양이 단절되는 일은 없었다. 이를 위해 스필하우스는 대륙들을 각각 대서양과 태평양, 인도양을 중심으로 한 세 개의 돌출부로 표현하고, 이 돌출부들이 남극 근처에서 만나는 지도를 제작했다.[9]

 유럽이 세계지도의 가운데에 있어야만 한다는 생각에는 특히 19세기 지도학 발전에서 유럽이 했던 역할이나 유럽 국가들이 행사했던 제국주의적 영향력이 반영돼 있다. 다른 말로 하면 유럽 지도학의 개념들이나 관습, 모델 따위가 갖는 지배력을 보여준다고도 할 수 있다. 이런 유럽의 위치는 1884년 표준시와 경도 결정의 기준이 되는 경도 0도를 영국 그리니치를 지나는 경선으로 선택한 국제회의를 통해 뒷받침됐다. 이런 지위에 대한 문제제기가 있기는 했지만, 그것도 기본적으로는 유럽 내부에서 벌어진 일일 뿐이었다. 19세기에는 여러 명의 지도학자들이 0도 경선(zero longitude)이 워싱턴이나 미국의 도시들을 통과하도록 한 지도들을 제작했는데, 이처럼 당시에는 미국 자오선(Ameridian)이라는 개념이 미

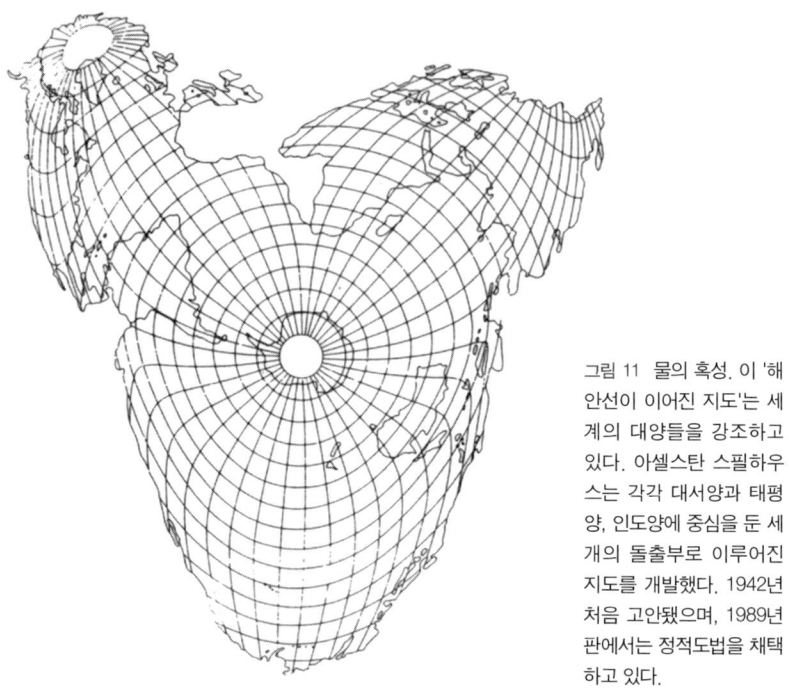

그림 11 물의 혹성. 이 '해안선이 이어진 지도'는 세계의 대양들을 강조하고 있다. 아셸스탄 스필하우스는 각각 대서양과 태평양, 인도양에 중심을 둔 세 개의 돌출부로 이루어진 지도를 개발했다. 1942년 처음 고안됐으며, 1989년 판에서는 정적도법을 채택하고 있다.

국의 국가적 정체성을 이루는 중요한 한 측면으로 여겨지고 있었다. 그리고 1850년 미국 의회는 해군측후소(Naval Observatory)를 미국의 공식적인 본초 자오선으로 삼는 법안을 통과시켰고, 이 법은 1912년까지도 폐지되지 않았다. 프랑스 역시 1911년까지 파리 자오선을 포기하지 않고 있었다.[10] 설사 지도가 0도 경도의 기준점으로서 그리니치 자오선을 중심으로 제작됐다고 하더라도, 미국은 여전히 특권적 위치에 놓이게 될 터였다. 미국은 지도를 네 부분으로 나누었을 때 '왼쪽 상단' 그러니까 서구에서 글 읽기를 시작하는 자리, 바로 시원의 자리에 놓여 있기 때문이다.

유럽이 세계지도의 한 가운데에, 그리고 북반구가 위쪽에 있어야 한다는 생각은 그 이중적 위치가 함축하고 있는 모든 긍정적 의미와 함께 수많은 지도들을 통해 도전 받아왔다. 그 중에서 가장 극적인 것으로 렉스출판사의 『맥아서 수정 세계지도』(뉴사우스웨일스, 1979)를 들 수 있다. 이 지도는 오스트레일리아를 지도의 한 가운데에, 남반구를 위쪽에 배치하고 있다. 이 지도책에 실린 글의 어조는 대단히 호전적이다. 그러나 여기서 드러나고 있는 극단주의는 이 지도가 별다른 영향력을 가지지 못하리라는 사실을 스스로 보여주고 있다. 이 점은 편찬자들 역시 예상하고 있었을 것으로 보인다.

드디어, 첫 걸음을 뗐다. 영예로운, 그러나 무시당해 온 우리 민족을 세계적 권력 투쟁 속에서 이름 없는 존재로 머물러 있던 깊은 어둠에서 구해 내 정당한 자리로 끌어올릴, 북반구의 나라들 위에 우뚝 서, 세계의 키를 잡고 영광스럽게 군림하도록 만들어 줄, 오랫동안 준비해 온 성전(聖戰)의 첫 걸음을 뗀 것이다.

이제 '아래쪽 나라' 라는 그 끝없는 조롱을 더는 참지 않을 것이다. 거기에는 한 나라의 위신은 전통적 세계지도에서 그 나라가 차지하는 공간적 위치에 의해 결정된다는 북쪽 나라들의 암시가 담겨 있기 때문이다.

비록 눈에 잘 띄지 않지만 결정적 첫 걸음이 될 이 지도는 이런 상황을 바꾸게 될 것이다. 남쪽은 북쪽을 어깨에 지고 다녔으면서도 그 노고에 대해서는 거의 아니 전혀 인정받지 못하는 보잘 것 없는 처지로 더는 허우적거리지 않을 것이다. 마침내 남쪽이 위에 서게 된 것이다. 이제 이 말을 널리 퍼뜨려야 한다. 이 지도를 널리 퍼뜨려야 한다! 남쪽은 우월하다. 남쪽이 지배한다!

세계의 지배자, 오스트레일리아여 영원하라!!

이보다는 덜 과시적이었지만, 19세기 말 미국에서 서반구를 세계 지도의 왼쪽이 아니라 중앙에 배치하는 사례가 점점 늘어난 것도 유럽중심주의에 대한 도전이었던 것만은 분명하다. 그러나 한 세기가 지나도록 서반구를 가운데에 놓는 지도는 일반화되지 않았다.[11]

세계지도에서 조금 더 구체적인 지도들로 들어가 보면, 지도들이 세계 지표의 모든 지역을 동등하게 다루지 않고 있다는 점을 좀 더 쉽게 알 수 있는데, 이것은 바다의 경우에도 똑같이 적용된다. 세계지도들이 그 지도가 출판되는 나라, 사실은 지도가 출판되는 대륙을 다른 나라나 대륙보다 훨씬 상세하게 묘사하고 있는 것이 일반적이기 때문이다. 대부분의 지도들이 유럽과 북미에서 출판되기 때문에 이들 지역이 일반적으로 더 많은 주목을 받게 되는 것이다. 더욱이, 비판적인 관점을 가진 쪽에서는 보수적이라고 부르고 싶겠지만, 세계 지도의 '관습적' 성격은 지도의 내용을 결정짓는 기본 전제들을 만들어냈다. 공간적 측면에서 보면 이런 전제들은 특정 지역, 특히 미국과 서유럽, 좀더 구체적으로는 미국 동부의 주들과 북서 유럽을 집중적으로 다루는 결과를 낳는다. 대조적으로 남아메리카와 아프리카는 대충대충 취급되고 있다. 어떤 투영법을 사용하든 이런 식의 차별적 취급은 이른바 정적(正積)이라는 원리를 깨고 있는 것이다.

더욱이 세계지도의 기본 패턴은 인구 분포와는 거의 관계가 없다. 만약 지도에 이런 관계가 반영됐다면 동남아시아에 상당히 많은 공간을 할애했을 것이다. 그러나 대부분의 세계 지도에서는 이런 측면을 강조한 흔적을 찾을 수 없다. 인구와 관련해 세계지도들은 한편으로는 중국과 인도, 특히 인도네시아를 무시했고, 반면 오세아니아와 캐나다는 그 중요성을 과장했다. 또한 많이 두드러지지는 않았지만, 미국과 서유럽 역시 아시아에 대비해 확실히 실제 비중보다 더 많은 주목을 받고 있다. 한 지도의 공간 배분은 상대적 중요성의 암묵적 언표라고 할 수 있다는 점에서, 특정 지역에 대한 이런 식의 강조는 이 책의 주제와도, 또 지도의 독자들이 받게 될 인상과도 일치한다. 그러나 일반적으로 개별적인 지도 안에서는 이 문제에 주목하지 않고 있다.

『페터스 세계지도』는 여기에 실린 지구 각 지역의 지도들에 같은 축척을 적용함으로써 공간 배분의 편중 문제를 고쳐 보려고 했다. 그러나 페터스 투영법을 사용했다는 바로 그 자체, 그리고 특히 남반구를 시각적으로 두드러지게 했던 대목은 인구통계학적으로 봤을 때 문제를 안고 있었다. 페터스 투영법이 수직 방향을 강조한 결과 인도가 상당히 부각됐고, 또 온대 지역에 대해 열대 지방을 강조해 (대부분의 지역이 열대에 걸쳐 있지는 않지만 소련보다는 훨씬 더 남쪽에 있는) 중국이 인구 밀도가 낮은 소련에 비해 이전보다 더 많은 공간을 차지하게 된 것은 사실이지만, 오스트레일리아를 비롯해 아프리카와 남미의 열대 지역을 비중 있게 다룬 것은 인구통계학적으로는 적절하지 않았다고 할 수 있다. 또 열대에 대한 강조는 미국의 북부보다 남부 지역의 주들을 더 두드러지게 만들었는데 특히 텍사스 주가 눈에 띄게 중요하게 취급됐다.

공간 배분의 문제는 다른 각도에서 접근할 수도 있다. 즉 여러 종류의 세계지도가 실려 있는 책들을 보면 불균형적으로 많은 분량이 유럽과 북미의 지도에 할애되어 있을 뿐만 아니라 보통 이 지역의 지도들이 다른 대륙의 지도들보다 앞에 배치돼 있다. 이런 배치는 바로 중요도의 서열과 함께 유럽 중심적 상황, 더 나아가 '서구'의 우위를 시사한다고 할 수 있다. 이런 서열은 '서구' 안에서도 그대로 되풀이된다. 부유한 나라들이 일반적으로 가난한 나라들보다 더 자주, 더 집중적으로 지도화되고 있는 것이다. 유럽만을 놓고 보면 세계지도에서는 동유럽이나 이베리아 반도에 비해 프랑스, 독일, 영국, 베네룩스 국가들의 지도화에 훨씬 더 많은 주의를 기울이고 있다. 꽤 많은 지도책들에서 동유럽이나 이베리아 반도는 각각 하나의 지도로 충분한 반면 프랑스와 독일은 더 자세히 취급되고 있는 것이다. 얼마나 깊이 있게 다루느냐 역시 상대적 중요도의 지표인데, 가령 런던이나 파리의 지도는 삽입되어 있어도, 마드리드나 바르샤바의 지도는 없는 경우가 여기에 해당한다.

『리더스 다이제스트 세계 대아틀라스』(2판, 런던, 1969)는 태양계 안에 위치한 지구의 모습을 보여주고 있는 처음의 펼친 두 페이지 스프레드 다음에 '세계의 얼굴'이라는 섹션을 배치하고 있다. 이 섹션에서는 지표면에서 수백 마일 떨어진 관찰자가 본 세계의 모양을 부조(浮彫) 지도들을 이용해 보여주고 있다. 이 섹션의 첫 스프레드인 '남극과 북극'에서는 유럽 상공에서 본 북극 주변 지역을 보여주고 있는데, 남극 주변보다 북극 주변 지역이 상당히 크게 묘사돼 있다. 그 뒤의 스프레드들에서는 유라시아, 유럽, 영국 제도, 캐나다, 미국, 남미, 오세아니아, (남아시아를 포함하는) 극동, 아프리카 북부, 아프리카 남부를 차례로 보여주고 있다. 결과적으로 영국 제도가 특별한 주목을 받게 된 셈이지만, 이 책은 런던뿐만 아니라 케이프타운, 시드니, 몬트리올에서도 출판됐다.

다음 섹션 '세계의 국가들'은 영국 제도의 지도로 시작한다. 그리고 뒤를 잇는 지도들에서는 아일랜드, 스코틀랜드, 영국 남부와 웨일스, 영국 북부, 북극(이 지도에서는 북극점에서 시작한 그리니치 경선이 지도의 한 가운데를 가로지르고 있는데, 이 때문에 영국의 지명들을 읽기 쉬워졌을 뿐만 아니라, 북극을 영국과 관련해 이해하기도 쉬워졌다), 유라시아, 유럽, 베네룩스, 스위스, 스칸디나비아 반도와 발트 해, 중부 유럽, 이베리아 반도, 프랑스와 알제리 북부(식민지 관계를 반영하고 있다), 이탈리아, 발칸 제국, 소련, 유럽 쪽 러시아, 볼가 강 유역, 극동, 중국 동부, 일본, 동남아시아, 남아시아, 펀자브와 카슈미르, 갠지스 강 평원, 중동과 아프가니스탄, 레반트와 요르단, 아프리카 남부, 아프리카 중동부, 아프리카 북서부, 캐나다, 세인트로렌스 만, 미국 5대호 지역, 미국, 대서양 연안 중부 국가들, 태평양 연안, 멕시코, 카리브 해, 남미 북부, 남미 남부, 뉴질랜드, 오스트레일리아, 인도양, 대서양, 태평양, 남극을 보여주고 있다.

이것만으로도 서유럽에 대한 강조가 분명히 드러난다. 그러나 실제로 그 효과는 단순히 유럽을 다룬 다른 지도들의 수를 세어 봄으로써 알 수 있는 것보다 더 광범위하게 퍼져 있었다. 예를 들어 소련의 지도에서는 1인치가 267마일에 해당하도록 축척을 적용함으로써 세밀도가 많이 떨어졌다. 물론 1인치에 94마일의 축척이 적용된 유럽 쪽 러시아와 볼가 강 유역의 지도로 소련 지도를 보완하기는 했지만, 여전히 인구가 많이 집중돼 있는 시베리아 남부와 소련령 중앙아시아, 카프카스는 무시하고 있었다. 뉴질랜드는 한 페이지 전체에 걸쳐 1인치당 79마일의 축척으로 다룬 반면, 남미 전체는 1인치당 197마일의 축척으로만 표시했다. 이런 식의 축척 적용은 칠레나 브라질, 아르헨티나 등이 뉴질랜드보다 덜 중요하다는 것을 암묵적으로 시사하는 외에도, 남미에서 인구가 밀집된 부분은 지명이 다닥다닥 붙게 되는 결과를 낳았다. 아프리카 남부를 다룬 곳에서는 케이프타운과 비트바테르스란트(Witwatersrand)에 대해서는 상세한 삽입 지도를 배치한 반면 카탕가(Katanga) 지역은 지나쳐 버렸다. 그리고 대부분의 극동 지방, 그 중에서도 인도네시아와 필리핀, 한국은 거의 주목을 받지 못했다. 이 세 나라는 극동 지역을 다룬 두 페이지짜리 지도에서 한꺼번에 다루고 있다. 여기에 사용된 축척은 1인치당 237마일로, 세밀도도 떨어졌다. 이에 따라 극동 지역의 지도를 북미 지역의 지도와 비교할 경우 극동 지역이 상대적으로 인구가 희박하다는 느낌을 받게 되는 것이다.

이런 강조점들은 '우리가 아는 세계'라는 다음 섹션에서도 그대로 유지됐다. 이에 따라 '지구의 세기들'이라는 두 페이지짜리 스프레드 지도는 지질학 지도를 실으면서 그 대상을 영국 제도로 잡고 있다. 그리고 '인류의 진화'라는 스프레드에는 6개의 지도가 사용됐는데, 그 중 넷이 영국 제도에 살고 있는 민족들의 기원을 다루는 데 할애됐다. 종교의 시원지 중에서 지도학적 관심을 받은 곳은 오직 '성서의 땅들' 뿐이었다. 또 이븐 바투타의 여행 행로가 지도화되기는 했지만, 탐험이나 발견은 대부분 유럽인의 관점에서 제시됐을 뿐이다. 결국 전체적으로는 이 지도책을 통해 유럽과 유럽인이 가장 중요한 세계로 표현됐다고 할 수 있다.

사실 유럽과 부에 대한 지도학적 강조가 그리 새로운 현상은 아니다. 예를 들어 1865년부터 1890년 사이에 꽤 많은 미국의 군 단위 지역들이 지도화됐지만, 남부의 군들은 가난하다는 이유로 극소수만이 지도화될 수 있었다. 1867년 D. A. 샌본 생명보험은 약 1만 2천 곳의 미국 도시를 다룬 대규모 보험지도와 지도책을 출판했는데 여기서도 이와 비슷한 점을 쉽게 찾아볼 수 있다.

빈곤과 가난한 사람들에 대한 지도학적 관심은 이후로도 거의 늘어나지 않았다. 고급 주택단지 조성 계획을 비롯해 단지의 위치나 배치 등을 다루고 있는 근대 지도들은 개발 업체나 부동산 중개 업체들이 상당히 많이 제작한 반면, 프렌티스(R. C. Prentice)와 루이스(G. B. Lewis)가 펴낸 『웨일스 지역의 주거 환경 아틀라스』(스완지, 1988) 같은 지도들은 대단히 드물다고 할 수 있다. 이 지도의 판형이나 겉모양, 제작 의뢰인(주택신탁 사우스웨일스 지부)은 그 자체로 발간 비용이나 영업적 자원이 부족했음을 반영하고 있다. 빈곤상을 보여주는 지도보다는 골프장들이 훨씬 잘 지도화돼 있는 것이 현실이다. 물론 지도로 만들기가 쉽고 계획을 짜 게임을 하는 데 더 필요하기 때문이기도 하겠지만 말이다.

사실 지도에서 '서구'가 갖는 우위는 어떤 측면에서는 세계를 정확하게 반영하고 있다고 할 수 있다. 여기에는 바로 1인당 경제력, 결과적으로는 지도 구매력의 분포가 반영돼 있기 때문이다. 지도나 지도책들은 '서구'에서 압도적으로 많이 팔리고, 지도 판매에 따른 이윤 폭도 서구에서 훨씬 크다. 이 점은 서로 다른 나라에서 팔리는 지도책들의 가격 책정에서도 쉽게 확인할 수 있다. 예를 들어 아프리카에서 팔리는 지도들은 영국에서보다 값을 싸게 매겨야만 한다. 결국 북미까지 포함하는 의미의 유럽중심주의는 부분적으로는 지도를 가장 많이 팔리게 하는, 혹은 팔리게 하는 것으로 인식되는 요인을 반영한다고 할 수 있다. 또 일반적이지 않은 주제들을 다룬 지도책들은 자금 지원을 받아야 하는 경우가 많은 편인데, 스필하우스의 『대양과 대륙, 지각판의 지구물리학적 경계를 완전히 보여주는 세계지도』(필라델피아, 1991)를 미국 철학협회에서 출판한 것도 이런 사례에 해당한다. 여기서도 볼 수 있는 것처럼 자금 지원은 거의 대부분 '서구'에서나 받을 수 있다.

지도책들은 또 상업적 압력도 반영하고 있다. 높은 제작비를 회수하고 이윤을 최대화하려면 해외 판매를 할 필요가 있다. 이것이 영어나, 프랑스어나 스페인어 같은 또 다른 중요 국제어로 지도를 출판하도록 만들고 있는 것이다. 비록 지도책들이 특정한 나라의 시장을 겨냥해 번역되고 있기는 하지만 첫 판본 또는 주요 판본에서 사용한 언어는 지도책에 사용된 지명에도, 또 범례나 설명이 들어갈 공간에도 영향을 미친다는 점에서 대단히 중요하다. 지도에 붙은 제목과 거기에 딸린 글들이 모두 번역될 수 있다고 해도, 그 내용은 지도책의 원래 언어에서 사용한 용어들과 결부돼 있는 이런저런 전제들은 물론 그 언어를 채용한 사람들이 갖고 있는 문화적 전제로부터 영향을 받을 수밖에 없다.

장소의 명명법 역시 중요한 문제다. 이는 무엇보다 과거의 식민지들이 유럽 제국주의 잔재를 씻어내려고 하고 있기 때문에 발생한다. 이런 상황은 지도 제작자들에게 새로운 문제를 제기하고 있다. 가령 인도에 살지 않는 독자들은 뭄바이(Mumbai)나 딜리(Dilli), 첸나이(Chennai)가 아니라 봄베이, 델리, 마드라스를 찾기 때문이다. 지명을 바꾸는 것은 단순히 유럽 제국주의를 겨냥한 것만은 아니다. 이를 통해 역사를 바로잡고, 역사를 진정한 과거의 일로 돌리려는 목적도 갖고 있기 때문이다. 이를테면 1996년 힌두 근본주의 노선을 따르던 뭄바이의 시브 세나(Shiv Sena) 정부는 17세기 무굴 제국의 무슬림 황제 아우랑제브(Aurangzeb)의 이름을 딴 도시 아우랑가바드(Aurangabad)를 무굴 제국에 저항했던 한 힌두교 용사를 기리기 위해 삼브하지 나갈(Sambhaji Nagar)이라는 이름으로 바꾸려고 했다. 따라서 지도 제작자에게 개명은 막연히 유럽 식민 지배의 잔재를 없애는 것보다 훨씬 더 정치적인 행위일 수 있다. 개명은 그것이 과거의 것이든 현재의 것이든 토착적, 최소한 비유럽적 정치 행위와 관련된 것일 수 있으며, 이 경우 지도 제작자로서는 충분한 감수성과 적절한 판단력을 보여주기가 쉽지 않다.

'서구'는 상업지도 제작 분야뿐만 아니라 국가 차원의 지도 제작 및 지원, 배포 쪽에서도 우위를 누리고 있다. 이 두 분야는 서로 관련돼 있으며, 사실 정부의 특정 지도 제작 기관이 특별한 우위를 가질 수 있는 것은 부분적으로 상업적 기회를 이용할 수 있기 때문이다. 이런 연결 관계는 새로운 것이 아니다. 1823년 이래 영국 해군성이 제작한 꽤 많은 종류의 해도들이 일반에 판매돼 왔다. 지도 제작 프로젝트나 기관들은 '제3' 세계보다 '제1' 세계에서 훨씬 많은 공적 보조금을 받는다. 결국 공공 및 민간부문에서 제공하는 풍부한 자금과 기회가 서구 한 곳에서 결합돼 있는 것이다.

인공위성으로 위치를 추적하는 첨단 기술 때문에 일부 정부기관들의 중요성은 한층 더 커졌다. 미국 국방부는 인공위성을 이용한 위성항법장치(GPS)를 개발했다. 이 기술은 민간인들도 이용할 수 있었다. 그러나 선택적 사용이라고 알려진 과정 때문에 신호의 정확도가 떨어지게 됐고, 이렇게 해서 얻어진 위치정보는 100미터 범위에 95퍼센트 정도의 정확성만을 갖게 됐다. 이 과정이 채택되지 않았을 경우 민간 신호의 정확도는 대략 15미터 범위로 좁혀졌을 것이다. 이 기술은 서구의 것이기 때문에, 이 기술에 접근하려면 서구의 기술을 이해하고 그 이용 비용을 감당할 수 있는 능력, 그리고 '서구'의 기술로 자신을 찾으려는 욕망이 있어야 가능하다.

유럽중심주의에 대한 비판은 '서구' 안팎 양쪽에서 제기되고 있다. 서구의 일부 제작자들은 초기 지도책들에 깔려 있던 전제는 물론 그 내용에 대해서도 비판적인 시각을 갖고 있었다. 서구에서는 마르크스주의자들에 의해 1920년부터 기존과는 다른 지도학이 제시되기 시작했다. 공산주의국가들에서 제작한 지도는 물론 다른 곳의 공산주의 지지자들, 예를 들어 영국의 존 호러빈(John Horrabin)이 제작한 지도들이 여기에 해당한다. 마르크스주의적 지도들은 정치·경제적 권력들에 초점을 맞추고, 이런 권력들이 의미하는 바를 드러내려고 했다. 예를 들어 이런 지도들에서는 식민지 체제가 낳은 경제적 연결 관계들을 제국주의적 착취의 관점에서 묘사했다. 또 마르크스주의적 지도에서는 식민체제와 자본주의 국가를 막론하고 기존 권력에 대한 저항에 많은 관심을 기울였다. 그러나 공산주의 국가들을 다룬 지도에서는 이런 식의 접근을 시도하지 않았다.

좀더 최근의 지도 및 지도책 제작 경향을 보면, 아동용 지도에서 학문적 지도책에 이르기까지 수정주의적 영향이 나타나고 있다. 가령 앤터니 메이슨(Antony Mason)은 『아동용 탐험지도』(런던, 1993)에서 콜럼버스의 첫 '신세계' 항해 500주년을 계기로 촉발된 콜럼버스에 관한 논쟁에 대해 자신의 입장을 밝히고 있다. 메이슨은 비유럽 탐험가들에 대해

논한 후, 콜럼버스에 대해 이렇게 평했다.

> (그는) 자신을 비롯해 나머지 유럽이 전에는 전혀 알지 못했던 장소들을 찾아냈다. 이것은 오직 유럽인의 시각에서 봤을 때만 발견이었다. 그가 많은 섬들의 이름을 바꾸고, 그곳들을 스페인 소유라고 주장했던 것은 15~16세기 유럽 탐험자들의 전형적인 행동방식이었다. 이런 거만하고 공격적인 태도 때문에 '발견'이라는 말에는 부정적 의미가 따라다니게 됐다.

메이슨은 이어 다원주의적이면서 또한 상대주의적인 해석을 제시했다. 그는 자신의 지도책에서 지그소퍼즐로 이루어진 구체를 통해 '세계는 지그소퍼즐'이라는 테제를 주창하고 이렇게 덧붙였다.

> 세계의 각 공동체들은 세계에 관한 자신들만의 지식을 쌓아가고 있다. 예를 들어 유럽인들의 세계 이해는 사하라 사막의 유목 민족인 투아레그 족과는 전혀 다르다. 우리는 이 중 하나가 다른 하나보다 더 낫다고 말할 수 없다. 투아레그 족에게는 유럽인의 세계 이해보다 사하라 사막에 대한 자신들의 지식이 훨씬 더 유용하기 때문이다.[12]

이 같은 상대주의는 과거의 잘못을 바로잡고 문제가 있는 지도학적 유산을 교정하겠다는 분명하고 공공연한 의지를 바탕에 깔고 있었고, 지금도 역시 마찬가지다.

구체적인 지도들에서는 이런 관점이 비유럽 국가 및 민족들을 좀 더 많이 다루는 것으로, 다른 한편으로는 과거든 현재든 이들과 서구의 관계를 중심으로 접근하지 않은 것으로 드러나고 있다. 이런 식의 지도 제작은 과거와 현재를 서구의 영향에 대한 단순한 반작용으로 제시하지 않고, 또 어떻게 서구의 영향을 최소화하면서도 과거나 현재를 제시할 수 있는지를 보여준다는 목적에 부합하고 있다.

학문적 차원에서도 상당수의 저작에서 이런 접근 방법이 동원됐다. 예를 들어 지금까지 나온 최고의 남아시아 역사 지도책의 편집자 조지프 스워츠베르크(Joseph Schwartzberg)는 이렇게 쓰고 있다.

> 이 아틀라스의 최종 목적은 남아시아 역사 서술에서 나타난 심각한 불균형을 어느 정도라도 바로잡는 데 있다. 최근 들어 이 지역 역사가들이 눈에 띄게 성장해 활발하게 활동하고 있지만, 우리가 판단하기에는 여전히 남아시아 역사는 서구가 남아시아에 남긴 영향이나 특정 서구인들이 수행했던 역할에 지나칠 정도로 집중돼 있다. 이에 대한 소박한, 그러나 유일한 교정책의 하나로 우리 '남아시아 해외종교 운동센터'의 지도를 들 수 있다. 그러나 이와는 대조적으로 서구 선교사들의 인도 내 활동에 관한 지도들은 얼마든지 찾을 수 있는 것이 현실이다.[13]

이런 접근 방식이 근대 세계를 다룬 지도책들에 적용될 경우에는, 여러 의미에서 유럽식 공간 구성과 공간 이해의 한 방식이었던 해상교통로 표시를 포기하는 것으로 나타날 수 있다. 사실 종래의 지도에 표시됐던 교통로들, 즉 세계와 유럽을 연결하는 교통로들, 그리고 그 중에서 특히 식민지와 식민모국을 연결하는 교통로들은 유럽인들이 공간을 조직하고 의미를 부여하는 대표적인 방식이었다. 그러나 식민주의의 지역적 유산을 완전히 거부하는 것 또한 바람직하지 않다. 비록 식민주의가 인도차이나, 그리고 아프리카의 많은 지역에서는 비교적 짧은 기간 동안만 지속됐지만, 식민지 시대의 국경선이나 정치·행정 조직들이 지금까지도 건재하다는 것이 독립 후 세계의 두드러진 특징이고, 이렇게 해서 만

The world is a jigsaw puzzle

Each community in the world builds up its own knowledge about the world. For example, a European's understanding of the world is quite different from that of a Tuareg nomad in the Sahara Desert. We cannot say that one is better than the other. The Tuaregs' knowledge of the Sahara is far more useful to them than the Europeans' idea of the world would be.
The world is like a jigsaw puzzle. Each piece is a different community that has its own view of the world and its own knowledge about it. Likewise each community has its own explorers, who travel into other pieces of the jigsaw and bring back knowledge of them. The information that is gained helps them to see how neighboring pieces fit in with their own. The ultimate goal has always been to complete the jigsaw.

그림 12 앤터니 메이슨의 〈아동용 탐험지도〉(1993)에서는 지구를 지그소퍼즐로 묘사하고 있다. 메이슨은 세계에는 다양한 공간 이해들이 공존한다는 점을 보여주기 위해 이런 표현을 사용했다.

들어진 정치적 공간들이 교통 및 경제 활동에 계속 영향을 미치고 있기 때문이다. 더욱이 유럽의 식민지 건설이 인종 문제에 미친 영향은 신세계에서 대단히 중요했다.

 유럽중심주의에 대한 관심이 커졌던 것은 토착민들과 이들의 이해관계 및 문화, 그리고 이들의 지도 제작 전통이 무시됐던 방식 등에 대한 관심이 커져 온 것과도 맞물려 있다. 이런 관심은 영국이나 영국의 식민지 건설 활동과 관련을 맺고 있는 지역, 특히 미국과 캐나다, 오스트레일리아, 뉴질랜드 등지에서 더욱 두드러지고 있다. 미국에서는 특정 아메리카 원주민 부족들을 다룬 지도책이 많이 출판됐는데, 굿맨(J. M. Goodman)의 『나바호 족 아틀라스』(Norman, 1982)와 퍼거슨(J. J. Ferguson)과 하트(E. R. Hart)의 『주니 족 아틀라스』(Norman, 1985)를 꼽을 수 있다. 이 두 지도책은 모두 오클라호마대학 출판부에서 발행했으며, 원주민이라는 주제의 상업적 가능성을 보여주는 증거로, 그리고 좀 더 넓은 차원에서는 아메리카 원주민에 대한 미국 학계와 대중, 기관들의 관심을 보여주는 증거로 간주할 수 있다. 여기서는 아메리카 원주민들을 호의적으로 묘사하고 있는데, 환경과 조화를 이뤘던, 따라서 유럽계 미국인들과는 분명히 대비되는 주체로 제시되고 있다. 그리고 원주민들은 한편으로는 유럽 식민주의의 희생자로 표현되고 있다.

이 두 견해는 서로 밀접하게 관련돼 있다. 만약 원주민들이 환경과 공생관계를 맺고 있었다면, 이들이 환경의 잠재력을 개발하는 데 실패했다고 볼 수는 없기 때문이다. 사실 아메리카 원주민들이 환경을 제대로 이용하지 못했다는 견해는 19세기의 정복과 토지수용을 합리화하는 데 일조했다. 이 견해는 유럽인들의 수중에 들어간 지역은 정주 농업과 연결시키고, 반면 토착민들은 토지 이용이 대체로 집약적이지 못하고 따라서 가치가 떨어지는 관행들과 연결짓는 지도들로 구체화됐다. 이렇게 개발을 위해 토지 수용이 정당화됐던 것이다. 개발이야말로 인간이 지구와 관계를 맺는 목적이었으며, 이 과정은 지구 자원의 조사를 통해 촉진됐다. 지도는 공간과 길을 발견한 데 따르는 자연스러운 결과였다.

20세기 말 큰 의식의 변화가 일어났다. 오스트레일리아와 캐나다, 두 나라의 지도책에서 원주민들에게 할당된 공간이 상대적으로 늘어나게 된 것이다. 오스트레일리아의 역사 아틀라스로는 가장 신뢰할 만하다는 평가를 받고 있는, 크램(J. R. Cram)과 맥킬턴(J. McQuilton) 편집의 『오스트레일리아인들: 역사 아틀라스』(Broadway, 1987)와 세 권짜리 『캐나다 역사 아틀라스』(토론토, 1987~1993), 두 지도책 모두 이보다 앞서 나왔던 두 나라의 책들에서보다 원주민을 훨씬 더 비중 있게, 그것도 호의적인 방식으로 다뤘다.

원주민들을 더 강조하게 됐다는 것은 단순히 이들에게 더 많은 공간을 할당하게 됐다는 의미만은 아니다. 여기에는 원주민들의 공간 이해와 지도 제작 방식을 이해하려는 상당한 노력이 수반됐다. 이런 경향은 과거 지도들을 다룬 저작들, 가령 브라이언 할리(Brian Harely)와 데이비드 우드워드(David Woodward)가 공동 편집한 『지도학의 역사』(시카고, 1987~)처럼 영향력 있는 책들뿐만 아니라 원주민들의 최근 지도 제작 방식에 관한 다양한 연구들에서도 찾아볼 수 있다. 이런 작업들을 통해 근대 서구의 개념과는 아주 다른 공간과 공간성이 소개되고 있으며, 또 서구와 원주민들을 대비시킴으로써 다른 공간 개념과 지도학적 인식을 보여주는 연구들도 진행되고 있다. 가령 드니 롱바르(Denys Lombard)는 자신의 저서 『자바라는 교차로: 세계사』(파리, 1990)에서 네덜란드인들이 가장 중요한 식민지였던 자바 섬을 어떻게 지도화했는지, 또 원주민들 스스로는 자바 섬을 어떻게 지도화했는지를 상대화해 보여주고 있다.

비서구적 공간 이해와 묘사에 대한 강조에는 일반적으로 '서구'의 해석은 기껏해야 여러 가지 다른 해석 중 하나였고, 지금도 그 중 하나일 뿐이며, 그리고 못한 경우에는 심각한 결함을 갖고 있는 데다 서구의 지적, 정치적 전통, 특히 환경을 통제와 식민화의 공간으로 바라보는 과학지상주의에 물들어 있다는 인식이 깔려 있다. 그러나 이런 접근은 어떤 측면에서는 거의 도움이 되지 않는다고 할 수 있는데 여기서 비교의 대상이 되는 지도학들 사이에 이렇다 할 유사성이 없기 때문이다.

예를 들어 '서구'에서는 지식의 세속화가 다른 문화권들보다 훨씬 일찍 진행됐다. 이 점은 생명과 환경에 대한 총체적 이해를 가로막는다는 점에서 약점으로 보일 수도 있다. 반면 모두 그런 것은 결코 아니지만 대부분의 중요한 비서구권의 지도들은 얼마간이라도 종교적 성격을 띠고 있었다. 예를 들어 인도에서는 우주론에, 오스트레일리아 애버리지니나 뉴질랜드 마오리 족, 뉴칼레도니아 토착민들의 지도에서는 영혼을, 특히 조상들의 움직임이나 활동의 관점에서 인간을 둘러싼 환경을 이해하는 데 초점을 맞췄다.

이런 공간 감각은 대단히 강력했고, 지금도 역시 강력하다. 무엇보다도 여기에는 시간이 함축돼 있고, 이 때문에 시간과 공간이 조화를 이루고 있으며, 4차원적이라는 점에서 풍경에 강한 의미를 부여하고 있다. 또 원주민들의 공간 감각이 강력할 수 있었고, 지금도 힘을 발휘할 수 있는 것은 이런 감각들이 그들에게 직접적인 의미를 갖고 있기 때문이다. 이런 원주민들의 공간 감각이 얼마나 평등했는지를 분명히 제시할 수는 없지만, 어쨌든 지도 제작을 특정 집단이 전유함으로써, 그에 따른 전문화된 제작 과정 및 표현들 때문에 지도와 원주민들의 체험이 분리되는 일은 없었다. 그러나 원주민들의 지도적 상상력을 낭만적으로만 묘사하는 것은 적절하지 않다. 그렇게 되면 지식의 사회적 배치나 지식에 대한 접근성, 또 원주민 사회 안의 권력관계 따위를 볼 수 없기 때문이다.

서구화가 비서구인들의 지도 인식을 파편화시킨 것만큼은 분명하다. 근대에 들어서자 (보통 종교적이고 우주론적인 색채를 띠고 있던) 전통적 공간 이해의 표현 방식과 서구의 기술을 익힌 현지인들이 제작한 지도의 관점 사이에 차이가 생겨났다. 서구화가 반드시 식민통치를 통해서만 이루어진 것은 아니다. 예를 들어 에티오피아는 유럽 국가에 의해 잠시 동안만 점령당했을 뿐이지만, 에티오피아의 지도들에서는 서구 지도학의 흔적을 분명히 찾아볼 수 있다. 20세기 에티오피아에서는 서구에 대한 정치적 반발이 가장 거셌을 무렵에 『에티오피아 아틀라스』(아디스아바바[Addis Ababa], 1988)가 발간됐는데, 에티오피아 지도 제작국이 만든 이 지도는 이데올로기적으로는 대단히 선명했지만, 지도 제작 기술에서는 서구의 것과 그렇게 다르지 않았다.

토착민들을 식민주의의 생존자, 희생자 또는 이에 대한 저항자로 보는 데 따르는 문제들을 제쳐놓더라도, 민족성을 지도화하는 좀 더 포괄적인 문제는 여전히 남게 된다. 이것은 대단히 정치적인 주제다. 각 나라들 내부의 민족 문제도 문제려니와 가장 합법적 형태의 정치조직으로서 민족국가라는 개념은 필연적으로 민족적 경계와 그것의 지도화에 주목하도록 만들기 때문이기도 한다.

인종은 신체적 특징들에 기초한 분류법이라는 점에서 정의하기가 대단히 어렵다. 반면 종교와 언어의 경우는 여전히 중요한 문제들을 안고 있고 정치적으로도 논쟁적인 주제이긴 하지만, 인종보다는 훨씬 정의가 수월한 편이다. 민족성은 이 세 개념 모두를 포함하고 있는데, 이는 무엇보다 이미지와 자기 이미지의 역할 때문이다. 결국 민족 집단은 보통 공동의 언어 또는 종교 전통을 갖고 있으며, 이들 요소는 민족이 공유하는 문화와 전통, 또 그 민족 집단의 고유한 특성을 형성하는 데 대단히 중요한 역할을 한다. 민족성은 대부분의 국가에서 더는 국적을 구성하는 요소가 아니다. 물론 독일 내 터키인들의 경우처럼, 몇몇 중요한 예외들을 특히 이른바 '자유주의' 국가들에서 찾아볼 수 있기는 하지만, 대부분의 나라에서 이제 민족성은 국적을 구성하는 요소가 되지 않는다. 그러나 정치 문화와 관행이 엄연히 존재한다는 점에서 한 나라의 국적이 부여하는 혜택을 완전히 누릴 수 있느냐의 여부는 여전히 민족성의 문제와 관련돼 있다고 할 수 있다.

인종과 민족성, 종교, 언어는 보통 정확한 개념이라는 전제를 깔고 논의되고, 또 적용돼 왔다. 그러나 과거에도 그랬고 지금도 역시 이 개념들은 결코 정확하다고 할 수 없다. 네 개념 모두 분류 체계로서는 많은 문제를 안고 있다. 설사 관련 데이터들이 확정돼 정확하게 플롯화된다고 하더라도 이들을 지도화하는 것은 결코 간단한 문제가 아닐 뿐더러, 이 과정에는 논쟁을 불러일으킬 수 있는 선택들이 수반되며, 지도화 과정 자체가 정직적인 것으로 보일 가능성도 있다. 하나의 분류로서 '혈통'이라는 개념은 더 많은 문제를 안고 있다. 인종을 중심으로 볼 경우, 종의 하위 개념으로서 또 다른 분류체계를 인간에 적용하려는 시도가 인종이라는 개념인데, 어떤 것이든 인종에 대한 정의는 많은 문제에 부딪칠 수밖에 없다. 어떤 인종도 다른 종과 분리된 별도의 유전적 특징을 갖고 있지 않으며, 다른 인종들 사이에서보다 한 인종 안에서 더 많은 유전적 차이가 존재할 수도 있다. 또한 피부색 같은 형태적 특징을 결정하는 유전자들 역시 한 인종에서 전형적으로 나타나지는 않는다.[14]

이런 과학적 문제들은 제도적 관습들과 관련을 맺고 있다. 보통 인종을 분류하는 체계는 사실 가지각색인데, 특히 두 인종간의 결혼과 거기서 태어난 자식들을 다룰 때 이런 현상이 더욱 두드러진다. 이 같은 결혼이나 성적 교섭은 상황이 얼마나 유동적인지를 분명하게 보여주고 있다. 인종간의 결혼을 통해 인종이 분명히 결정되지 않을 경우, 인구학적 접근은 인종의 분류와 그에 따른 인종의 지도화를 근본에서부터 어렵게 만들 것이다. 그 결과 인종의 분류와 지도화에 어떤 개념이 채용되든 자료의 일관성에서 중요한 문제들을 안게 될 수밖에 없다. 결국 인종은 단순히 기술되는 한편으로 만들어지기도 하는 셈인데, 지도화는 인종을 만들어내는 과정에서 일정한 역할을 수행하고 있다.

인종과 민족성의 정의가 유동적이며 논쟁의 여지를 포함하고 있다는 점을 감안하면, 인종과 민족성을 지도화하는 데 많은 문제가 따르는 것은 당연하다고 할 수 있다. 특히 지도화 과정에서 한 지역을 같은 색으로 표현해 경계를 분명하게 표시하는 것이 일반적인 관행이기 때문에 더욱더 문제가 된다고 할 수 있다. 다시 말하면, 지도에서 국가들이 분명히 구별되듯이, 상당수 지도에서 인종은 언어나 종교처럼 경계를 분명히 표시할 수 있는 단위로 취급되고 있는 것이다. 인종과 국가가 결국 같은 것이라는 인식은 이 둘을 표시하는 데 유사한 지도 언어를 사용하는 것에서 더욱 분명하게 드러난다. 이런 과정은 평균적 지도 사용자(이런 용어를 쓸 수 있다면)들로 하여금 인종과 국가의 경계는 서로 대응해야 하며, 만약 그렇지 않은 경우는 분명히 비정상적이라는 생각을 갖게 만들고 있다.

이 접근 방식은 민족주의 논객들, 예를 들어 19세기 말에서 20세기 초 사이에 유럽에서 민족국가의 수립 또는 기존 국가의 영토 확장을 옹호했던 인물들이 사용했다. 그리고 오늘날의 논의에서도, 예를 들어 쿠르드족의 지위에 관한 논의에서도 이런 식의 접근 방법이 그대로 사용되고 있다. 또한 민족과 인종, 종교, 언어 블록의 '자연적 성격'은 정치적 단위의 '자연적 성격'과도 부합되는 것처럼 보인다. 일반적으로 지도의 범례들은 다수 집단이 아닌 것은 전혀 고려하지 않고 있는데, 인종이나 언어, 종교를 표시할 때도 똑같은 원칙이 적용되고 있다. 여기에 내포된 오류는 제쳐두더라도, 이런 식의 표시는 동질성이 일반적 규범이며 따라서 어떤 지역이든 이질적으로 표현해야만 하는 곳은 비정상적이라는 오해를 낳고 있다.

동질성은 보통 소수 집단을 대수롭지 않게 다루거나 무시함으로써 표현되는데, 가끔씩은 다수 집단이 그런 취급을 받는 경우도 있다. 특히 남아프리카공화국의 아파르트헤이트(인종분리) 체제가 이런 예에 해당한다.[15] 수많은 주요 흑인 거주지들, 특히 흑인 분리거주 지구(townships)와 불법 점유지들이 남아공의 지도들에서는 무시되거나 최소화됐다. 이것은 부분적으로는 흑인 거주 지역들, 특히 불법 점유지들이 지도화하기가 어려웠던 사정을 반영하고 있지만, 이것이 중요한 문제는 아니었다. 남

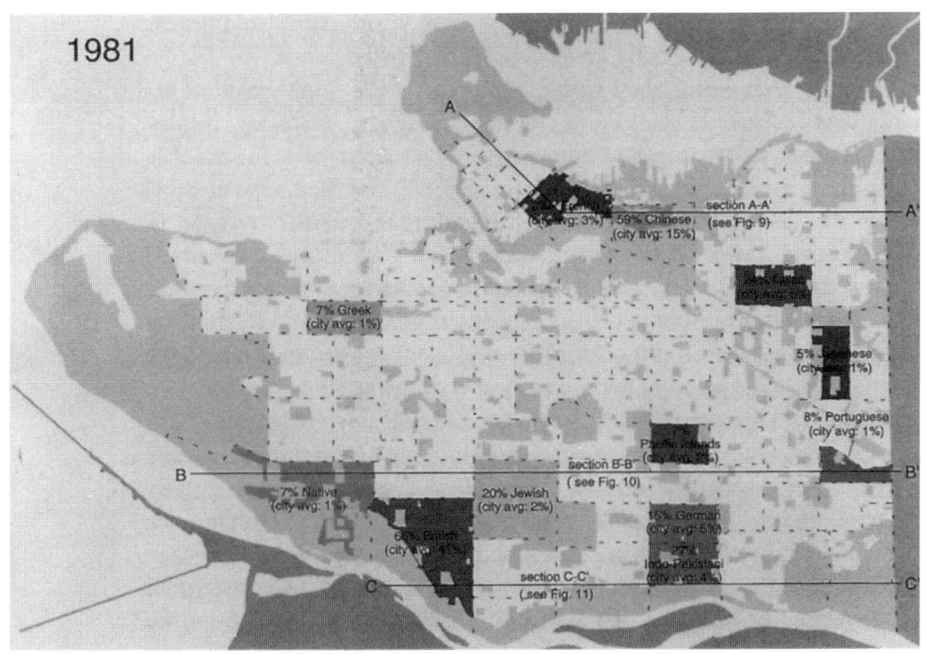

그림 13 브루스 맥도널드(Bruce Macdonald)의 『밴쿠버, 눈으로 보는 역사』(1992)에 실린 〈1981년 인구조사 표본지역에 의한 민족별 거주지 집중도〉. 각 민족들이 어느 지역에 가장 집중되어 있는지를 보여주고 있는 지도. 그러나 이것이 동질적 집단의 형성에 관여할 수 있다는 시사는 없다.

아공에서는 인구조사 자료의 정확도가 인종집단에 따라 달랐던 것처럼, 남아공의 지도들이 안고 있는 가장 근본적인 문제는 백인들에게만 주의가 집중됐다는 점이다. 그 결과 지도에서는 특히 농촌 지역의 소규모 백인 도시들이 실제보다 훨씬 더 두드러지게 표시됐다.

이질성을 보여주기 위해, 또 미묘한 현실의 느낌을 전달하기 위해, 즉 공간의 균질성보다는, 강조가 필요한 사항들이 공간적으로 다양하게 분포돼 있다는 점을 보여주기 위해 점으로 단위를 나타내거나 색깔이 다른 사선들을 사용하는 따위의 지도 제작 기법들이 있긴 하지만 보통은 잘 사용하지 않고 있다. 『밴쿠버: 눈으로 보는 역사』(밴쿠버, 1992)에서처럼 인구조사 표본지역(census tract)을 이용해 가장 높은 집중도를 보인 민족 집단을 표시하는 방법을 또 다른 대안으로 제시할 수 있다. 이 지도에서는 한 인구조사 표본지역 인구의 5퍼센트 이상을 차지하는 민족 집단 중에서 가장 많이 밀집돼 있는 민족 집단만을 지도화하는 방법을 채택하고 있다. 괄호 안에 표시한 백분율은 도시 전체에서 그 민족 집단이 차지하는 비율을 나타내는데, 이를 이 집단이 가장 많이 밀집돼 있는 지역의 백분율과 비교하면 지도에 표시된 집단이 지역 사회에 동화됐는지, 아니면 특정 지역에만 집중돼 있는지를 파악할 수 있다. 새로 이주한 민족 집단이나 눈에 잘 띄는 소수 민족 집단, 그리고 중국인들처럼 본국의 문화를 그대로 유지하고 있는 민족 집단들은 한 곳에 모여 사는 경향을 보여주고 있다. 반면 독일인들처럼 이미 이 지역에 동화된 민족 집단들의 경우에는 이 백분율 자료가 별다른 의미를 가지지 못한다. 이런 지도 제작 기법의 장점은 동질적인 블록들의 존재를 주장하지 않는 데 있다. 한 지도에서 점 하나가 일정한 양을 표시하고, 또 색깔이 다른 점들을 이용해 인구학적 다양성을 보여주는 단위-점(unit-dot) 지도들은 대단히 혼란스럽다. 그러나 바로 이 혼란 자체가 많은 정보를 전달하고 있다. 인종적, 민족적, 종교적, 언어적 다양성을 현실대로 정확히 반영하고 있기 때문이다. 반면 동질적 블록들을 사용하는 경우에는 오해를 낳을 수밖에 없다. 종교와 인종, 언어 따위가 분화를 반영하고 또 촉진하는 역할을 한다는 점을 고려할 때, 이런 개념들을 따르는 지금의 지배적인 지도 제작 방식은 잘못됐다고 할 수 있다.

3장
사회·경제 문제의 지도화

자연계

표면적으로는 균질적으로 보이는 공간이라도 그 내부의 차이점들에 주의를 기울여 보면 문제가 드러나게 된다. 전통적으로 지구나 대륙, 아니면 이보다 작은 지역을 다룬 지도들은 보통 지도책에서 볼 수 있는 것처럼 정치적 또는 행정적 경계를 표시한 지도와 해당 지역의 자연 지형에 중점을 둔 지도로 대별된다. 물론 후자의 경우에는 특히 표고의 차이가 강조되지만, 이 차이점들은 '자연스러운' 것으로 보이고 따라서 논쟁의 여지가 별로 없었다.

그러나 자연 지형을 표시할 때 역시 선택의 문제가 개입하며, 이런 선택들을 둘러싼 논쟁들은 정치화될 수도 있다. 가령 등고선의 간격 및 색의 농담, 또 고봉들에 대한 강조 등을 통해 한 나라를 산악 국가로 묘사할 경우 이런 특성들을 최소화해 표현한 지도와는 분명히 다른 방식으로 이 나라에 대해 말하고 있는 셈이 된다. 또 지도에 표시해야 할 하천의 수나 습지의 양을 확정할 수 있는 분명한 기준 따위는 없다. 따라서 특정 길이나 폭, 평균 유량 이상의 강들을 모두 지도에 표시하거나 큰 강들과 함께 그 지류, 그리고 작은 하천들을 지도화할 경우 강이나 습지가 많다는 인상을 불러일으키게 되는 것이다.

『타임스 세계 아틀라스』(런던, 1968)는 습지를 표시하는 데 특히 많은 노력을 기울인 사례로 꼽힌다. 이 지도의 범례에는 '염수(鹽水) 습지', '습지, 소택지(沼澤地)', '만조(滿潮) 습지', '맹그로브 습지'를 가리키는 별도의 기호들이 있을 정도다. 세비예(Seville, 스페인) 아래쪽 과달키비르(Guadalquivir) 강 유역이나, 알리칸테(Alicante, 스페인) 남쪽의 코스타 블랑카(Costa Blanca) 지방, 이베리아 반도의 대서양 해안 가운데 파루(Faro, 포르투갈)와 우엘바(Huelva, 스페인) 사이의 지역 등은 같은 무렵에 나왔지만 습지들을 무시하거나 최소화했던 다른 지도책들에서와는 아주 다르게 보이게 됐다.

강에 댐을 건설하거나, 아니면 호수를 저수지로 만들고, 바다를 간척하거나, 습지에 배수 공사를 한 경우와 같이 인간의 개입이 이루어진 경우에는 '자연 지형'에 특정한 의미를 부여하기가 어렵다. 그렇지만 자연 지형은 여전히 자연 상태 그대로라고 보는 것이 일반적이다. 따라서 지도와 거기에 딸린 글들에서 지표의 특징은 지질학적 구조를 반영한다고 강조하고 있을 수 있다. 이런 생각은 자연 지도가 비자연 지도에 영향을 주었을 뿐만 아니라, 심지어 그 영향력이 결정적인 것으로까지 보이게끔 했다. 이런 경향은 20세기 초반에 제작된 지도책들에서 특히 강했다. 이 시기에는 환경이 강력한 영향력을 행사한다는 학계의 믿음과 19세기보다 자연 지형의 거의 모든 측면을 더 쉽고 분명하게 보여줄 수 있었던 지도 제작 기술의 발전이 결합돼 있었던 것이다.

그 이후 자연 지형이 지도 및 지도책에서 차지하는 역할은 계속 작아졌는데, 20세기 후반의 세계 지도나 지도책에서는 이런 경향이 더욱 분명해졌다. 이것은 환경의 영향에 대한 관심이 줄어들었음을 반영하고 있는데, 지적 변화와 함께 농업의 비중 감소를 포함하는 경제적 변화의 결과였다고 할 수 있다. 또 1950년대와 1960년대 인간의 환경을 인간이 직접 만들어낼 수 있다는 생각이 자리 잡게 된 것도 여기에 영향을 미쳤다. 사람들의 마음속에서나 지도에서 공히 강이나 산보다는 도로가 교통로나 경계를 정하는 기준 노릇을 하게 됐다. 도시에서는 점차 강에 다리를 놓거나, 지하 수로로 강물을 돌림으로써 강이 중요해지지 않게 됐다.

그렇지만 자연 지형은 구체적인 자연 지도에서는 물론이고, 자연 지도보다는 비중이 떨어지긴 하지만 다른 지도들에서도 여전히 일정한 역할을 하고 있다. 지도책에서 여타의 주제를 다룬 지도들보다 자연 지도가 앞에 배치되는 것은 아직도 환경결정론이 어느 정도 남아 있음을 보여주는 것일 수도 있고, 또한 자연 지도보다 뒤에 배치되지만 좀 더 광범위하게 지도화된 주제들, 예를 들면 정치적 경계들이 자연스러운 것이라는 점을 암시할 수도 있다. 사실 이런 식의 배열은 대단히 중요한데, 지도책들을 단순한 지도묶음과 구별하는 결정적 특징은 바로 내용들이 논리적으로 배치되는 데 달려 있기 때문이다. 그리고 이 배치 자체가 거기에 실린 지도들의 가치를 증대시키며, 의미를 부여하기 때문이기도 하다. 제임스 애커먼(James Akerman)은 지도책의 구조에 의미를 부여하기 위해서는, 즉 지도책이 지도학적 이야기의 형태로 기능할 수 있게 하려면 이런 배치상의 논리가 반드시 드러나야 한다고 주장했다.[1] 그러나 대부분의 독자들이 지도책에 접근할 때 이렇게 흐름을 가진 이야기를 찾는다고 단정하기는 쉽지 않다. 하지만 만약 그럴 경우 상당수의 지도책들에서는 자연 지도를 맨 앞에 놓음으로써 이야기를 시작하는 것만큼은 분명하다. 가장 기초적인 수준에서 지도책들은 인간이 사는 지구의 진화에 관해 2단계의 설명을 제시하는 셈이다. 첫 번째는 현재의 자연 상태에 관해, 두 번째는 인간이 바꾸어놓은 풍경에 관해.

자연 지형은 일반적으로 객관적이라고 여기기 때문에, 자연적 특성을 강조하는 지도들 역시 비정치적인 것으로 간주되고 있다. 하지만 사회·경제적 주제들에 초점을 맞춘 대부분의 지도는 논쟁적으로 보일 목적으로 제작되지 않는데도 정치적으로 취급되는 경우가 있다. 또 이런 지도들이 특정 주장을 지지하기 위해 제작되는 것 역시 아니다. 즉 가르치기보다는 단순한 기술에 치중하고 있다. 어쨌든 근대 지도와 지도책들에서는 자연 지형에 할애하던 공간과 관심이 줄어들면서 사회·경제적 측면들이 갈수록 주목의 대상이 되고 있다.

경제적 공간

그러나 무언가를 가르치기 위해 사회·경제적 특징을 다룬 지도들을 사용하는 것은 흔한 일이다. 또 이 주제를 다루는 지도학 가운데는 경제적 특징의 공간적 분포는 권력관계의 중요한 원인이자 양상, 산물이라고 보는 입장도 있다. 이런 식의 분석에서는 경제와 정치가 융합돼 있다. 즉 시장의 작용은 불편부당한 것이 아니라 보통은 자비로움 따위와는 전혀 상관이 없는 권력관계의 부산물로 간주되고 있다. 사실 여기서는 권력관계라는 정의 그 자체에 이런 의미가 함축돼 있다고 할 수 있다.

    경제적 공간의 정치화를 가장 잘 보여주고 있는 사례는 레클뤼스(Reclus)에서 펴낸 '영토의 역학' 시리즈 중 『다국적 기업 아틀라스』(파리, 1990~1991) 두 권을 꼽을 수 있다. 피에르 그루(Pierre Grou)가 편집한 제1권 『다국적 기업의 공간』에서는 어떻게 경제적 공간과 양극화가 등장하게 되는지를 보여주고 있다. 여기에 실린 지도들에는 프랑스 지도에서 흔히 볼 수 있는 특징인 '세마'(scemas, 도해)가 사용됐다. 이 도해들은 주요 요소와 이 요소들의 특징을 가리키는 기능을 하고 있다. 특히 요소들의 특징을 표시할 때는 일반적으로 화살표가 사용됐는데, 보통 화살표의 크기와 색으로 중요도를 나타냈다. 이 장치는 지도에 표시된 경제적 특성들의 분포에 반영돼 있는 권력관계를 시각화하고 강조, 설명하는 기능을 하고 있다. 그러나 이런 도해들이 공간을 권력관계의 부속물로 만들어 버렸다는 점에서 이 지도는 조악하고, 때로는 실제를 호도하기도 한다는, 심지어 1차원적인 것에 머물고 말았다는 평가를 받는다. 화살표를 사용하고, 인과 관계를 강조함으로써 공간과 공간의 특성에 대한 강조가 약화됐던 것이다.

클로드 뒤퓌(Claude Dupuy)와 크리스티앙 밀렐리(Christian Milelli), 쥘리앵 사바리(Julien Savary)가 편집한 제2권 『다국적 기업의 전략』은 소니나 마쓰시타 같은 중요한 국제적 기업들의 활동을 보여주는 지도들과, 유럽에 있는 일본 기업들의 연구소, 브라질에 있는 프랑스 공장들처럼 공간의 선택을 다룬 지도들로 이루어졌다. 또한 '미쉐린(Michelin)의 공간'을 비롯해 IBM이나 포드 자동차 등을 지도가 포함된 별도의 항목으로 나눠, 이들 중요 기업들의 공간 이해와 전략을 설명하고 있다. 이렇게 권력과 관련해 경제와 경제 공간을 이해하고, 또 경제 활동의 공간적 분포 정도를 설명하는 행위는 가치중립적이지 않다. 또 이런 식의 이해와 설명 자체는 비정치적 경제 시스템에서 일어나는 선택 행위와는 다른 종류의 선택 행위가 있다는 점을 보여줌으로써 흥미로운 지도를 만들어낸다. 미국 군산복합체연구소에서 출판한 지도 시리즈 『핵무기 사고: 미국 군수산업 지도』(필라델피아, 1978, 1982)에서는 이런 식의 접근이 좀 더 분명하게 드러나 있다. 어쨌든 규모를 달리 해서, 개별 공장이나 농업 지역을 대상으로 삼을 경우에도 권력의 구조와 흐름을 공간적 관점에서 제시·이해할 수 있다. 그리고 분석이 거기에 딸린 주거 패턴까지 고려할 정도로 확장될 경우 이런 식의 접근이 가져올 사회적 반향은 더욱 확대될 수 있다. 노동과 부는 체제를 중심으로 움직이고, 이 과정에서 패턴을 만들어내며 개인적 건축물이든 좀 더 큰 집단을 위한 구조물이든 건물들의 배치를 통해 흔적을 남겨 놓게 된다.

일반적으로 한 지도가 전달하는 정보는 그 지도의 표시 방법, 특히 표제나 설명, 기호화에 의해 전혀 다른 울림을 갖게 될 수 있다. 예를 들어 한 나라의 원자력 발전소는 발전소의 위치와 주변의 송전선만을 단순히 표시하는 방식으로 '중립적'으로 묘사될 수 있다. 기호들은 두드러지지 않게, 가령 중간색의 작은 원이나 점을 사용하고, 표제는 '어느 어느 곳의 원자력산업'으로, 설명은 이 발전소에서 생산되는 전력량만 언급하고 넘어갈 수 있다.

반면 같은 정보도 위협적인 기호들을 사용해 전혀 다르게 제시할 수 있다. 예를 들면 고동치는 듯한 큰 동심원들을 강렬한 색깔로, 특히 위험을 상징하는 빨간색으로 표시한다든가, '핵발전소의 위협' 같은 표제를 단다든가, 핵 오염이나 사고의 위험에 대해 언급하는 설명을 사용할 수도 있는 것이다. 이 마지막 대목은 지도에서 핵원료와 폐기물의 수송로가 이 나라의 대부분의 지역을 가로지른다는 점을 보여주고, 방사능 오염이나 누출, 유출이 일어났던 장소들도 보여주며, 핵발전소에서 100마일 이내에 있는 지역들과 함께 바람의 방향까지 표시할 경우 위협을 한층 더 부각시킬 수 있다. 이럴 경우 원자력 산업의 존재나 그것이 미치는 영향은 한 나라에만 국한되지 않게 된다. 즉 핵물질의 수송로나, 누출 또는 오염 사고가 일어났을 때 그 피해 지역이 국경을 넘어갈 수도 있음을 보여줄 경우 원자력 산업은 국제적 차원을 띠게 되기 때문이다. 실제로 미국의 원자력 산업이 캐나다에서 갑자기 중요한 문제로 떠오르고 있다. 또한 푸른 초원을 배경으로 밝은 햇빛을 받고 서 있는 정상 가동 중의 원자력 발전소가 아니라 쑥대밭이 되어 버린 체르노빌의 사진까지 지도에 곁들일 경우 그 효과는 완전해질 것이다.

기업들 스스로도 자신들의 활동과 이상을 보여줄 목적으로 지도를 이용하고 있다. 가장 대표적인 예로 이를 테면 자동차의 제조에는 다른 나라에서 들여온 원자재나 다른 나라에서 이루어지는 1차적인 조립 과정이 필요하다는 점을 보여줌으로써 이 기업은 가치를 확산시킬 뿐더러 단순한 다국적 '기생충'이 아니라는 점을 웅변하고 있는 지도들을 꼽을 수 있다. 또 어떤 제품이 전세계적으로 인기를 끌고 있고, 따라서 이 제품은 자연스러운 것이라는 점을 강조하는 지도들을 또 다른 예로 들 수 있다. 여기에서는 세계적인 것이 곧 건전한 것이 되는 셈이다.

같은 장치를 이용할 경우 제품이 외국산으로 보이지 않도록 만들 수도 있다. 미국 주간지 〈타임〉의 1950년 5월 15일호 표지는 사람 얼굴 모양을 한 지구가 코카콜라를 병째로 들이키는 모습을 보여줌으로써 이 점을 분명하게 강조하고 있다. 이 표지는 코카콜라가 세계적으로 보급되어 있다는 것을 보여주고 있으며, 따라서 이 제품을 자연스럽게 받아들이도록 만들고 있는 것이다. 코카콜라를 마시는 독자들은 세계적 활동에 참여하는 것이고, 코카콜라는 미국산이었다는 점에서 이것은 자랑스럽기까지 한 것이다. 코카콜라를 통해 미국과 세계는 하나로 연결된다. 세계인들은 코카콜라를 마셔서 즐겁고, 미국은 돈을 벌어들여 행복한 것이다. 지도는 또한 기업들이 원재료, 운송, 시장, 경쟁기업 따위를 분석할 때 중요한 시각적 구성 요소들을 제공함으로써 이런 자료들의 분석 자체는 물론 영업 전략의 수립과 수행에도 도움을 주고 있다.

경제 활동(여기서는 제철 공장을 예로 들어 본다)을 다룬 관습적 지도들에서도 역시 선택이 수반된다. 우선 이런 지도에서는 소비보다 생산을 우위에 놓고 있다. 두 번째로 여기서 관심의 대상이 되는 생산 활동은 서비스 산업이나 금융 분야가 아니라 제조업이다. 세 번째로 경공업이 아닌 중공업에, 전자 제품이나 화장품이 아닌 제철이나 조선업에 집중하고 있다. 여기서 자본투자가 크게 필요하지 않거나 미숙련 노동이나 시간제 노동만으로도 충분한 산업 활동은 아예 관심권에도 들지 않는다. 네 번째로 소유보다는 노동이 지도화되는 경향이 있다. 그렇지만 여기서는 노동을 아무 문제없는 비정치적인 것으로 취급하는 것이 일반적 경향이다. 예를 들어 노동 자체에 대해서는 지도에 표시하면서도 노동조합 활동에 대해서는 아무런 언급을 하지 않고 있는 것이다. 특히 '제3세계' 이외의 지역에서도 노조활동을 지도화하는 것을 어렵게 만드는 심각한 자료상의 문제가 존재한다. 그러나 노조 활동을 지도화할 방법이 없는 것은 아니다.[2]

자본을 공간과 관련해 개념화할 수 있기는 하지만, 노동이 소유보다 파악하기가 훨씬 쉬운 것이 사실이다. 더욱이 돈은 점차 독립적인, 그리고 규모나 유동성 측면에서 일반적인 상품을 훨씬 뛰어넘어 별도로 거래되는 상품이 됐고, 국제적으로 통합된 시장의 한 부분을 구성하고 있다.[3] 국제 자본시장과 자본의 흐름은 한 국가뿐만 아니라 예를 들면 유럽 화폐통합 같은 국제적 차원의 정치 프로그램의 성패에도 상당한 영향을 주고 있다. 따라서 돈의 흐름을 지도화하는 것이 중요해지고 있으며, 이 흐름을 이해하기 위해서 지구적 차원의 공간 감각을 갖는 것이 더욱 더 요구되고 있다. 또 영향력 있는 미디어 네트워크가 갖는 세계적 성격을 놓고도 같은 지적을 할 수 있다는 점에서 지도화가, 그것도 지구적 규모의 지도화가 반드시 이루어져야 한다. 루퍼트 머독이나 CNN의 네트워크가 갖는 국제적 성격, 범위, 의도 등은 상당한 관심과 논란을 촉발했는데 이들 네트워크의 지도화는 그들의 정치적 역할을 인식하고 있다는 것을 의미한다.

일반적으로 지도책에 실리는 경제 활동 지도들은 경제 활동을 보수적으로 정의하고 있다. 그러나 이런 식의 정의는 경제 활동이 분산 또는 창조하는 부나, 경제 활동을 통해 창출되는 고용 등과 관련해서는 실상을 제대로 전달하지 못할 가능성이 대단히 높다. 이런 보수적 정의는 부분적으로는 지도화의 용이성에서 비롯됐다. 몇몇 장소에서만 진행되는 제강 같은 활동이 가옥 도장업(塗裝業)처럼 광범위한 지역에서 일어나는 활동보다는 지도화되기가 훨씬 쉽다. 물론 광범위한 지역에 걸쳐 있는 경제 활동이 지도 한 부분의 특성을 결정할 수도 있는 농업일 경우에는 사정이 달라진다. 예를 들어 밀농사의 경우는 밀 재배 지역으로 지도에 표시된 곳에서 다수의 다른 작물들이 재배되는 것이 사실이더라도 제빵업자들보다는 지도로 보여주기가 더 쉽다. 결국 여기에서도 균질적 블록의 사용은 잘못된 이해를 가져오게 되는 것이다. 또 '주요 작물'에 대한 강조 역시 문제를 낳을 수 있다. 윤작의 문제는 제쳐두더라도 어떤 의미에서 '주요' 작물이냐 하는 문제가 남기 때문이다. 즉 재배 면적의 측면에서냐, 아니면 경제적 가치나 고용 규모 면에서 봤을 때 주요 작물이냐 하는 것들이 문제가 되는 것이다.

은행업이나 부업삼아 하는 목수 일처럼 광범위하게 진행되는 활동을 지도에 표시하는 것은 의미가 없다고 주장할 수도 있다. 이런 활동들은 너무 광범위하게 퍼져 있기 때문에 이런 지도들은 특정 도시나 그 도시 사람들을 지도화할 때나 적합하다는 것이다. 결국 지도화의 용이성도 문제지만, 이와는 별도로 지도화할 가치가 있느냐의 문제도 고려해야 한다는 것이다. 그러나 부의 확산과 창조라는 관점에서 봤을 때 미국의 경제 지도를 만들면서 텍사스 주의 석유화학 산업은 포함시키면서 월스트리트를 빼놓는 것은 사리에 맞지 않는다. 또 할리우드 역시 일반적으로 이런 지도들에는 들어가지 않고 있다.

좀 더 일반적인 차원에서 보면, 경제 활동의 변화를 반영하는 지도를 제작할 때는 사회·경제 체계들 속에서 일어나는 부와 소비의 변화상을 반드시 포착해야 한다. 토지 소유 양상을 지도화(예를 들면 제1차 세계대전과 제2차 세계대전 사이 폴란드의 토지 소유 양상)하는 작업은 과거나 현재를 막론하고 유용할 수 있지만 대부분의 국가, 특히 제1세계에서는 토지가 부의 척도 노릇을 하지 못하고 있다. 그러나 새롭게 모습을 드러내기 시작한 분야들은 바로 그 특성 때문에 포착하거나 지도화하기가 어려울 수 있다.

경제 지도를 제작하는 데 필요한 자료들은 편중돼 있는 형편이다. 언제나처럼 '제3세계' 보다는 '제1세계' 의 자료가 훨씬 더 많다. 그리고 제3세계에 관한 자료들은 서구인들이 관여했던 경제 분야들, 이를테면 대규모 광업이나 임업, 환금 작물, 또는 서구 시장을 겨냥한 제품 생산 등의 분야에 집중돼 있고, 보통은 서구의 분류 체계를 따라 제시되고 있다. 이런 상황은 식민지 시대가 끝난 뒤에도 거의 변하지 않았는데, 특히 광범위한 새 지도화 작업에 필요한 자원이 없는 가난한 국가들이 여기에 해당한다. 때문에 지도에서 다루는 대상이나 실제 지도화 작업은 서구의 패턴, 무엇보다도 서구의 경제적 이해관계에 많은 영향을 받은 상태 그대로 남아 있다.

이렇게 자료가 제한적인 상황에서도 몇몇 지도책들은 대단히 광범위하고 흥미 있는 경제 지표들을 지도화했다. 마이클 키드런(Michael Kidron)과 로널드 시걸(Ronald Segal)이 편집한 『세계 지도』(5판, 런던, 1995)에는 〈가치의 수취〉라는 제목의 펼침 지도가 들어 있다. 이 지도는 '상대적 착취도, 즉 노동자들이 자신들이 창출해 낸 가치에 비례해 지불받는 보수' 를 보여주고 있다. 약간은 놀랍게도 니제르와 르완다에서 그 비율이 가장 높았으며, 상위 그룹에는 노동자들의 천국이라 생각되던 중국과 브라질, 엘살바도르, 과테말라 등이 포함돼 있었다. 이들 국가는 볼리비아나 일본, 나이지리아, 소말리아, 미국 등보다 노동자를 덜 착취하는 것으로 나타났으며, 볼리비아나 일본과 같은 집단에 속한 나라들의 노동자들은 네덜란드나 노르웨이, 캐나다, 이란 등지의 노동자들보다는 사정이 나았다. 그리고 프랑스는 네덜란드 그룹보다 한 단계 더 아래에 머물고 있었다. 이 지도에 첨가된 설명에서 지적한 것처럼 착취는 분명히 존재한다. 그러나 이 지도의 묘사는 조악할 뿐더러 오해를 불러일으킬 가능성까지 안고 있다. 이 지도책은 서문에서 기업 문화를 공격하며 이것을 조직범죄에 비교하기도 했는데, 결국 이 지도에는 이런 어조가 반영돼 있다고 할 수 있다. 이 지도책에는 또 사유화를 신랄하게 비판한 펼침 지도도 포함돼 있다.

경제 관련 자료가 존재하는 경우, 수학적 기법들을 동원해 권력관계를 분석·기술하는 사례가 이전에 비해 점점 늘어나고 있다. 예를 들어, 한 지역이 광범위한 경제적 관계 속에 통합돼 갈수록, 이 지역은 그 관계에 대해 취약해진다는 점을 수학적으로 보여줄 수 있게 된 것이다. 수학 지수들의 경우에는 지도화가 가능한데, 스코틀랜드 곡물시장을 다룬 어느 지도는 이렇게 지적하고 있다.

이 지도는 상관계수로 이루어진 행렬을 구성해 각 나라의 단기 물가변동을 다른 나라와 비교할 수 있다면, 그리고 이 계수들을 시장의 통합도를 알려주는 근사치 척도로 사용할 수 있다면, 각 나라의 상관계수를 취합함으로써 그 나라의 단기 물가변동이 다른 나라들에서 일어나는 물가변동과 어느 정도나 관계를 맺고 있는지를 측정할 수 있는 상대적 척도를 가질 수 있다는 생각에 기초해 있다.

경제적 공간의 성격은 그 자체로 논쟁적일 수밖에 없다.[4] 전통적으로 경제 이론은 공간이 관련돼 있을 경우에는 (단일한 불변 공간인) 등방위(等方位) 공간을 전제로 해석돼 왔다. 이 등방위 공간은 지리학자들이 공간을 분석하는 모델이 되기도 했다. 그러나 이런 이론과 모델은 지금에 와서는 다소 기계론적으로 보이는 것이 사실이다. 또 투자 및 소비 패턴을 지도화할 수 있는 것은 사실이지만 경제 활동의 문화를 지도화하는 것은 제조업 플랜트의 위치를 표시하는 것처럼 간단한 문제는 아니다.

북아메리카의 다양한 목축 전통과 목축 품종, 또 그 영향에 관해 기술하고 있는 『북미의 목우 지역들: 기원과 확산, 분화』(앨버커키, 1993)에서 테리 조든(Terry Jordan)이 주장했던 것처럼 문화지리학이 경제생활에서 지금까지 중요한 역할을 했다는 주장은 지도화에 새로운 문제들을 안겨주고 있다. 그리고 프로테스탄티즘 같은 문화적 지표들과 경제생활의 관계를 묻는 조금 더 포괄적인 질문들 역시 마찬가지라고 할 수 있다.

사회 문제

경제와 분리될 수 있는 한, 사회적 문제들은 경제보다 지도화가 어렵고, 또 많은 논쟁의 소지를 안고 있다. 그리고 주제의 선택이나 지도화의 성격은 모두 정치성을 띨 수 있다. 사회적 공간이라는 말은 정치성을 내포하고 있는 개념으로, 공간의 구축을 가치중립적이지 않을뿐더러 논쟁을 촉발시킬 수도 있는 사회 정책의 한 측면으로 묘사하고 있기 때문이다. 프랑스의 사회학자 앙리 르페브르(Henri Lefebvre)는 모든 사회는 자신의 경제적, 사회적 필요에 부응하는 특정한 사회공간을 발전시켜 왔다고 주장했다.[5]

그러나 사회적 패턴을 지도화하는 데는 중요한 문제들이 끼어든다. 그리고 대부분의 공간 관련 학문에 깔려 있는 실증주의에 대한 폭넓은 반발의 결과 이런 문제들은 더욱 늘어나게 됐다. 실증주의적 관점은 지도화를 조금 더 쉽게 만들어 준다. 그것은 인간의 선택이 일부에 있어서는 지도화가 가능한 변수들에 의해 결정된다고 보는, 또는 결정되지는 않더라도 최소한 크게 영향을 받는다고 보는 구조주의적 해석을 중시하면서 인간이라는 작인(作人)의 역할을 최소화하기 때문이다. 이 관점을

그림 14 1908년에 제작된 최초의 런던 지하철 노선도. 공짜로 배포됐으며 접혀 있는 포켓판이었다. 런던 중심부의 도로 지도 위에 지하철 노선들을 정확하게 배치하고 있었다.

그림 15 1927년 F. H. 스틴지모어가 제작한 런던 지하철 노선도. 이 노선도에는 철도망이 교외로 확장되던 당시의 상황이 기록돼 있다.

그림 16 해리 벡이 1933년에 제작한 지하철 노선도. 이 노선도에서는 회로도 방식을 채택해, 실제 방향이나 위치를 정확히 표현하기보다는 명료함을 강조하고 있었다.

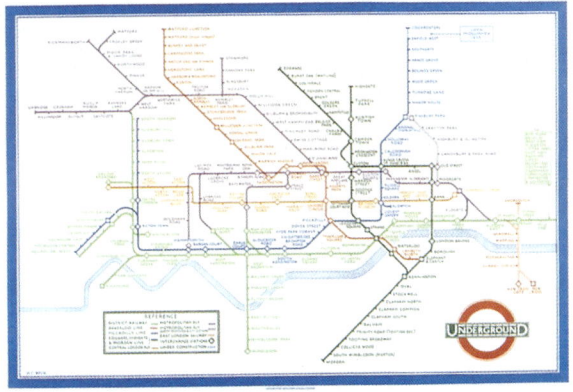

97

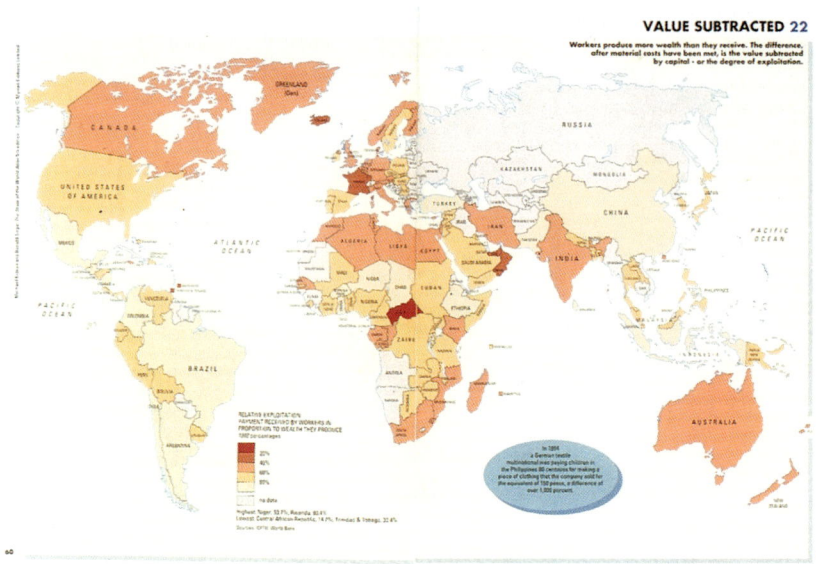

그림 17 〈가치의 수취〉. 마이클 키드런과 로널드 시걸이 편집한 『세계지도』(1995)는 노동자들에 대한 상대적 착취도를 표시함으로써 당파성을 띤 지도 제작의 사례를 보여주고 있다. 자본주의에 대한 적개심을 분명하게 드러내고 있는 이 아틀라스에 실려 있는, 거칠지만 개성 강한 펼침지도이다.

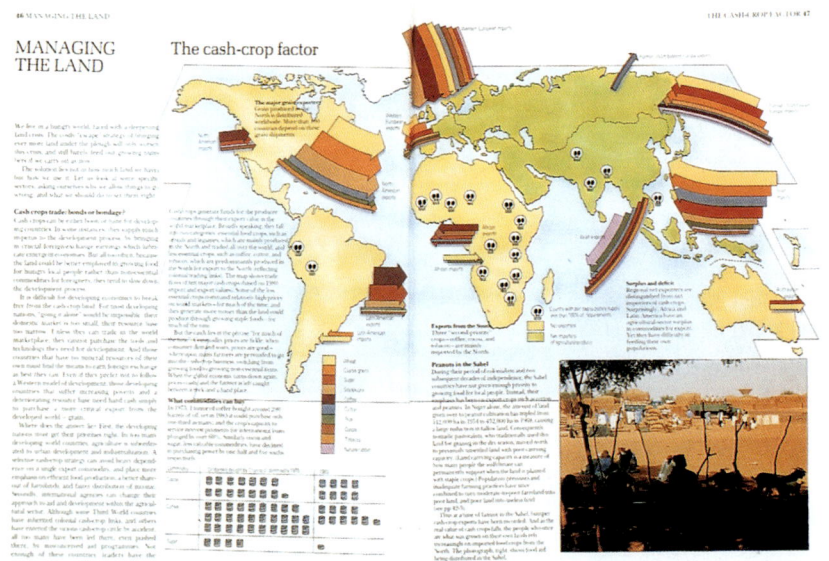

그림 18 『혹성 관리 가이아 아틀라스』에 실린 '환금 작물 문제'에 관한 펼침지도. 세계 경제에서도 특히 농업 생산물을 수출하면서 생겨나는 문제들을 강조하고 있는 펼침지도다. 해골을 기호로 사용해 메시지를 극적으로 전달하는 데는 성공했지만, 분석적인 효과는 그리 크지 않았다.

98 지도, 권력의 얼굴

그림 19 존 몰렌코프가 제작한 『1980년대의 뉴욕: 사회, 경제, 정치 아틀라스』(1993)에 실린 〈중위권 가구의 수입 변화, 1980-1990〉 지도. 뉴욕 시에 관해 일반적인 도로 지도들과는 다른 사실을 말해 주고 있다.

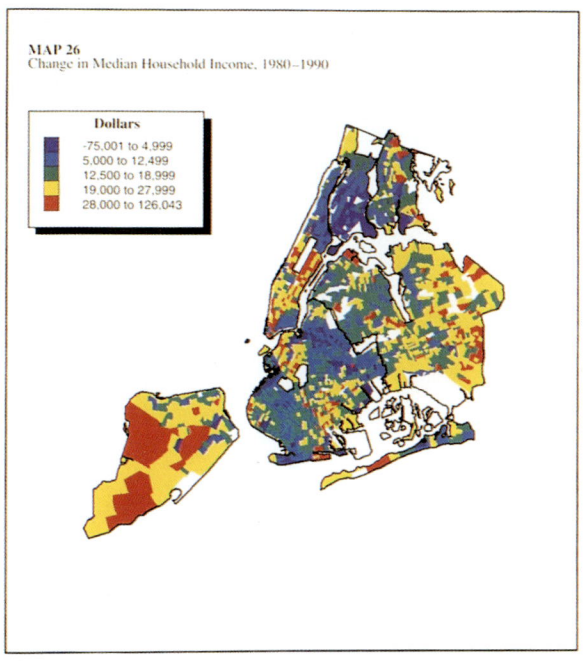

그림 20 몰렌코프의 『1980년대의 뉴욕: 사회, 경제, 정치 아틀라스』에 실린 '불로' 소득의 변화 추세. 1980년대 호황의 혜택은 백인 중상위층 거주 지역에 집중됐다. 이 지도에서는 배당금이나 이자, 임대료 수입을 계급 사회의 한 측면을 드러내는 지표로 삼아, 이런 불로 소득의 공간적 분포를 보여주고 있다.

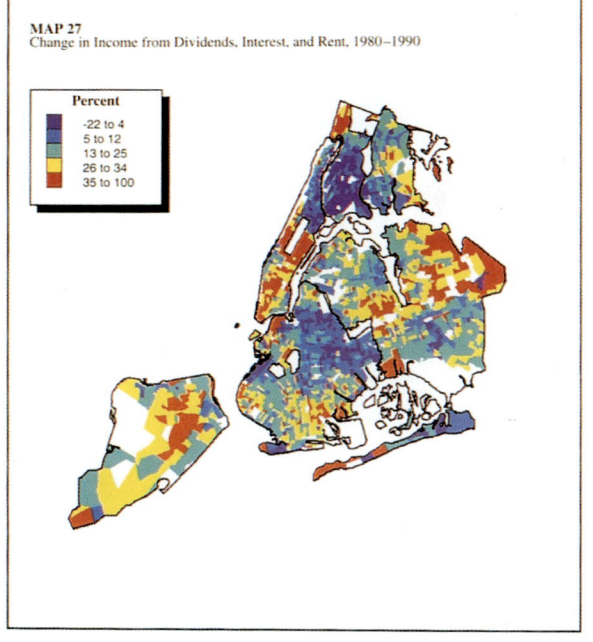

그림 21 『맥아서 수정 세계지도』(1979)는 남반구를 위에 배치한 몇 안되는 세계지도의 하나로, 기존의 통념에 강력하게 문제제기를 하고 있다.

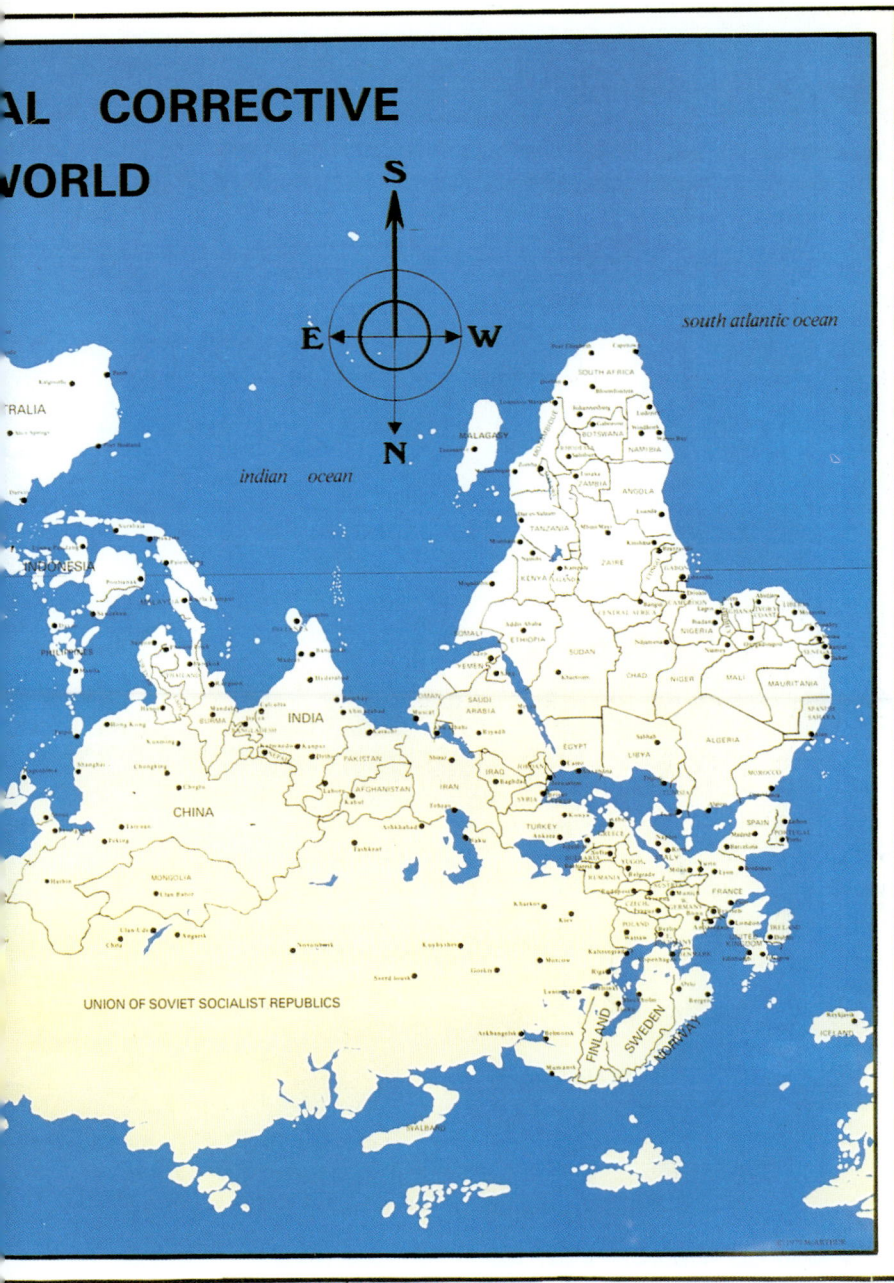

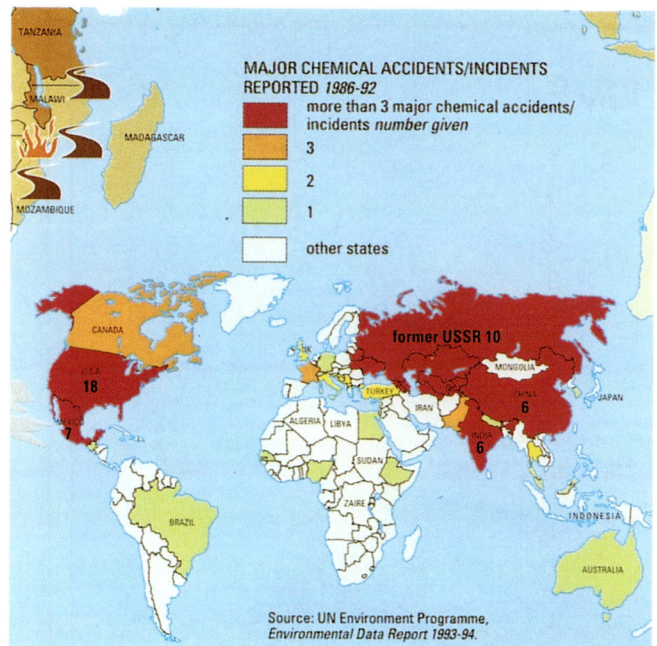

그림 22 마이클 키드런과 로널드 시걸이 편집한 『세계지도』 중에서 〈주요 화학공업 시설 사고〉. 이 지도에서는 문제의 범위를 극적으로 표현하기 위해 빨강색을 사용했다. 그러나 '주요' 라는 말은 주관적일 수밖에 없으며, 이 지도에서는 화학 사고와 다른 경제활동들이 어떻게 관련돼 있는지도 제시하지 않고 있다.

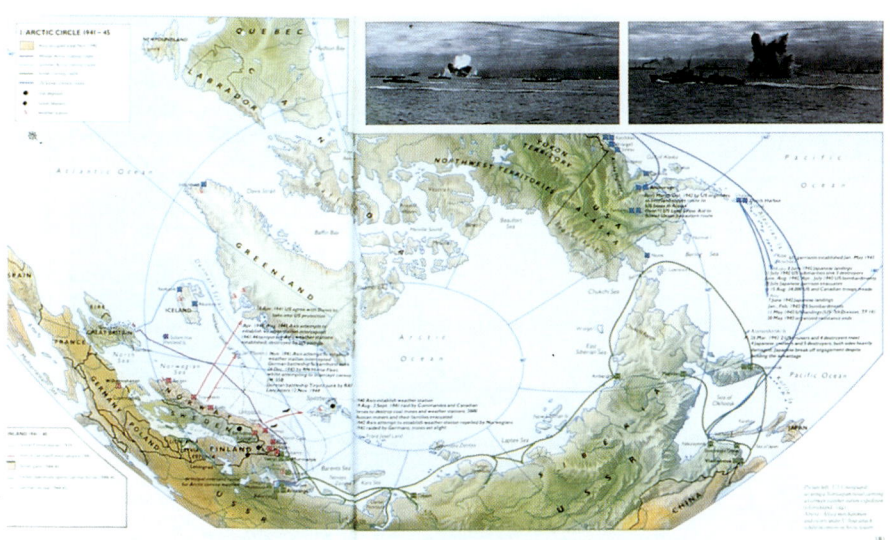

그림 23 존 키건이 편집한 『타임스 제2차 세계대전 아틀라스』(1989)에 실린 〈극지방의 전투 양상〉 지도는 전쟁 관련 지도에서 대체로 무시해 온 지역에 주목하고 있다. 그리고 북태평양과 노르웨이 근해에서 벌어졌던 전투들의 관련성을 보여주는 투영법을 채택하고 있는 점도 특기할 만하다. 그러나 당시에는 일본과 소련이 전쟁을 벌이고 있지 않았다는 사실은 얘기하지 않고 있다.

그림 24 찰스 드레이턴 기브스가 출판한 〈캘리포니아 금광지역 새지도, 저자 등의 최근 조사 및 탐사에 기초해서〉는 지도가 자원 개발을 촉진한 전형적인 사례다. 그러나 이 지도에서는 원주민들은 아예 없었던 것처럼 무시되고 있다.

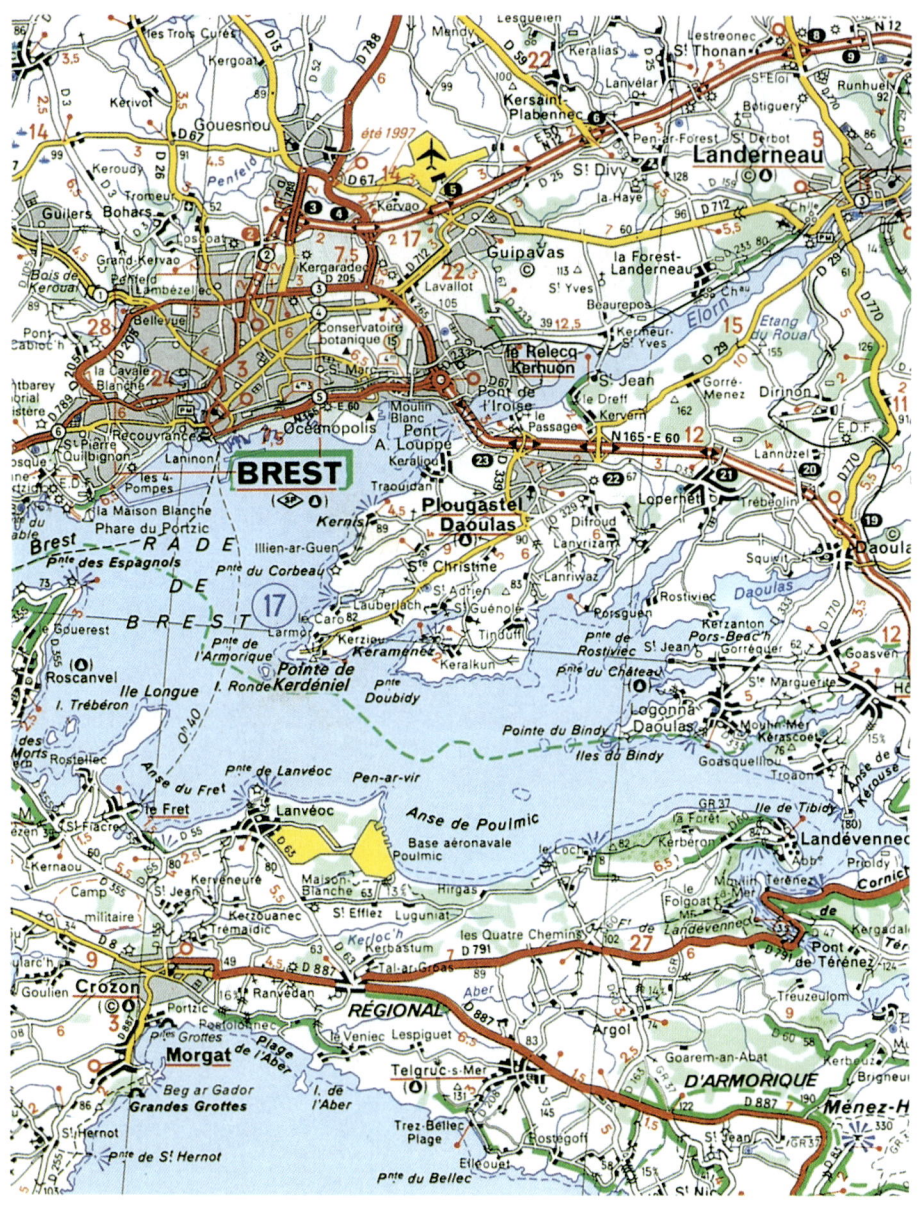

그림 25 타이어 회사 미쉐린에서 발행하는 관광 안내서 시리즈 중 브르타뉴 지역 지도. 이 지역은 해안선이 아름다운 것으로 유명하지만 이 지도에서는 오히려 주요 도로들을 강조하고 있다. 여기서는 색채를 이용해 교통 수단 사이에 위계를 만들어냈는데, 주요 도로들은 강조하고, 철도들은 잘 드러나지 않게 하고 있다. 미쉐린 시리즈는 같은 지도 제작 규칙과 기호들을 일관되게 적용해 서로 다른 환경들을 모두 익숙하게 보이도록 만들고, 이를 통해 프랑스를 통합하고 있다. 여기서는 브르타뉴나 코르시카 민족주의 따위가 용납되지 않는 것이다.

따를 경우 예를 들어 주거 패턴은 환경적 요인들 또는 시장 체제의 성격이 낳은 결과로 간주된다. 반면 지형적 변화와 패턴에서 인간을 중요한 요소로서 강조하거나, 개념이나 이데올로기, 또는 인간의 결정이 수행하는 역할을 강조할 경우 상황은 덜 분명해지고, 더 '번잡' 해진다. 특히 집단이 아니라 개인이 의사 결정의 기초 단위로 간주될 경우 이런 경향은 더욱 심화된다. 패턴은 불분명해지고, 인과 관계를 정의하거나 여기에 대한 의견 일치를 보기는 더욱 어려워지는 것이다. 그 결과 지도와 모델을 통해 보여줘야 하는 관계는 더 모호해지게 된다.[6]

다른 문제들은 사회 조직의 성격을 다르게 이해하는 데서 생겨난다. 계급관계에 기초한 사회 및 정치 분석은 계급을 상대적으로 단순하게 또 생산요소들과 관련지어 이해할 수 있는 한에서는 지도화에 적합했다. 그러나 계급에 대한 분석은 복잡해졌고, 이에 따라 지도화의 가능성을 놓고도 문제가 생겨나게 됐다.

지리적 차이와 사회적 차이 사이에 대응 관계가 있는 것만큼은 사실이지만,[7] 가장 눈에 잘 띄는 사회적 차별만이 쉽게 해석할 수 있는 방식으로 지도에 표시될 수 있다. 사회적 차별이 대단히 기초적이고 분명할 때만 지도화가 가능하다는 것이다. 예를 들어 20세기 초의 상당수 도시들이 이런 경우에 속한다. 이 도시들은 민족별 이민자들과 계급 등에 의해 분리된 사회였다.

물론 그 과정에는 문제가 개입되기 마련이지만, 이런 분리상은 지도로 보여줄 수 있다. 그 중에서 특히 계급과 민족 사이의 관계가 여기에 해당한다. 물론 엄격하게 검토할 경우 복잡한 주거 패턴이 드러나는데, 특히 대부분의 도시들이 민족과 계급, 또는 둘이 결합돼 있는 균질적인 주거 집단들로 구성돼 있지 않았고, 지금도 마찬가지라는 점을 확인할 수 있다. 그렇지만 의미 있는 차이들을 지도에 표시할 수는 있다. 프렌티스와 루이스는 『웨일스 지역의 주거 환경 아틀라스』에서, '우선 웨일스 지역 주택의 질과 보유 조건, 두 번째로 웨일스 지역 주택난의 배경으로서 인구통계와 주택 보유 현황에 관한 정보를 쉽게 접근할 수 있는 형태로 제공' 하려고 했다(2쪽). 이 지도는 1986년 웨일스 인구조사에서 얻은, 임대료 일부를 환급받은 임차인들의 비율 따위의 정보를 이용해 이 지역의 주거 조건이 대단히 다양하다는 점을 분명히 보여주고 있다. 이 지도에서 서로 아주 다른 상황들을 포괄하기 위해 때로는 다른 단위들을 사용하기도 한 점 등에 대해서는 비판 받을 여지가 있다. 그러나 이 지도책이 복잡한 주거 조건을 분명히 드러냄으로써 실제 주택 관련 정책을 입안할 때 영향을 미쳤다는 사실만은 짚고 넘어갈 필요가 있다.

이 다양성 때문에 주택 정책은 그 성격이 분명하든 그렇지 않든 웨일스 지역 전반에서 서로 다른 영향을 미칠 가능성이 있다는 점을 인식해야 한다. 즉 공간적 일관성이 없는 경우를 자주 보게 될 것이다. 웨일스에서 주택 정책을 입안하고, 평가할 때는 이런 다양성을 염두에 두는 한편 균질적인 또는 공간적으로 일관된 효과를 거둘 수 있을 것으로 가정하지 않는 것이 중요하다.

또 주거 패턴을 이해하고 지도화하기 위해 학자들이 원인과 결과에서 모두 정치적 성격을 띤다고 할 수 있는 노동시장과 주택시장을 통합할 수 있다손 치더라도,[8] 사회 안에는 반드시 고려해야 할 '커다란' 분리가 존재한다. 그 중에서 가장 두드러지는 것 중 하나가 성별(gender) 문제다. 성별과 관련된 몇몇 문제들은 지도화가 대단히 까다롭다. 가령 남녀 인구비율은 쉽게 지도화할 수 있지만, 이것만으로는 성의 정치학에 관해 뭔가 유용한 정보를 얻을 수 없다. 이보다는 몸과 가정, 거리와 지역공동체가 권력의 행사와 담론에 의해 형성된 정치적 영역이라고 이해하는 접

근 방법이 좀 더 유용하다고 할 수 있는데, 여기서는 공간과 통제라는 개념이 강조되고 있는 것이다.[9]

하지만 성별 관계에서는 (그리고 좀 더 일반적으로는 사회, 경제, 정치적 관계에서는) 갈등과 지배가 일반적인 것이라고 가정함으로써, 이 접근 방법은 문제가 있을 수 있는, 최소한 증명이 필요한 일련의 가정들을 믿도록 만들고 강화하는 데 지도학적 방법들과 형태, 언어를 동원하는 실수를 범하고 있다. 사실 이것은 지도의 이용과 관련해 흔히 볼 수 있는 문제점이다. 지도상의 표현은 공간을 중심으로 놓고 보면 구체적인 차원에서나 일반적 차원 모두에서 관계에 대한 일정한 전제들에 의존하고 있다. 그러나 이런 전제들의 상당수는 선험적 판단에서 비롯된 것들이다. 이것은 기술적 관점에서 지도를 봤을 때도 마찬가지다. 지도들을 제작하고 읽는 과정에는 축척과 등가, 투영법, 의미에 관한 전제들이 깔려 있기 때문이다. 따라서 환경결정론이나 사회는 갈등의 영역이라는 개념 같은 사회적 이데올로기들을 공간적으로 기호화하는 것은 단순히 이런 전제들을 다시 한번 보여줄 뿐이라는 점에서, 또 그 결과 그것이 과연 지도의 특성이냐는 반문을 낳을 수 있다는 점에서 문제가 될 수 있다. 그러나 지도의 축척이나 경위선 같은 것들은 일종의 장치로서, 지도를 사용하려면 이 장치들이 반드시 정확해야만 한다. 이와는 대조적으로 성별 관계의 다른 측면은 전혀 표시하지 않고 배우자 학대를 중심으로만 제작된 영국의 지도가 있다면, 이 지도는 남녀관계에서는 배우자 학대가 결정적으로 중요하며, 배우자 학대의 지역적 차이를 파악하기가 대단히 어렵다손 치더라도 이런 시각화가 반드시 필요하다는 점을 주장하고 있는 것이다. 그러나 이런 식의 접근에는 문제가 제기될 수 있다. 모든 지도는 이론과 이데올로기로 이루어진 모델이고, 또 과학적 객관성을 전제하는 것은 위험한 것이 사실이지만, 그렇다고 이런 식의 주관주의가 무엇을 해도 괜찮다는 것을 의미하는 것은 아니다.

남녀관계를 지도화하는 데 따르는 문제로는 우선 규모의 문제를 꼽을 수 있다. 남녀의 역학관계나 갈등을 공간적 문맥 안에서 접근하는 연구들은 국가적 또는 국제적 규모보다는 가정이나 한 지역에 집중하는 경향을 보이고 있다.[10] 그러나 티머시 패스트(Timothy Fast)와 캐시 패스트(Cathy Fast)는 『미국 여성아틀라스』(2판, 뉴욕, 1995)에서 미국 전역을 대상으로 한 여성들의 학대 경험을 지도화하려고 했다. 이 지도는 여성운동의 관점에서, 거의 여성들의 참여만으로 제작되었다.

이 지도책은 여성들의 상황에 대해 구체적인 정보를 제공해 줄 것이다. 하지만 이 지도책이 여기서 다룬 주제들에 대한 더 깊이 있는 연구를 촉진했으면 하는 바람도 있다. 왜 알래스카 여성들은 심장 관련 질병 발병률이 그렇게 낮은지 등등. 독자들 스스로 여성의 상황과 관련된 질문들을 만들어낼 필요가 있다. 여기에 실린 지도들은 주에 따라 여성들의 참여도가 다르다는 점과 진정한 남녀평등을 이루려면 기초를 더욱 튼튼히 다질 필요가 있다는 점을 보여주고 있다.

이 지도책의 입장은 분명하다. 레이건 대통령보다 클린턴 대통령에게 더 호감을 표시하고 있는 것은 제쳐두더라도, 문제들이 존재하며 이 문제들과 맞서야 한다는 점을 분명히 하고 있기 때문이다. 이 지도에서 미국의 주들을 자료 단위로 사용한 것은 중요한 약점으로 지적할 수 있다. 이 경우 아주 다른 지역들, 예를 들면 뉴욕 시와 뉴욕 주에 있는 여타의 지역들을 통합시켜 버리기 때문이다. 그러나 저자들은 지도의 일부 결함에 대해 적절히 인식하고 있었다. 가령 여성 100만 명당 피학대 여성 보호시설에 살고 있는 여성들의 숫자와 관련된 문제를 놓고 저자들은 이

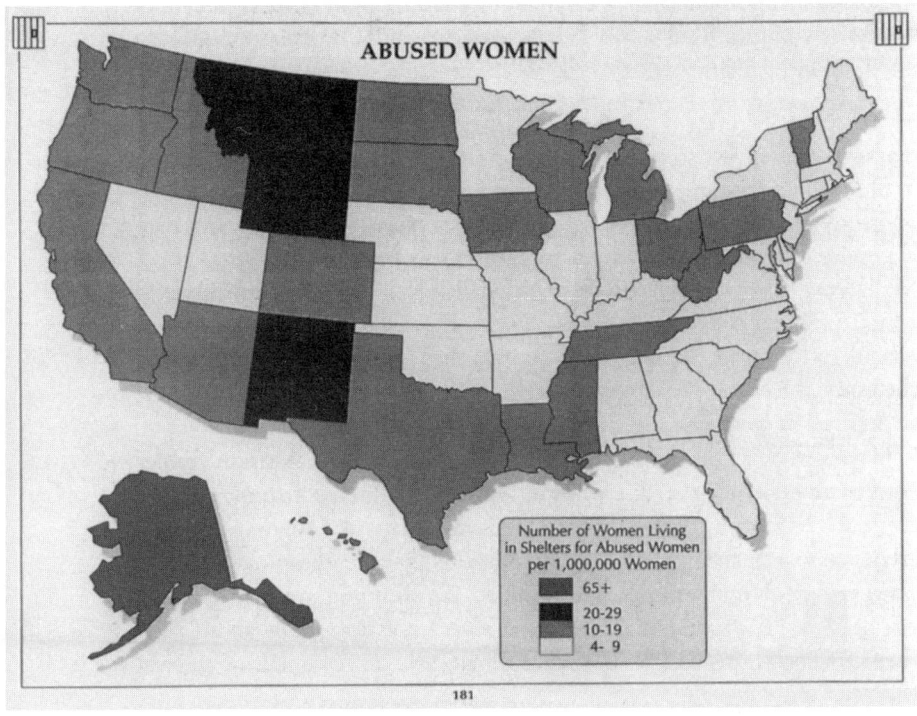

그림 26 〈여성 학대 실태〉. 티머시 패스트와 캐시 패스트가 제작한 『미국 여성아틀라스』(1995) 중에서, 여성 1백만 명당 피학대 여성 보호시설에서 살고 있는 여성들의 숫자를 보여주고 있는 지도. 그러나 전혀 동질적이지 않은 공간들을 포함하고 있는 넓은 지역인 주를 단위로 사용한 점이 치명적인 약점이다.

렇게 말하고 있다.

　학대받는 여성들에 대한 지역 사회의 관심과 함께 피해자 보호시설 운영에 대한 지역 사회의 재정 지원도는 이런 시설에 수용되는 여성들의 숫자에 매우 큰 영향을 미친다. …… 종교적, 문화적 요인들 역시 보호시설에 거주하는 여성들의 숫자에 영향을 주고 있다. 전통적으로 종교적 성향이 강한 지역, 예를 들어 남부와 중서부 같은 바이블벨트 지역에서는 배우자 학대 빈도가 낮게 나타날 수 있다. 사실은 보고된 사례가 낮다고 하는 것이 맞을 테지만, 이런 지역에 사는 여성들은 자신들이 학대 받고 있다는 사실을 좀처럼 드러내

지 않을 것이다. 남자는 가정의 육체적, 정신적 머리라고 종교가 가르치고 있기 때문이다.[11]

국제적인 수준으로 눈을 돌려보면, 요니 시거(Joni Seager)와 안 올손(Ann Olson)의 『세계의 여성, 국제 아틀라스』(런던, 1986)가 성별의 문제를 다루고 있다. 그리고 성별의 문제는 비전문가용 세계지도책들에서도 일정한 자리를 차지하게 됐다. 마이클 키드런과 로널드 시걸(Ronald Segal)이 공동 편집한 『세계아틀라스』(5판, 런던, 1995)는 페이퍼백 판형으로 펭귄출판사에서 출간되어 광범위한 독자층을 형성했던 급진적 저작으로 꼽히는데, 여기에는 세 장의 여성 문제 관련 펼침 지도가 들어 있다. 〈없어진 여성들〉이란 제목이 달린 첫 번째 펼침 지도는 전체 인구 중 실제 여성의 수와 태어날 때의 남녀비율이 그대로 유지됐을 경우 살아 있을 여성들의 수 사이에 어느 정도의 차이가 있는지를 지도화했다. 이 지도는 이 수치가 결국 '인권이 잘 존중되는 환경이었을 경우 살았을 수도 있는 여성들의 수와 비교했을 때의' 차이를 의미한다고 지적하고 있다. 그리고 이 지도에 딸린 글은 중국에서는 상당수 여자 아기들이 태어나자마 살해되고 있으며, 인도에서는 많은 여성들이 고된 노동과 영양실조에 시달리고 있으며, 적절한 양육을 받지 못한 채 방치되고 있다고 설명하고 있다. 이 지도는 또 '여성이 50만 명 이상 부족한' 나라들은 여성 모양의 흰색 기호로 표시하고 있다. 그러나 이 지도는 영국 같은 나라에서 나타나는 여성 '과잉'을 다루면서 수명의 차이가 어떤 역할을 했는지에 대해서는 설명하지 않고 있다. 아마도 이 지도에서 말하고 싶어하는 남성에 의한 억압상과는 잘 맞아 떨어지지 않았던 때문으로 보인다. 이 지도책에는 일하는 여성에 관한 펼침 지도도 포함돼 있는데, 유네스코의 자료에 기초해 제작된 한 삽입 지도는 (직업교육을 포함해) 고등교육을 받고 있는 남녀 학생의 비율을 보여주고 있다.

다음 펼침 지도인 〈몸의 정치학〉은 1991년에 합법적으로 시술된 낙태 건수를 주(主)지도에서 보여주고 있다. 여기에 딸린 글은 어디에서나 법이 실제 의료 관행을 반영하지는 않는다는 점을 정확하게 지적하면서도, 한편으로는 노동력 공급과 낙태의 관계에 대해 근거 없는 편향된 주장을 펴고 있다. 이 지도 어디에서도 그런 주장을 뒷받침할 근거는 제시되어 있지 않다.

간혹 1960년대 부유한 국가들에서처럼 노동력이 부족했을 때는, 결코 쉬웠던 적은 없었지만 여성들이 자기 몸에 대한 결정권을 좀 더 많이 확보할 수 있었다. 그러나 경제가 침체기에 들어가 노동력이 남아돌게 되면서 이런 결정권은 축소됐다. 공산주의 붕괴 이후의 동유럽에서만큼 이런 현상이 분명하게 나타난 곳은 없었다. 다른 것들과 함께 노동력이 넘쳐나게 되자 낙태에 관한 한 세계에서 가장 자유로웠던 이들 지역에서 상황이 급반전됐다. 이들 국가에서는 정치 때문에 개인들이 톡톡히 대가를 치렀던 것이다.

지도의 어디에서도 이런 주장을 뒷받침하는 대목은 찾아볼 수 없다. 그리고 이 주장은 어찌됐든 훨씬 더 복잡한 상황에 대해 대단히 단편적인 설명만을 제시할 뿐이다. 예를 들어 여기에서는 종교의 역할이 철저히 무시되고 있다.

이 펼침 지도 안에 포함된 삽입 지도에서도 조금은 당혹스러운 내용들을 볼 수 있다. 〈닫힌 문 뒤에서: 1990년대 초의 아내 구타와 아내 강간〉이라는 제목의 이 삽입 지도는 자료의 출처를 '미국 국무부와 저자들의 판단'이었다고 밝히고 있다. 이 지도는 러시아와 우크라이나, 이란 등의 나라를 아내 구타 및 강간이 '상당히 퍼져 있는' 국가군에 포함시켰으

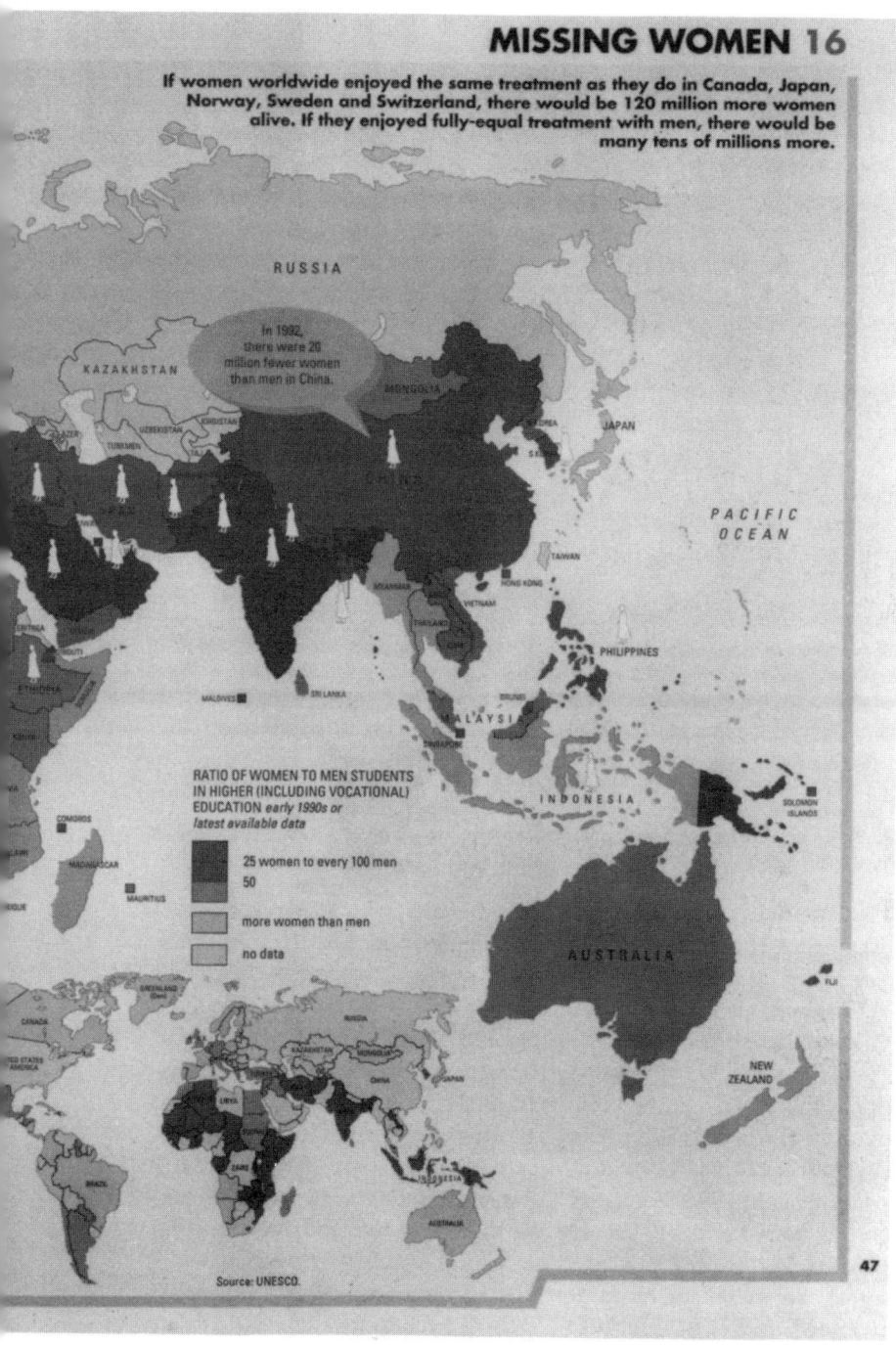

그림 27 키드런과 시걸이 공동 편집한 『세계아틀라스』 중, 〈없어진 여성들〉이라는 지도는 태어났을 때의 남녀 성비가 그대로 유지됐을 때 살아 있는 여성들의 수와 실제 여성들의 수 사이에 얼마나 차이가 나는지를 보여주고 있다.

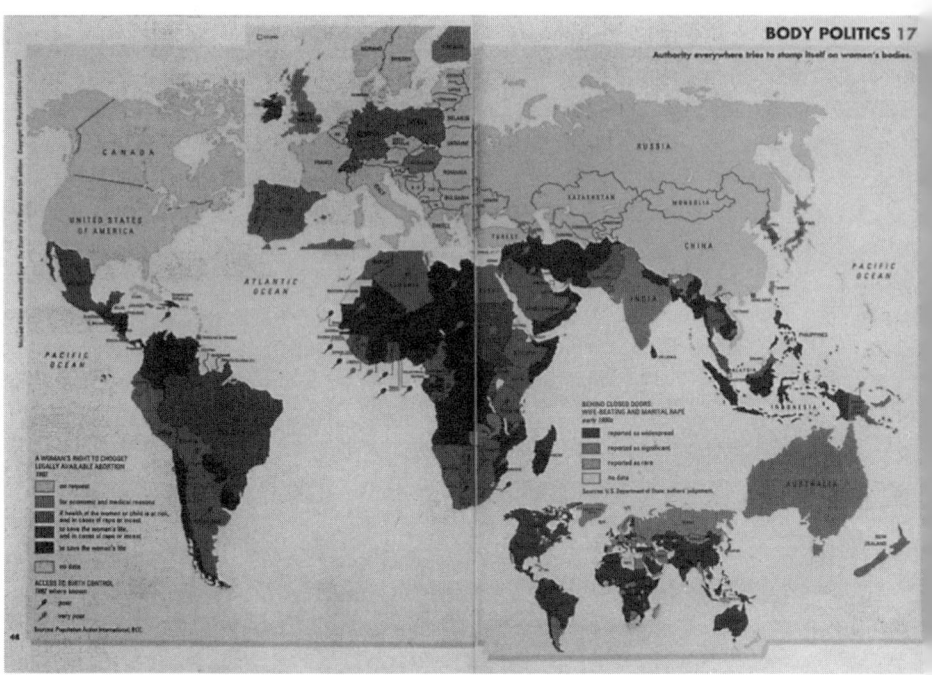

그림 28 키드런과 시걸이 편집한 『세계아틀라스』 중에서, 〈몸의 정치학〉이라는 지도. 세계지도에서 합법적으로 시술된 낙태 건수를 보여주고는, 낙태와 노동력 공급이 관계가 있다는 근거 없는 주장을 펴고 있다.

며, 좀 더 상황이 심각해 '광범위하게' 발생하고 있는 나라로 영국과 캐나다, 핀란드, 미국을 들었다. 그리고 '드물게 일어나는 것으로 보고된' 국가군에 포함된 나라들은 상대적으로 적었는데, 노르웨이와 코트디부아르, 라오스, 마다가스카르 등이 여기에 포함됐다. 지도에 딸린 설명에서는 '기록들이 제각각이며, 과학적이라고 보기 힘들다'고 지적했다. 스스로 이런 평가를 내린 자료들을 가지고 지도를 만들기로 한 것 자체가 놀라울 따름인데, 무엇보다도 '광범위한, 상당히 퍼져 있는, 드문' 따위는 주관적인 기준일 뿐더러 이 기준들에 대해서도 전혀 설명을 하고 있지 않다.

이 같은 종류의 남녀문제와는 별도로, 남성과 여성 사이에는 지도를 읽는 방법에서 중요한 차이가 있는 것처럼 보인다. 최근의 연구에 따르면 남성들은 북쪽을 위로 놓고 지도를 보는 경향이 강한 반면, 여성들은 지도상의 다양한 기호들을 더 많이 사용하는 것으로 나타났다.[12] 지도 해석에서, 사실은 자신의 관점에 지도를 꿰맞추는 데서, 지도 독자들의 역할이 강조됐던 것을 생각하면 이런 식의 연구는 좀 더 깊이 있게 진행될 필요가 있다.

현대 사회에서는 사회적 차이들을 지도화하기가 특히 더 어려운데, 그것은 개개인의 정체성이 점점 더 다양해지고 있기 때문이다. 이 정체성의 다양화 자체와는 별도로, 우리 모두는 (계급, 성별, 성적 취향, 나이, 가정 배경, 직업, 소비 성향, 거주 지역, 국가, 학교 등등의) 여러 정체성이 다른 방식으로 개인에게 영향을 미치고 또 표현된다는 점을 인식하고 있다. 더욱이 개인들이 갖고 있는 다양한 정체성은 서로 중첩되기도 하며, 그 영향은 당면한 문제나 환경, 인생의 단계에 따라 달라지기도 한다. 예를 들어 어떤 상황에서는 자신과 같은 민족적 배경을 가진 사람들과 자신을 동일시하다가도, 상황이 달라지면 이들의 존재를 잊어버릴 수 있다. 따라서 독일 내 터키인들이나 미국의 유태인들에 대한 지도가 어떤 메시지를 전달하게 될지는 불분명하다고 할 수 있다. 더욱이 "지금의 유동적 사회에서 사람들은 전혀 새로운 환경 속에서 살고 또 거기에 적응해 나갈 것을 끊임없이 요구받고 있다."[13] 이런 변화는 그 자체로 정체성을 굴절시키기도 하고, 정체성에 의해 굴절되기도 한다.

정체성이 '모든 사람에게 같은 정도로 유동적이지' 않은 것은 분명하다. 예를 들어 코번트리(Coventry)지역 휠체어 이용자들의 환경 인식을 지도로 제작한다고 했을 때 이것은 완전히 다른 종류의 공간에 대한 반응과 공간 접근성을 보여줄 수 있는 유용한 기회가 될 수 있다. 그러나 당연하지만 휠체어 사용자들은 관심사나 가용 자원에서 저마다 사정이

다를 수 있다. 또 실제로 게이들이 모여 사는 도시이기는 하지만 웨스트 할리우드를 동성애적 정체성의 배경으로 묘사하는 것은 논쟁의 여지가 있는 공간 이해를 드러내는 것일 뿐만 아니라 동성애자들 사이의 다양한 차이를 과소평가하는 것이기도 한다. 성적 취향은 종족, 민족성과 같은 취급을 받기도 하는데, 정형화되고 동질화돼서 특정 성향이나 행동의 원인인 것처럼 인식되는 것이다. 하지만 이것은 현실을 심각하게 호도할 수 있다. 좀 더 일반적으로 얘기하면, 성적 정체성과 귀속 의식, 또 성적 행위의 문제를 정치화하려는 시도들이 있다는 점에서 '성의 지리'는 정치성을 띤 지도적 해석과 묘사라는 문제를 낳을 수도 있다.[14]

중첩되고 상충할 수도 있는 사회적 차이들이 불러온 혼란한 상황을 지도화할 확실한 방법 따위는 없다. 그러나 이런 상황이야말로 복잡한 현대 사회와 정치의 본질인 것이다. 결국 가장 분명한 전략은 가장 의미 있고, 지도화가 쉬워 보이는 것들에 집중하는 한편 여기서 발생할 수 있는 편향에 대해서도 인식하는 것이다. 공간과 사회의 관계가 이렇듯 복잡하기 때문에 분석적 텍스트들이 그런 것처럼 지도가 전달할 수 있는 것들도 대단히 빨리 한계에 부딪치게 된다.

사실 지도 제작자들이 큰 나라를 직접 조사할 수는 없다. 만약 새로운 주제를 지도화하거나 낡은 주제를 새로운 방식으로 지도화하고 싶을 경우, 그들은 두 가지 방법을 통해 정보를 얻을 수 있는데, 둘 다 그들이 통제할 수는 없는 것들이다. 첫 번째 정보원은 대규모 지형도이다. 지도에는, 그리고 그 내용에는 경제적, 사회적, 문화적 가치가 반영돼 있지만 일반적으로 지도 자체에는 경제적, 사회적, 문화적 정보들이 거의 담겨 있지 않다. 두 번째로는 측량과 관련된 요소들이 들어 있는 목록이나 표를 들 수 있다. 이런 자료들은 대부분 정부나 자금이 풍부한 상업 혹은 전문 단체들이 출판한다. 그러나 제작 과정에서 이런 자료들에서 어떤 주제를 다루어야 할지 지도 제작자들에게 자문을 구하는 경우는 거의 없다. 다시 말하면 지도 제작자들은 자료의 성격에 관해 사실상 아무 영향도 미칠 수 없다는 것이다.

더욱이 표본추출 방식을 이용해 얻은 요즘의 통계학 정보 대부분은 실용적 측면에서나 이론적 측면 모두에서 중요한 문제가 되고 있다. 가령 한 표본은 한 나라 전체를 놓고 사용할 때는 충분히 클 수 있다. 그러나 거의 자명한 일이지만, 이 표본의 일부분을 이 나라의 한 지역을 대상으로 사용한다고 했을 때는 표본이 너무 작아질 것이다. 달리 말하면 상당수 국가들의 통계는 지도화할 수 없으며, 설사 지도화됐더라도 신뢰하기가 어려운 실정이다. 정보 수집 분야로 가 보면 항상 인구조사가 앞서가고 지도는 뒤를 따를 뿐이다. 한 주제에 대해 한 번도 통계학적 의미의 조사가 이루어지지 않았다면, 그것은 우연일 수 있다. 그러나 이 사실에서 그 주제의 성격을 가늠해 볼 수 있다. 가령 어떤 주제들은 도표화할 수 없기 때문에 현대의 객관적 지도 제작의 관점에서는 지도화할 수 없는 경우도 있는 것이다.

따라서 실질적 차이는 이런 측면에서 지도화나 도표화가 (그리고 글로 표현하는 것이) 가능한 것과 오직 글로만 서술할 수 있는 것 사이에 놓여 있다고 할 수 있다. 결국 할리처럼 특정 이데올로기를 갖고 있는 학자들이 지도화할 수 없는 것을 지도화하지 않는다며 지도 제작자들을 비난한 것은 아무런 도움도 되지 않는다. 어떤 의미에서는 지도와 텍스트가 '연속적'이고, 한 매체의 표현을 다른 매체의 표현들과 따로 검토할 수 없다는 점은 분명해 보인다. 그러나 이것이 말로 할 수 있는 모든 것을 지도에 표현할 수 있다거나, 또 그렇지 못했을 경우 지도와 지도 제작자들에게는 무언가가 결여돼 있음을 의미하지는 않는다. 따라서 지도학의 한계라고 했을 때 그것이 현대 서구적 의미에서든, 조금 더 포괄적인 의미에서든, 지도의 한계를 말하는 사람이 지도를 언급하고 있는지, 아니면 거기에 딸린 글을 가리키고 있는지, 아니면 두 가지가 섞여 있는 상태를 가리키는지를 우선 알아야 할 필요가 있다.

거시적 차원에서든 미시적 차원에서든 '작은' 차이이기는 하지만, 개인들에게는 대단한 의미를 갖는 그런 차이들도 있다. 예를 들어 케냐 나이로비의 농촌 지역에서 이주해 온 제1세대 제2세대 제3세대 주민들 사이의 차이나, 영국 한 농촌 마을의 부유한 주민과 가난한 주민의 경우 자동차 없는 가난한 주민은 부유한 주민은 이해할 수 없을 정도로 좁은 공간만을 오간다는 따위의 차이를 생각해볼 수 있다. 블록 하나를 기본 단위로 하지 않을 경우 사회의 이런 미세한 측면들을 과연 어떻게 지도화할 수 있을지는 분명치 않다. 더욱이 이런 규모의 지도 제작이 가능하다 하더라도 충분히 구체적인 정보를 획득 또는 수집할 수 있느냐의 문제가 남게 된다.

지도화할 수 있는 사회구조의 분류 체계가 다른 데서 비롯된다는 문제도 있는데, 그 결과 사회정치학의 지도화에도 문제가 생겨난다. 부나 직업상의 지위는 언뜻 명쾌해 보이지만, 양쪽 모두 나름의 문제를 안고 있다. 부의 측정과 그에 따른 지도화는 자산의 환금성, 아직 만기가 되지 않은 자산의 가치, 세제, 회계 관행, 재정적 저당, 배당의 정확성 같은 문제들에 영향을 받는다. 다른 형태의 부도 존재하는데, 부의 형태가 다를 경우 정체성이나 정치적 반응도 영향을 받게 된다. 그러나 다른 형태의 부는 쉽게 지도화할 수 있는 위치적 특성을 띠는 경향이 있다. 부의 분류를 세분화해서 지도화하는 데 따르는 장점은 존 몰렌코프(John Mollenkopf)의 『1980년대의 뉴욕: 사회, 경제, 정치 아틀라스』(뉴욕, 1993)를 통해 확인할 수 있다. 몰렌코프는 1980년도 뉴욕 시의 2,200개 인구조사 표준지역을 사용했으며, 각 지역마다 대략 3,300명 정도의 인구가 있었다. 이 지도책에 실린 〈중위권 가구의 수입 변화, 1980~1990〉라는 지도는 수입상의 불평등이 변하는 양상을 보여주고 있는데, 사실 이 점은 같은 기간 동안 배당이나 이자, 임대료 같은 '불로' 소득의 변화를 보여주는 지도에서 더욱 분명하게 볼 수 있다. 1980년대의 호황은 대부분 임금보다는 이런 자산에서 발생한 배당 소득이 높아지는 경향을 띠었는데, 몰렌코프의 지도는 금융적 측면에서 봤을 때 이 시기의 혜택은 백인 중상위층의 거주 지역에 집중됐다는 점을 보여주고 있다. 실제로 이 지역들은 부분적으로는 그러한 기준을 이용해 정의할 수 있다. 또 낭트(Nantes) 지역의 경우에는 공개된 소득세 신고 기준을 통해 도시 환경의 재정적 등고선을 대단히 정확하게 그릴 수 있었다. 그리고 이런 기준들에 시간의 측면을 더할 경우 사회적 변화를 확인할 수도 있다.[15]

직업의 분포 또한 지도 제작자들에게는 여러 가지 문제를 안겨주는데, 무엇보다도 직업의 분류가 문제가 되고 있다. 어떤 계층을 대상으로 하든 그 안에는 중요한 차이들이 있을 수밖에 없는데, 직업에 따른 분류가 지위나 부의 차이를 항상 제대로 반영하는 것은 아니기 때문이다.

사회적 지표들을 지도화하는 데는 이 밖에도 커다란 어려움이 존재한다. 우선 사회·정치 인류학 연구의 대부분이 지역적 규모의 연구에 집중돼 왔다. 따라서 구할 수 있는 자료의 대부분이 지역적 차원의 연구물들인 상황에서 국가적, 또는 국제적 규모의 아틀라스를 제작하는 것은 사실 어려운 실정이다. 두 번째로 객관적 자료에 대한 사회정치적 반응의 문제를 들 수 있다. 영양 상태나 주거, 교육, 보건 같은 주제들은 지도화할 수 있지만, 이런 수치들과 공간적 분포가 개인들이나 지역 사회, 과거, 현재 그리고 미래에 갖는 의미는 대단히 다를 수밖에 없다. 상대적 가치와 '절대적' 가치의 유동적 성격이나 둘 사이의 상호작용은 지도로 표시하기가 어렵다. 그리고 여기에 시간의 차원이 추가되면 문제는 더

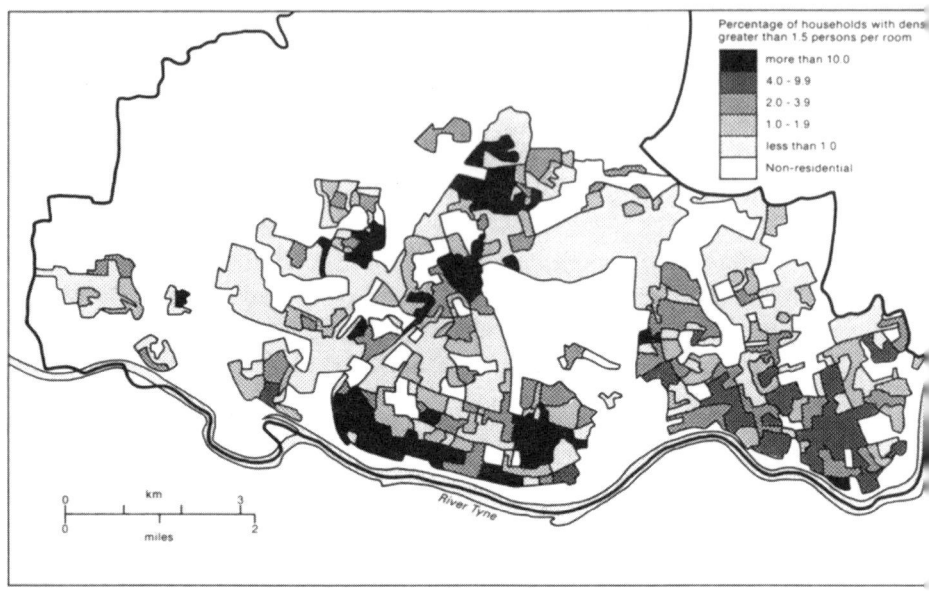

그림 29 M. 바크와 R.J. 버스웰이 제작한 『뉴캐슬의 변하는 지도』(1992) 중에서, 1971년 현재 뉴캐슬 지역의 인구과밀 가구를 보여주는 지도. 인구과밀을 과연 어떻게 정확하게 측정할 것이냐 하는 문제 말고도, 사람들의 기준과 기대치가 높아진 상황에서 어느 정도를 인구과밀로 정의할 것인지도 문제가 됐다. 그렇지만 웨스트 엔드와 고스포스 및 타운 무어 지역 사이의 차이는 쉽게 확인할 수 있다.

어려워진다. 1971년 뉴캐슬 지역의 가구내 인구과밀 상태를 보여주고 있는 한 지도는 이렇게 지적하고 있다.

    상황을 정확하게 측정하는 문제와는 별개로, 기준과 기대치가 계속 높아짐에 따라 과밀이라는 개념은 점점 모호해지고 있으며 정의하기가 어려워지고 있다. 예를 들어 멀지 않은 과거에만 해도 방 한 칸당 2.0명의 밀도 정도가 인구과밀 상태의 비공식적 기준이었는데, 전후에는 방 한 칸당 1.5명으로 줄어들었다.[16]

    세 번째로 특정 사회 집단이나 민족 집단이 한 지역의 시각적 특성에 미치는 영향을 어떻게 가장 잘 그려낼 것이며, 이 집단들의 활동이나 모습을 어떻게 얼마간이라도 지도화하느냐는 문제가 있다. 시카고학파의 전통적인 도시사회학에서 했던 대로 주거 지역들을 구별되는 '공동체'로 묶을 경우 지도 제작자의 작업은 한결 수월해질 수 있다. 그러나 이 경우 심각한 문제들이 발생한다. 무엇보다도 지도가 다른 색의 헝겊을 꿰매 만든 퀼트 이불처럼 보이게 될 것이고, 그렇게 되면 동질성을 가진 지역들이 서로 충돌하고 있는 것 같은 인상을 주게 될 터이기 때문이다. 마치 단일한 주권을 가진 지역들이 확실한 경계로 구분된 정치지도처럼 말이다.

대신 공공 공간에 집중할 수도 있다. 그러나 이 경우에도 역시 문제는 있으며, 여기서도 충돌이 다시 강조될 수 있다. 가령 누가 공공장소의 사용권을 주장하는지, 이에 대한 일반 대중의 반응은 어떤지, 또 관련 당국은 공공장소에 대한 관리권을 어떻게 행사하는지 따위를 관찰할 수 있다. 이 방법은 '두드러지는' 사회 집단을 포착하는 것이다. 다시 말하면 대중적 주목을 끌려는 집단이나 자신들은 당당하게 승인을 받고 자기주장을 할 수 있다는 사실을 알고 있는 집단을 밝혀내는 것이다. 다시 말하면, 이런 집단들은 정치화, 정치적 요구, 정치적 우열 등을 보여주는 증거가 되는 셈이다. 지도 제작자가 이런 접근 방법을 채용할 경우 특정 부류의 사람들은 전혀 드러나지 않을 수 있다. 사실 이것은 특정 집단을 주변화시키는 공간정치학의 한 양상이기도 하다.

그러나 대부분의 사회에는 대중들이 볼 수 있도록 자신들을 드러내고, 행동하는 상당히 다양한 집단들이 존재하는데, 정부나 민간의 축하 행사에 초대받는 사람들도 여기에 해당하기는 하지만 상당수는 스스로 나서는 경우가 더 많다고 할 수 있다. 집단행동이나 시위는 공간을 창조해 낼 수도 있다. 사회적, 민족적 우위는 과거는 물론 지금도 집단행동이나 시위를 위해 공공장소를 이용하는 데서 쉽게 확인할 수 있다. 북아일랜드 오렌지단(Orange Order)의 행진이나 이스라엘 안에서 벌어지는 행렬 등이 가장 대표적인 예에 속한다. 여기서 공간은 정치적 방식으로 정의되고 사용되고 있다. 그리고 어디까지 행진할 수 있는지를 놓고 벌어지는 논란들은 공간에 대한 통제가 아주 민감한 문제이며, 민족적 정체성에서 공간이 대단히 중요한 역할을 한다는 점을 보여주고 있는 것이다. 그러나 지도로는 움직이는 광경을 잡아내기가 어렵다. 행진이나 폭동의 역동성, 그리고 참가자들(행진하는 사람들과 구경하는 사람들)이 보여주는 열정이나 공감은 이런 사건들과 뗄 수 없는 특징들이지만, 이런 것들을 전달하는 일은 쉽지 않다.

이동의 문제는 한편으로 제쳐두더라도, 공간의 공공적 성격을 둘러싼 논란은 사회적 역동성의 중요한 한 측면을 보여주고 있다. 예를 들어 도로지도 또는 도로건설계획 지도는 이 계획에 저항하는 움직임들에 집중함으로써 보완될 수 있다. 이것을 '객관적' 관찰자의 관점에서 표시하는 방법도 있고, 또 반대자들의 공간 인식을 지도화하는 방법도 있다. 그리고 이 두 방법은 예를 들어 1990년대 영국의 바스(Bath), 뉴베리(Newbury), 윈체스터(Winchester), 솔즈베리(Salisbury) 등지에서 사람들이 도로 건설이나 확장에 반대했던 것처럼 구체적인 장소와 관련해 사용될 수도 있고, 좀 더 일반적인 장소를 대상으로 사용될 수도 있다. 구체적인 장소와 관련된 경우라면, 지도에 길게 뻗은 길에서 볼 수 있는 풍경이나, 주변의 소리들, 또 길가의 나무들이 갖는 미적, 정신적 영향력과 시계(視界) 따위를 포착해 보여주어야 한다. 좀 더 넓은 지역을 대상으로 한 구체적인 사례로는 도러레스 헤이든(Dolores Hayden)의 『장소의 힘, 공공의 역사가 담긴 도시 풍경』(케임브리지, 매사추세츠 주, 1995)을 들 수 있다. 헤이든은 여기서 일상적인 도시 풍경이 시민들의 기억을 형성하고 유지하는 힘을 강조하는 한편, 이 장소가 정체성과 연결돼 있으며 그 결과 정치권력과 정치적 목적과도 관련을 맺고 있다는 점을 확인시켜 주고 있다.

　이처럼 사회적 문제들의 지도화는 잠재적으로 대단히 정치적이다. 이 과정은 주권을 지도화한 결과인 동질성을 뒤엎어 버리고, 사회는 복잡하며 분열돼 있다는 사실을 보여주고 있다. 가령 의료지도상에서 나타난 변화는 사회적 주제들의 지도화를 둘러싼 정치를 반영하고 있다. 역학(疫學)지도 제작자들 같은 경우 이들은 전염병의 사회정치적 정황과 분포를 서로 다른 시각에서 연구해 왔던 것이다. 또 사회적 차원을 지도화하다 보면 급진적인 지도학이 탄생할 가능성도 있다. 공개적인 저항, 예를 들면 혁명이나 폭동을 지도로 제작하는 것은 주권의 우연적 성격과 권력의 논쟁적 특성을 드러내는 것이기 때문이다. 또 사회적 분배의 문제에 관심을 돌릴 경우, 지도는 사회정의라는 대단히 정치적인 문제를 제기할 수도 있다.

　급진적 지도학은 지구적 차원에서, 또 나라별로도 성립할 수 있다. 두 차원 모두에서 자원 배분과 배분 상의 문제를 지도화할 수 있고, 이를 통해 불평등에 관한 질문들이 제기된다. 이런 질문들은 20세기에 진행된 민주화와 민주주의 이데올로기의 특징에 의해 한층 더 날카로워진다. 어떤 식으로든 평등한 권리와 기회를 강조할 경우 지도학적 문제 제기로 이어지고, 이 같은 권리나 기회의 공간적 분포가 중요한 문제로 떠오르게 된다. 지도는 공간적 차이를 시각적으로 강조하는 최적의 방법이다. 그리고 민주주의 문화 때문에 지도화는 잠재적으로 전복적인 성격을 띠게 된다.

　급진적 지도화는 진보에 관한 일반적 인식에도 의문을 제기하도록 만들고 있다. 예를 들어 벤 크로와 앨런 토머스가 저술한 『제3세계 아틀라스』에는 산업화를 '수공업의 파괴와 기계화의 등장'으로 묘사한 펼침 지도가 들어 있다. 또 철도에 관한 지도에 실린 글에서는 수송로를 권력의 관점에서 설명하고 있다. "철도의 패턴은 일반적으로 지역 안의 교역보다는 해상운송 또는 국제 교역에 더 편리하게 돼 있다는 점에 주목해야 한다."

환경을 다룬 지도책들

환경은 급진적 지도학이 가능한 또 다른 분야다. 이것은 전통적 지도학의 주제가 역전된 흥미로운 사례라고 할 수 있다. 사실 환경이 인간의 발전이나 행동에 미치는 영향을 얼마간은 결정론적 시각에서 파악했던 환경주의가 지도학에서 상당한 영향력을 갖고 있었기 때문이다. 특히 이 관점은 20세기 상반기에 그 영향력이 최고조에 달했으며, 일반적으로 아무 문제 제기 없이 받아들여졌다. 이 관점을 따라 지도학은 장소와 경계를 설명하는 데 주력했고, 그 결과 장소와 경계를 자연스러운 것으로 인식하게 만들었다.

그러나 20세기 말이 되면서 환경에 대한 인간의 영향이 지도책들의 주요 관심사로 떠올랐다. 오염과 환경의 질적 저하는 이 분야 전문가들의 저작들에서 지도화됐을 뿐만 아니라 주류 지도학에서도 중요한 주제로 떠올랐다. 오염에 관한 논의는 목적론적 진보주의를 많이 누그러뜨리는 결과를 가져왔다. 이 목적론적 진보주의는 지도책들의 내용에 오랫동안 영향을 미쳐 왔으며 실제로 지도화의 주제가 돼 왔다. 사실 더 많은 진보는 지도화에 최적의 조건을 제공해 왔다고 할 수 있다. 또 인간의 활동을 바람직한 것으로, 또 세계를 개선하는 과정으로 바라보는 지적

풍토 속에서 지도는 오랫동안 인간의 활동에 집중해 왔다. 결국 더 많은 도시와 도로, 또는 경작지의 확대를 지도로 표시한다는 것은 진보의 진전을 보여주는 것이었고, 이런 진전은 더 많은 데이터를 가져다 줄 터였다. 상당히 많이 읽히고 있는 미국의 잡지 〈내셔널지오그래픽〉은 오랫동안 경제적 발전을 찬양해 왔으며, 서구를 진보나 문명과 동일화해 왔다. 『지도와 사진에 나타난 문명의 행진』(뉴욕, 1950)이라는 책에서는 미국을 두고 "자유를 사랑하는 미국 국민들은 자연이 그토록 아낌없이 제공하는 풍요한 산물을 개발하는 데 열정을 바쳤다"고 선언하고 있다.

그러나 『미국의 유산 - 그림으로 보는 미국사 아틀라스』(뉴욕, 1966)에서는 이렇게 말하고 있다.

> 기술의 변화, 인구의 폭발, 그리고 견제 받지 않는 도시문명의 진전은 자연의 균형을 깨뜨렸으며, 더러운 공기와 오염된 하천 따위에서 비롯된 새로운 환경 문제를 유발했다. 이런 문제들은 이 나라에 정착했던 개척자들은 전혀 상상하지 못했던 것들이다.[17]

런던에서 발행되는 〈지오그래피컬 매거진〉 1973년 1월호에는 두 지리학자가 각각 쓴 두 건의 기사가 지도와 함께 실렸다. 에드워드 리히(Edward Leahy)가 쓴 아마존 횡단 고속도로에 관한 기사에는 기존 도로와 현재 건설중인 도로, 건설 예정인 도로와 함께 강과 국경선 등을 다룬 지도가 포함돼 있었다. 이 기사는 이렇게 적고 있다.

> 아마존 횡단 고속도로 건설사업의 진행 상황과 정신을 보노라면 탄복을 금할 수 없다. 낙관주의로 터질 듯한 가슴을 안고, 현대 문명의 최첨단 장비를 두른 브라질 젊은이들이 밀림과 몸으로 맞서고 있다. 아마존 강 유역에 건설

중인 도로는 이 거대한 야성의 성채를 길들이는 데 상당한 역할을 할 것이다.

에드윈 브룩스(Edwin Brooks)가 쓴 다음 기사는 브라질 인디오들이 직면한 문제에 집중하고 있다. 이 기사는 조심스럽고 엄중한 태도를 취하고 있으며, 지도에서는 브룩스의 여행 경로를 따라가며 중요한 인디오 공원들과 보호지역을 기록하고 있다. 여기에는 두 개의 삽입 지도가 포함돼 있는데, 첫 번째 지도는 새로 건설된 주요 도로들을, 두 번째 지도는 인디오 문화를 볼 수 있는 지역들을 표시하고 있다. 하지만 두 번째 지도는 비인디오적 틀 안에서 이들 지역을 제시하고 있다. 그것은 무엇보다 이 지도가 외국인에 의해, 설명을 목적으로 제작됐기 때문이다. 이 지도에서는 브라질 국경과 적도, 남회귀선을 중심으로 이들 지역을 배치했던 것이다.

『플로리다 아틀라스』(그레인스빌[Grainesville], 1992)라는 지도책은 에버글레이즈(Everglades) 지역을 다룬 경우다.

수자원이 지나치게 풍부하다는 다소 근거 없는 판단에 따라, 이 문제를 해결하기 위해 이 지역에서는 토목공사가 여러 차례 진행됐다. 그러나 최근 들어 플로리다 남부 지역이 장기적인 물 부족 상태에 놓일 수도 있다는 점이 지적되기 시작했다. 안정적인 토지 및 수자원 관리 문제는 아직도 해결이 되지 않고 있다. 1990년대에 들어서면서 1,300만 명의 주민들은 퐁스 드 레옹(Ponce de Léon: 16세기 초에 플로리다 반도를 발견한 사람) 시절의 인디언들과는 비교도 안 될 정도로 불안한 환경 속에서 살게 됐다. …… 지나친 습지배수 공사나 몇 마일에 걸친 인공해안 조성, 무문별한 폐기물 배출, 무계획적인 도시 확대 등은 플로리다의 환경이 갖는 특수한 성격에 질서 있고 신중하게 적응하려는 노력을 인구증가율이 압도해 버렸음을 여실히 보여주고 있다.[18]

사실 환경의 지도화는 정치적으로 훨씬 공격적인 경향을 띠고 있다. 이렇게 보면 『혹성 관리 가이아 아틀라스』(런던, 1985)의 경우에는 제작에 쏟았던 헌신과 열정, 상상력, 그리고 눈을 사로잡는 그래픽 따위는 지나치게 안이한 상황 인식 때문에 빛이 바래고 말았다고 할 수 있다. 이를테면 저자 데이비드 벨러미(David Bellamy)가 서문에서 환경과 인민들에 대한 중국 정부의 태도를 상찬했던 것이나 지도책 전반에 걸쳐 서구와 다국적 기업들을 비판하고, 국제적 부의 재분배를 요구했던 따위가 이같은 상황 인식을 잘 보여주고 있다. 그러나 이 지도책에 사용된 제작 기법의 대부분은, 특히 일반인들도 쉽게 접근할 수 있는 내용에, 페이퍼백 판형으로 대량 제작된 지도책이라는 점을 감안하면, 대단히 새로운 것이었다. 이 책에서는 상호의존성, 그러니까 환경이 가끔씩은 대단히 멀리

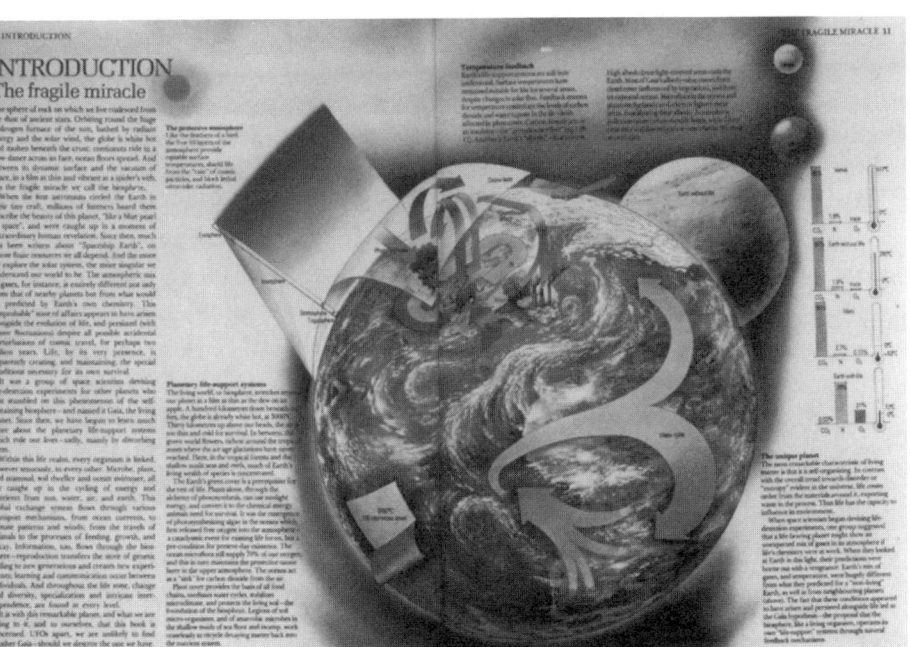

그림 30 『혹성 관리 가이아 아틀라스』(1994) 중에서 〈위태로운 기적〉 지도. 이 지도에서는 지구를 대기오염 같은 인간행위의 영향을 받는 하나의 생태계로 묘사하고 있다.

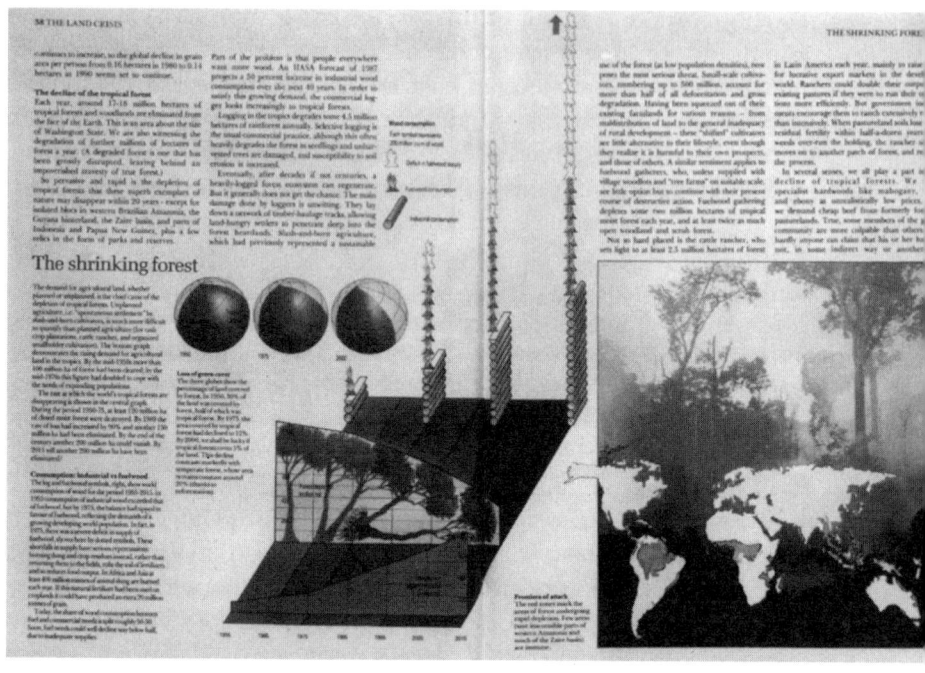

그림 31 반대쪽 『혹성 관리 가이아 아틀라스』 중에서, 〈줄어드는 삼림〉 지도. 빨간색으로 표시된 지역들은 수풀이 빠르게 없어지는 지역을 표시하고 있다. 여기에서는 특히 적도 지역이 강조되고 있는데, 나라 이름이나, 국경, 지형적 특성 따위는 하나도 보여주지 않음으로써 당면 주제에만 집중할 수 있게 하고 있다. 그리고 메마른 숲의 사진을 배경으로 사용함으로써 이 문제를 더욱 극적으로 부각시키고 있다.

떨어져 있는 지역들까지도 서로 연결시키곤 했던 방식에 초점을 맞추는 한편, 환경은 부분적으로는 이런 연결 관계들의 반영이라고 주장하고 있다. 이 책의 첫 번째 지도는 가이아 가설을 보여주고 있다. 가이아 가설에 따르면 생태계는 생명을 유지하기 위해 자연의 피드백 메커니즘을 이용하는 유기적 방식으로 작동한다. 이 지도책은 환경이 던지는 도전과 환경의 파괴를 묘사한 사진 및 그래프를 많이 사용하고 있으며, 지도를 이용해 그러한 메시지를 극적인 방식으로 보여주고 있다. 이 지도책은 각각의 지도에서 열대우림의 파괴나 사막화가 진행되는 지역처럼 하나의 주제만을 다루고 다른 주제는 무시함으로써, 또 정치적 경계를 표시하지

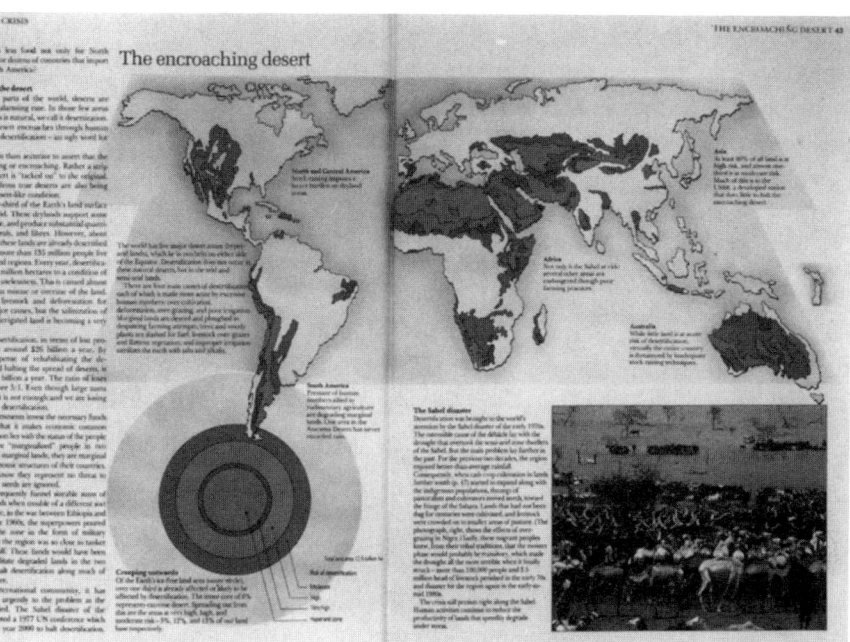

그림 32 『혹성 관리 가이아 아틀라스』 중에서 〈넓어지는 사막〉 지도. 별로 차이가 나지 않는 색깔들을 사용해 독자들이 사막화의 구체적인 단계들을 구분하기 어렵도록 만들었고, 결과적으로는 사막화의 위험을 강조하는 효과를 거두고 있다.

않은 지도를 사용함으로써 이 같은 강조점이 더욱 두드러지게 했다.

요점을 더 분명히 하기 위해 그래픽 기호들도 사용됐다. 예를 들어 환금성 작물을 다루고 있는 펼침 지도는 현지 주민들이 먹을 식량 생산에 우선해 이런 작물들을 재배하는 사례가 흔하다는 점을 보여주고 있는데, '1인당 식품 공급이 권장량의 100%에 미치지 못한 나라'를 표시하는 기호로 해골을 사용하고 있다. 이를 통해 이 지도는 독자들이 특히 사하라 사막 이남 아프리카에 주목하도록 효과적으로 유도하고 있다. 전반적으로 이 지도책의 지도들은 눈길을 끄는 주제 선정과 처리 방식 덕에 '제구실을 다하고 있다.' 이 지도들은 절박감을 잘 표현하고 있으며, 각각의 주제에 공간적 차원을 부여하고 있다. 그리고 1인당 물 사용량처럼 몇몇

3장 사회·경제 문제의 지도화 129

자원을 다룬 지도들에서는 공간적 차원에 초점을 맞춤으로써 스스로 의제를 설정해 내기도 했다. 한편 줄리언 버거(Julian Burger)의 경우에는 『원주민 가이아 아틀라스』(런던, 1990)를 통해 유럽 식민주의의 파괴적 성격을 강조하기도 했다.

미셸 푸셰(Michel Foucher)가 편집한 『유럽의 단편들: 중부와 동부 유럽 아틀라스』(파리, 1993)에는 환경을 다룬 지도가 6점 이상 실려 있는데, 여기에는 아황산가스 배출, 산성비, 하천 오염 등을 다룬 지도들도 포함돼 있다. 체르노빌 원전 사고를 다룬 지도는 환경 관련 사고가 얼마나 넓은 지역을 원치 않는 방식으로 통합시킬 수 있는지를 보여주는 생생한 증거를 제시하고 있다. 엘베 강 유역의 오염 실태를 다룬 또 다른 지도에서는 오염 문제가 쉽사리 국경을 넘어설 수 있다는 점을 다시 한 번 보여주고 있다. 옛 동독 지역의 산업이 잘레 강이나 물데 강 등을 오염시켰고, 이 오염 물질은 엘베 강을 따라 북해로 흘러들어갔다. 그 결과 북해의 질산염 농도가 올라갔는데, 지도에서는 리터당 질산염 농도로 오염 상태를 표시하고 있다.

또 마이클 키드런과 로널드 시걸의 『세계 아틀라스』(런던, 1995)에는 〈1986년에서 1992년 사이에 보고된 주요 화학공업 시설 사고〉와 같은 지도들이 실려 있는데, 그 중에는 빨간색을 사용해 문제의 규모를 극적으로 표현한 지도도 있다.

우리가 사는 세계를 인간의 통제력의 확장, 특히 정착이나 농업, 광업, 임업 따위의 확대에서 비롯된 진보의 잣대만으로 잴 수는 없다.[19] 1976년에서 1977년 캘리포니아 대가뭄이 끝난 뒤 공적 자금을 들여 제작된 『캘리포니아 수자원 아틀라스』(노스하일랜즈, 캘리포니아 주, 1978)의 경우에는 인공적인 물 공급 시스템의 문제와 이를 둘러싼 정치 행위들을 부가시키는 데 집중하는 한편 이런 시스템은 자연적인 것이고 따라서 불

그림 33 미셸 푸셰가 편집한 『유럽의 단편들: 중부와 동부 유럽 아틀라스』(1993) 중에서 체르노빌 원전 사고를 다룬 지도. 동유럽 지역을 지도화하는 새로운 방식을 보여준 대담한 지도로 꼽힌다. 여기서는 오염 문제를 중요하게 다루고 있으며, 이 문제에 관한 한 이 지역이 서로 얽혀 있다는 것을 잘 보여주고 있다.

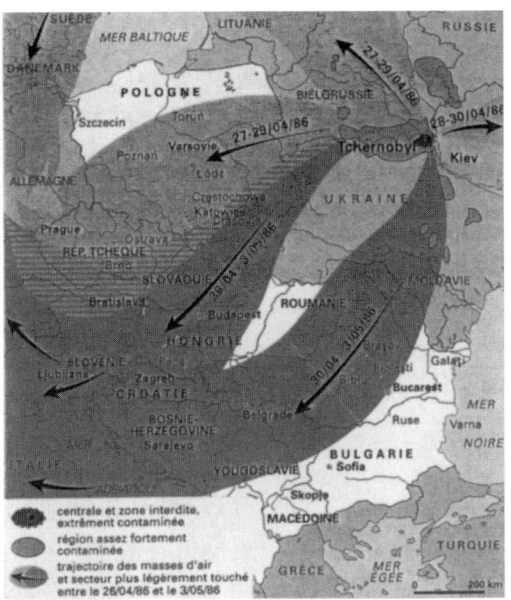

그림 34 『유럽의 단편들』 중에서 엘베 강 유역의 오염실태를 보여주는 지도. 강들을 빨강색과 노랑색으로 표시해 독자들의 주의를 잘 유도하고 있다. 특히 오염된 지역들은 타는 듯한 붉은 색으로 표시해 맥동하는 느낌마저 주고 있다.

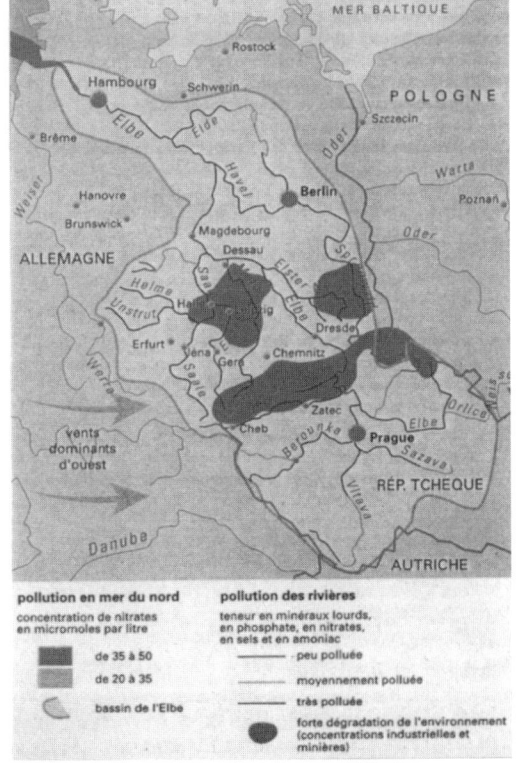

변의 것이라기보다는 특정한 역사적 상황에서 파생된 것이라는 점을 강조하고 있다. 이 지도책은 공익사업의 하나로, 정부가 수집한 정보들을 이용해 이 문제에 대한 보통사람들의 이해를 증진시킨다는 목적으로 제작됐다.[20] 결국 이 책의 지도들은 대중을 교육시키기 위한 것이었고, 동시에 이 지도책의 등장 자체가 대중들의 관심을 반영하는 것이었다고 할 수 있다.

『열대우림 보호 아틀라스: 아프리카편』(뉴욕, 1992)의 출판에도 열대우림 파괴에 대한 우려가 바탕에 깔려 있었다. 세계자연보호연맹이 발행하는 지도 시리즈의 하나로 출판된 이 지도책은 각 지역의 열대우림과 열대우림 보호지역을 지도화하기 위해 제작됐다. 당시까지도 상당수 국가에서 열대우림 지도를 제작해 본 적이 없었기 때문에, 이 지도책의 제작에는 인공위성에서 수집한 정보를 비롯해, 여러 가지 새로운 기법들이 이용됐다. 조금 더 지역적 차원으로 내려가 보면, 환경 문제는 식물 및 동물의 분포나 생태계를 다룬 지도 또는 지도책들을 통해 강조되고 있다. 예를 들어 레이몬드 터너(Raymond Turner)와 바워스(J. Bowers), 토니 버제스(Tony Burgess)가 공동 편찬한 『소노란 사막의 식물들: 한 생태계의 아틀라스』(1996)에서는 소노란 사막을 취약하면서도 다양성을 가진 생태계로 묘사하고 있다.

자원 관리

환경 문제들은 지도학에 쉽게 녹아들었는데, 이는 환경보호론자들은 위험을 강조하기 위해 지도를 이용했고, 이들을 반대한 쪽에서는 이런 식의 해석을 논박하려 했던 결과였다.[21] 지도는 인간이 자연과 공존하는 기초가 될 수 있는 생태 친화적 환경을 정의·이해하는 데도 사용할 수 있다.[22] 그러나 지도는 동시에 자연자원의 소재를 보여줌으로써 환경을 위협할 수도 있다.[23] 이것은 비단 근래의 현상만은 아니다. 19세기에는 인간이 이용할 수 있도록 자원을 드러내고, 자원 개발을 뒷받침할 수 있는 운송로 등을 보여줄 목적으로 출판된 지도들이 많았다. 특히 캘리포니아에서와 같은 몇 차례의 골드러시 때 만들어진 지도가 이런 경우에 해당한다. 1851년 찰스 드레이턴 기브스(Charles Drayton Gibbes)의 『캘리포니아 금광 지역 새 지도, 저자 등의 최근 조사 및 탐사에 기초해서』가 뉴욕에서 출판된 것이 그 사례라 하겠다. 말할 필요도 없지만 여기서 토착 원주민들은 완전히 무시됐다. 또한 지도화 과정 바로 그 자체를 환경에 대한 통제로 볼 수도 있다.

> 서부의 지도들은 기하학적 지적도를 통해 땅 위에 유럽에서 온 미국인들의 도장을 찍었으며, 사실은 이것이 가능하도록 만들기도 했다. 이 지도에서 사라진 것은 이곳을 흐르던 크고 작은 강들과 식물들, 또 땅의 자연스러운 주기를 따라 살던 사람들이 말을 타고 강을 건너면서 생겨난 작은 길들 따위이다. 자작나무 껍질에 그린 강들의 그림이 …… 식민지 토지조사국에서 제작한 조악한 지적도로 바뀌어 간 것은 …… 그 자체로 질서의 부과를 보여주고 있다.[24]

환경과 관련해 관심과 우려의 대상이 되고 있는 지역이나 장소를 지도화하는 것은 더 많은 지식을 제공함으로써 환경에 더 많은 압력이 가해지는 상황을 불러올 수도 있는 위험을 내포하고 있다. 런던에서 발행되는 〈지오그래피컬 매거진〉 1973년 10월 1일호(63쪽)에는 〈귀중한 땅들에 관한 지도〉라는 상세한 컬러 지도가 실렸는데, 함께 실린 글의 제목은 '지금 당장 보존해야만 하는 귀중한 땅들'이었다. 이 영국 전도(全圖)는 영국에서 얼마간의 보호조치라도 받고 있는 지역들을 보여주고 있었다. 지도를 제작한 목적을 이 글에서는 다음과 같이 밝히고 있었다.

농촌 지역에 무엇이 존재하는지 사람들이 알게 하고, 그래서 그들이 이것을 즐기고, 그 가치를 인정해 그것을 보호하도록 하는 데 목적이 있다. …… 이 지도에서는 변화하는 세계가 가하는 압력으로부터 보존해야 하는 땅의 이런저런 측면들을 거의 모두 보여주고 있다. 그러나 동시에 이 지도는 이곳을 찾을 사람들이 어디를 가서, 무엇을 할지를 보여 줄 실용적 목적 아래 제작됐다. 이 지도는 자동차용 지도가 아니라 국가적 유산에 관심을 가진 모든 이들을 위한 지도다. 이 지도는 사람들에게 농촌에 가보라고 또, 미래 세대를 위해 반드시 보호해야 할 환경에 대해 알아야 한다고 재촉하고 있는 것이다.

그러나 이 같은 즐거움은 문제를 낳았다. 실제로 이 지도는 애초의 목적 자체를 뒤엎어 버리는 지경까지 나아갔고, 이것은 이후의 지도들에서 의도적인 생략으로 이어졌다. '희귀종이나 희귀식물 군락지를 보호하기 위해 몇몇 자연보호 지정 지역들을 의도적으로 공표하지 않게 된 것이다.' 이 같은 '침묵'은 일부 학자들 사이에서 논의됐던 군사시설들의 위치나 배치를 지도에서 생략하는 문제에 대해 흥미로운 단서를 제공한다고 하겠다. 어쨌든 나 역시 이 문제를 더 깊이 다루지 않음으로써 침묵을 지킬 작정인데, 다시 말하면 내 가치 판단에 따라 지도학적 정보를 숨기기로 한 것이다.

이 지도 제작자의 판단과 관련해 더 의문이 가는 대목은 철도가 아니라 자동차 도로를 포함시켰던 점이다. 물론 대부분의 사람들이 '귀중한 땅'에 갈 때 도로를 이용한 것이 사실이지만, 그렇다고 도로를 지도에 표시할 필요는 없었다. 그것은 무엇보다 1973년에는 대부분의 도로가 '자연의 아름다움을 간직한' 지역들을 지나고 있지 않았기 때문이고, 도로를 지도에 포함시키는 것은 자연을 향유하는 데는 도로가 필수적이며, 또한 도로는 환경이 잘 보전된 세계의 한 부분이라고 선언하는 것처럼 보이기 때문이다.

마지막으로 이 지도가 '귀중한 땅'에 제도권의 시각으로 접근했다는 점도 눈여겨 볼 필요가 있다. 이 지도는 특별한 지역으로 지정된 지역들을 보여주고 있었다. 예를 들어, 국립공원이나 스코틀랜드의 준국립공원, 명승지, 명승지 지정을 신청한 지역, 사적 해안, 수목원, 그린벨트, 그린벨트로 지정될 것으로 예상되는 지역, 영국과 스코틀랜드 명승사적 보존기구가 소유한 토지, 국가 및 지방정부가 지정한 자연보호 지구, 국가 지정 야생조류 보호지구, 조류 보호지구, 자연산림 보호지구 등이 이 지도에 표시돼 있다. 또 다른 목적으로 지정된 장소들도 포함돼 있는데, 현장 연구소나 국립공원 안내소, 유스호스텔, 스코틀랜드 농촌 지역 민박시설, 지방위원회가 추천하거나 지방보조금을 받는 위락시설 등이 여기에 해당한다.

대부분의 독자들은 이런 식의 장소 선정에 타당한 근거가 있다고 생각했으며, 여기에는 지도를 샅샅이 조사해야 하는 번거로움을 덜어 보려는 의도도 분명히 깔려 있었다. 이 지도에 정보를 제공한 단체들에게 보내는 감사의 말이 적혀 있었던 데서도 이 점을 확인할 수 있다. 또 이런 선정 방식을 통해 객관적 근거를 제공함으로써 주관적 판단에 따르는 문제들을 얼마간 해결한 것처럼 보이기도 한다. 그러나 이런 식의 장소 선택은 오해를 부를 수 있으며, 더욱이 어떤 지역이 보전되려면 정부나 기관들의 인정을 받아야만 한다는 점을 암시하고 있다. 특정 지역이나 장소를 공식적 의미를 갖는 장소로 지정하는 행위에는 자금 지원이나 그

밖에 여러 가지 기회들을 포함하는 다양한 고려들이 반영돼 있다. 다시 말하면 여기에는 그 지역의 다양한 정책들이 개입하는데, 결국 장소에 공식적인 권위를 부여하는 객관적 주체들 역시 자신만의 정치적 이해관계와 차이, 문제점들을 안고 있는 것이다. 그러나 이런 사정은 제쳐두더라도 이런 식의 접근은 한 지역이나 장소가 사람들에게 갖는 가치나 사람들이 그 안에서 느끼는 경험 같은 요인들을 반영하지 못한다는 더 큰 문제를 안고 있다. 이 같은 표시 방법 때문에 이 지도는 하나의 풍경 안에서 사람들이 상상력을 발휘하고, 정서적으로 교감할 수 있는 가능성을 고사시켜 버렸다. 좀 더 구체적으로 말하면 많은 사람들이 소중하게 여겼던 현지 풍경의 자잘한 측면들이 이 지도에서는 무시되고 말았던 것이다. 데번(Devon) 지역을 예로 들어 보면, 현지 당국이 위락 지구로 지정한, 엑서터(Exeter) 근처의 스토크우즈(Stoke Woods)와 엑스무어(Exmoor) 국립공원의 남쪽 경계 사이에는 아무것도 존재하지 않는 것으로 돼 있다. 또 서머싯(Somerset) 남부 지역에는 현장 연구소 하나와 삼림 휴양지 하나를 제외하면 아무것도 표시돼 있지 않다. 하지만 유감스럽게도 이 지도에는 이런 문제들을 다룬 글이 한 줄도 실려 있지 않다. 이 지도는 사실상 '침묵들'로 이루어진 지도이며, 여가와 농촌 지역을 관료화시켜 버린 지도이다. 이 지도에서는 경험조차 지정됐던 것이다. 이미 지적했듯이, '침묵'이 항상 음모를 의미하는 것은 아니다. 그보다는 선택과 표시라는 지도화 과정의 문제들과, 관습과 편의라는 습관적 사고 사이의 상호작용을 반영한다고 보는 편이 옳을 것이다. 결정적인 문제는 자기 성찰과 반성이 없었다는 것이며, 그 결과 하나를 버리고 하나를 취하는 선택 행위가 개입됐으며, 또한 이런 식으로 제작된 지도는 근사치일 수밖에 없다는 점을 인정하지 않았다는 것이다.

환경 문제에 대한 최근의 논의는 과학 기술에 의문을 갖게 만든 결정적인 요인이 됐다. 이런 의문은 정치적 논쟁의 범위(또는 '경계')를 넓혀 왔으며, 과학에서 정당성의 문제가 핵심적인 자리를 차지하도록 만들었다. 지도는 정당성을 둘러싼 논의에서 상당히 중요한 역할을 한다. 지도는 잠재적 위험이나 난제들을 느낄 수 있게 해 주기 때문이다. 예를 들어 상류 쪽에서 물을 많이 끌어다 쓰는 바람에 염해를 입은 강 하류 지역들을 제시하는 경우처럼 구체적인 장소들을 보여줌으로써 이런 위험들을 구체화해주는 것이다.

환경의 질은 자원이면서 동시에 문젯거리가 된다. 이 두 가지 측면은 지도화와 분쟁의 대상이 되며, 여기서 지도화는 인간의 환경 인식을 통제하는 한 방법이 된다. 좀 더 일반적으로 말하면 지도화를 통해 자원에 대한 권리를 주장할 수도 있는 것이다. 환경 규제와 자원 관리를 놓고 나라들 사이에 분쟁이 자주 일어나고 있는 점에 비추어 볼 때 이런 권리 주장은 국제정치와도 맞물려 있다. 특히 환경 규제는 주로 환경 문제의 공간적 전이와 관련을 맺고 있다. 가령 대기나 수질 오염물질을 추적해, 이를 지도에 기록할 경우, 이 오염물질이 어디서 온 것인지를 분명하게 보여줄 수 있다. 알자스(Alsace)나 루르(Ruhr) 지방에서 발생한 오염물질들이 라인 강을 타고 네덜란드나 북해로 흘러가는 경우나, 영국의 아황산가스가 바람을 타고 스칸디나비아 반도나 미국과 캐나다 동부 지역까지 퍼지는 경우가 여기에 해당한다고 할 수 있다.

자원 관리는 정부나 기업의 처지에서 볼 때 환경오염에 따른 피해나 보상보다 훨씬 더 직접적인 문제가 된다. 왜냐하면 여기에는 자원 이용에 따르는 이익을 누가 가져가느냐를 놓고 이견이 있을 수밖에 없기 때문이다. 인구 및 경제 성장에 따른 압력과 지역경제 체제의 강화, 세계경제의 통합 등은 자원 탐사와 활용이 점점 광범위해지고 중요해지는 상황을 낳게 됐다. 인간과 환경의 상호작용에서 비롯된 압력과 정책, 제안 따위는 공간적 차원에서 중요한 의미를 가지며, 그 중 일부는 지도를 통한 접근이 가능하다. 이런 사태는 어족 자원이나 원유, 수자원 같은 기존 자원이 고갈되면서, 또한 지금까지는 접근할 수 없거나 채산성이 없다고 여겨져 왔던 지역들에서도 개발이 가능해지면서 더욱 악화됐다.

개발의 가속화는 지구 표면의 분할을 강요하고 있다. 탐사 및 제조 회사들은 어느 국가로부터 개발 및 운송권을 따내야 하는지 알아야 하기 때문이다. 이 같은 경제적 요구로 인해 국경 분쟁은 격화되었고, 이것은 다시 상충하는 지도들이 만들어지는 결과를 초래했다. 이런 분쟁들은 지표면에만 국한되지 않고 바다로도 확대됐으며, 지하와 수중에 대한 권리 문제로까지 발전했다.

심지어 자원의 발견 가능성만으로도 분쟁이 일어난 사례가 있다. 1995년 루마니아와 우크라이나는 두 나라간 협정 체결을 위한 사전 논의 과정에서 루마니아 연해 서펜트(Serpent) 섬의 귀속 문제를 놓고 다툼을 벌였다. 루마니아는 이 섬을 소련에 양도했던 1948년의 협정은 분쟁 해결의 근거가 되지 않는다고 주장하고 나섰다. 또한 루마니아 외무장관은 상원에서 협정 체결 당시에는 이 섬이 가치가 없었지만 원유와 천연가스 때문에 이제는 사정이 달라졌다는 발언을 하기도 했다.[25]

자원을 둘러싼 다툼 때문에 국경의 상세한 지도화는 종종 분쟁의 원인이 되고 있으며, 당사국들이 합의에 이르기도 어렵다. 지도화는 분쟁을 악화시키고, 분쟁은 다시 국경의 지도화를 어렵게 만들고 있는 것이다. 이런 경향은 해상 국경선을 지도로 기록하고, 이에 따라 도서의 영유권을 표시해야 할 경우 더욱 심해진다. 1982년 유엔 해사법협정(海事法協定)에 따르면 영유 해역을 결정할 때는 본토뿐만 아니라 도서의 영유권까지도 고려해야 한다. 1980년대 카타르와 바레인이 하와르(Hawar) 제도를 놓고 벌인 무력 충돌이나, 1995년 에리트레아와 예멘이 홍해상의 도서들을 놓고 충돌했던 사례들처럼,[26] 원유의 존재 또는 존재 가능성 때문에 섬들은 분쟁의 원인이 되고 있는 것이다.

따라서 지도상의 선들은 분명 어떠한 가치의 표현이며, 지도는 분쟁의 도구이자 상징이 될 수 있다. 또 댐 건설에 따른 영향을 보여주고 있는 지도들에서 볼 수 있는 것처럼, 위협이나 불평등은 좀 더 전통적인 정치, 전략적 차원에서뿐만 아니라 경제적 차원의 문제로도 접근할 수 있다. 더욱이 지도는 수자원 관리에서 하천 유역들이 수행하는 역할이나 원유 또는 천연가스 매장지의 성격처럼 좀 더 복잡한 실체를 구체적으로 보여줄 수도 있다. 환경의 변화는 지도 제작을 더 복잡하게 만드는데, 해수면 상승이나, 침식 및 침전물 축적에 따른 해안선의 변화는 해역의 경계를 바꿔놓기 때문이다.

수자원 관리는 특히 중동 지역에서 첨예한 국가간 긴장을 유발하는 분야로,[27] 이는 지도상으로도 쉽게 확인할 수 있다. 어떤 나라든 강 하류에 있는 국가들에 영향을 미치게 될 수자원 이용 및 관리 정책을 채택할 가능성이 있다. 가령 인도의 갠지스 강 관리 정책은 방글라데시에 피해를 주고 있으며, 이라크와 시리아는 터키의 댐 건설을 적대 행위로 간주하고 있다. 하천을 주로 다루는 지도는 국경을 다루는 지도와는 전혀 다른 종류의 이해관계를 보여줄 수 있는 것이다.

경제적 문제들이 국가간 경계와 관련을 맺고 있다면, 이는 국내에 대해서도 마찬가지다. 다만 이 경우 관리의 문제가 명확하게 드러나지 않고, 따라서 이런 문제를 지도화하는 데 더 많은 문제가 따르게 된다. 나라 사이의 경계선은 갈등도 불사하겠다는 결의나 갈등의 가능성을 표현하고 있다.[28] 그러나 여기에 직접 개입하는 당사자들의 수는 제한돼 있고, 국경을 확정하거나, 원유 또는 기타 지하자원을 분배하는 절차도 분명하다. 즉 분쟁은 보통 어떤 권리를 어떻게 행사하느냐를 놓고 일어나지, 국경의 확정이나 국경의 개념 따위가 문제시되지는 않는다. 결국 지도는 권력의 분할이라는 실제를 보여주고 있으며, 따라서 지도가 추구하는 것은 이 실체의 정확한 묘사라고 할 수 있다.

지도 구매자들

그러나 권력의 성격은 물론, 이 권력에 대단히 중요한 역할을 하는 자원 및 기회의 차이에 관한 지도화가 제대로 이루어지지 않고 있는 국내 문제의 경우에는 사정이 다르다. 우선 이런 문제를 지도화할 분명한 방법론이 없고, 지도화에 대한 의식도 아직 미미한 실정이며, 해당 당국 역시 일반적으로 국가 내의 다툼에 대해서는 지도화하려고 하지 않거나 국경선의 지도화에 쏟는 정도의 노력을 국내 문제에 대해서는 전혀 보여주지 않고 있기 때문이다. 그러나 지도화돼야만 하는 지역들, 즉 도시와 농촌은 자신들을 지배하려는 권력을 여전히 반영하고 있는 것이 사실이다. 지역적 차원에서, 도시나 농촌을 막론하고 풍경은 자산 소유의 패턴에 의해 결정되고, 이 패턴은 포함과 배제라는 공간적 정체성을 표현한다. 더욱이 사회 안의 역동적 관계들은 판매 및 운송 시설의 존재 여부를 결정하고, 동시에 그 존재에 의해 형성되기도 한다. 그리고 이런 시설들은 부분적으로는 권력과 특권, 소유의 산물이기도 하다. 국토 및 도시의 이용과 배치, 또는 사회 기반시설의 창출 그 밑에 깔려 있는 목적들은 논란의 대상이 되고 있고, 또 될 수 있다.

국가는 스스로를 정의하기도 하지만 다른 요인들에 의해, 부분적으로는 국가의 지도 이미지를 통해 정의되기도 한다. 국내 공간의 절대적 성격은 이 이미지의 일부이며, 동시에 정치적 선언으로 볼 수 있다. 전통적으로 국내 공간은 그 안의 여러 공간들을 하나로 통합하는 국경선을 통해, 즉 그 나라의 통상적 이미지를 만들어낸 기존의 투영법과 투시법에 사용된 국경선을 통해 묘사돼 왔다. 따라서 영국이나 프랑스는 단지 하나의 이미지이며, 국내 공간은 이 이미지의 한 측면일 뿐이다. 그러나 신기술, 특히 컴퓨터와 위치정보 시스템(GIS: Geographical Information System) 덕에 사회적 특징들을 드러내거나, 혹은 더욱 분명하게 보여주거나, 아니면 사회적 특징들에 확실한 지역적 차원을 부여하도록 공간을 재표현하는 것이 가능해졌다.[29] 이것은 볼 수 없는 것을 보이게 만든 시각화(visualization)의 한 사례로 볼 수 있다.[30] 최근 영국에서 인구조사 정보를 보여주는 데 컴퓨터를 이용해 제작한 인구비교 통계지도가 사용된 것도 이런 사례에 해당한다. 이 통계지도는 사회적 정보를 공간적으로 상세하게 시각화해 전달할 목적으로 제작됐다. 비교 통계지도는 전통적인 정적 도법을 사용했을 경우 농촌 지역에 비해 도시 지역이 상대적으로 축소돼 왔던 기존의 문제, 즉 런던이나 뉴욕 시가 링컨서나 네브래스카 주보다 덜 중요하게 취급됐던 문제를 해결해 주었다. 인구통계 비교지도는 인구밀도가 높은 지역들을 강조함으로써 1980년대 들어 확대되는 양상을 보였던 사회적 차이 같은 변화상들을 잘 보여주고 있다고 할 수 있다.[31]

비록 지도나 지도책들이 사회적 차이가 배제된 과학적·객관적 생산물로 제시되고, 또 지도 제작자들이 주제를 다루는 방식 때문에 사회적 차이가 축소되는 경우가 흔하기는 하지만, 지도 및 지도책들은 여전히 여러 사회적 차이를 드러내고 있으며, 또한 거기에는 이러한 차이가 전제돼 있기도 하다. 예를 들어 지도나 지도책들은 농업과 관련된 사회적 문제들은 일반적으로 무시하고 있다. 도서 구입이나 신문 구독의 경우와 마찬가지로 지도와 지도책의 구입은 사회적으로 편중돼 있으며 그것도 도시와 부유층에 압도적으로 편중돼 있다. 지도, 특히 값비싼 지도책들은 소비재 상품이며, 높은 구매력을 가진 사람들이 훨씬 많이 구입하고 있다. 이들은 지도와 지도책들을 보관과 보전, 전시하는 데서도 다른 계층을 앞서 가는데, 이것은 지도책을 꽂을 수 있을 만한 크기의 책장이나 지도를 표구해 놓을 액자 따위를 구입할 수 있기 때문이다.

장비 구입이나 정보 이용에 따르는 비용 부담의 측면에서 볼 경우, 전자 정보 시스템에 축적된 지도들에 접근하는 과정에서 비슷한 사회적 차원이 모습을 드러낸다. 지도 정보 및 이에 대한 접근성과 관련해 그 초점이 점차 전자 위치정보 시스템으로 옮겨감에 따라 지도 사용자들 사이에 존재하는 사회적, 지리적 차이가 더욱 분명해질 것이다. 이런 현상은 개인이나 집단, 국가에 따라 인쇄 매체에서 디지털화된 정보로 이행하는 속도가 달라서 나타나는 불가피한 차이이고, 결국에는 대부분의 사람들이 지도에 접근하게 될 것이라고 낙관적인 관점에서 이해할 수도 있다.

그러나 한편으로는 수익성이나 비용, 수입 같은 경제적 요인들 때문에 전자출판 분야에서는 지도 제작자와 지도 사용자 중에서 후자를 제한하는 관계가 생겨나고 있는 것으로도 볼 수 있다.[32] 할리의 표현을 빌자면, 지도 사용자에 관한 한 더 많은 '침묵'이 존재하게 될 것이고, 이것은 결코 간단한 문제가 아닐 것이다. 전자정보에 대한 접근도에서 국가들 사이에 큰 차이가 존재하고, 또한 개별 국가, 좀 더 정확하게 말하면 개별 시장 안에서도 상당한 차이가 존재한다는 점에서 이 예측은 사실로 드러나게 될 것이다.

이런 차별적 상황은 사실 새로운 것이 아니다. 자동차 소유와 그에 따른 도로 이용이 늘어나면서, 북미와 유럽에서는 양차 대전 사이에 지도 사용이 급격히 증가했다. 지도 수요가 늘어나자, 지도 제작사들은 사용이 쉽고 가격도 적당한 도로지도나, 도로 및 도시들을 중심으로 공간을 조직한 일반 지도들을 제작·보급함으로써 여기에 적극적으로 반응했다.[33] 이 과정은 지도학적 지식과 지도 소유의 민주화로서 긍정적으로 이해할 수도 있다. 그러나 첫 번째로 도로 이용자들의 필요와 이해를 강조할 경우 지도 내용이 자동차를 중심으로 구성되게 되고, 그 결과 공간이 운전자들의 관점에서, 또 이들의 관점을 위해서만 조직된다는 점을 지적할 수 있다. 이와는 반대로 대략 1850년에서 1920년대 사이에는 철도 운송의 영향력이 지금의 자동차만큼이나 컸기 때문에 당시의 일반적인 미국 지도들은 도로가 아니라 철도만을 표시하고 있었다.[34]

두 번째로 양차 대전 사이에 자동차 소유는 대다수 사람들에게는 능력 밖의 일이었다. 그러나 이것은 지도 출판사들에게는 별로 중요한 문제가 아니었다. 자동차를 살 수 있는 사람들은 지도를 살 여유도 있었고, 자동차를 갖지 않은 사람들이 지도를 구입할 가능성 역시 낮았기 때문이다. 결국 이런 상업적 과정이 개입하면서 지도 사용자들의 이해관계는 지도의 내용에 영향을 미쳤고, 동시에 지도 제작자들이 지도 시장을 마음대로 주무를 수 있었다. 좀 더 일반적으로 얘기하면, 지도는 사회적·법적 전제들에서 영향을 받고, 이런 전제들은 소비자들의 선호와 연결돼 있다. 예를 들어 영국의 지도들에서는 사유지를 지나는 보행자용 공용 도로를 쉽게 찾아 볼 수 있는 데 반해, 미국 지도들에서는 이런 도로들을 발견할 수가 없다.[35]

관광

부와 소비 성향은 지도 제작의 중요 분야인 관광용 지도를 만드는 데에도 결정적 역할을 하고 있다. 이런 지도들은 내용과 용도에서도 많은 차이가 있지만 결정적인 한 가지 특징을 공유하고 있다. 즉 외부인들에게 한 지역을 소개하고, 이곳에 쉽고 편하게 가게 할 목적으로 제작된다는 것이다. 이 과정에서 현지 주민들의 관점이나 이해관계는 아예 무시되지는 않는다고 하더라도 부차적일 수밖에 없다. 이런 성격은 여행의 '본령'을 추구하는, 그러니까 감수성 높은 진정한 여행자들이 잘 알려지지 않은 장소에서 느끼는 경험을 맛보기 위해 떠나는 여행의 경우는 물론, 틀에 박힌 대중관광을 통해 일반 관광객들이 얻게 되는 '경험'에도 공통적으로 적용된다.

1994년 코펜하겐의 코르트 출판사에서 발행한 덴마크 도로 지도책에는 정원, 유적지, 옛 철도, 놀이공원, 동물원, 전망대, 골프장, 경마장, 자동차 경주장, 요트 선착장, 글라이더 비행장, 드라이브 코스 등에 대한 정보를 자세히 표시하고 있었다. 이 지도는 실용적이지만 한편으로는 심미적 기준을 적용하고 있었다. 예를 들어 동화 작가 한스 안데르센의 집은 오덴세(Odense)에 표시돼 있지만, 같은 지역에 있는 대규모 조선소에 대한 정보는 전혀 나타나 있지 않다. 또 젤란트(Zeeland) 섬과 유틀란트(Jutland) 반도 사이의 다리들은 단순히 교통로로만 표현돼 있을 뿐 볼거리로 제시되지는 않았다. 리베(Ribe)에서 바다에 이르는 저지대를 지나는 하천 교통로 역시 같은 취급을 받고 있다. 기호들은 지역이 아니라 장소를 표시할 뿐이다. 이 지도에서 두드러지는 유일한 교통로는 도로뿐이다.

대체로 이 지도에서 도로들은 서로 이어져 있다. 그러나 도로들은 문제로서 제시되지 않는다. 젤란트를 지나는 E20 고속도로처럼 어떨 때는 심하게 밀리고, 어떨 때는 소통이 원활해서 특히 운전자들에게는 문제가 될 수 있는데도 말이다. 이 지도에서 레저 활동에 대단히 다양한 기호를 사용하고 있는 것은 유틀란트 지역에 특별한 볼거리가 없기 때문에 이를

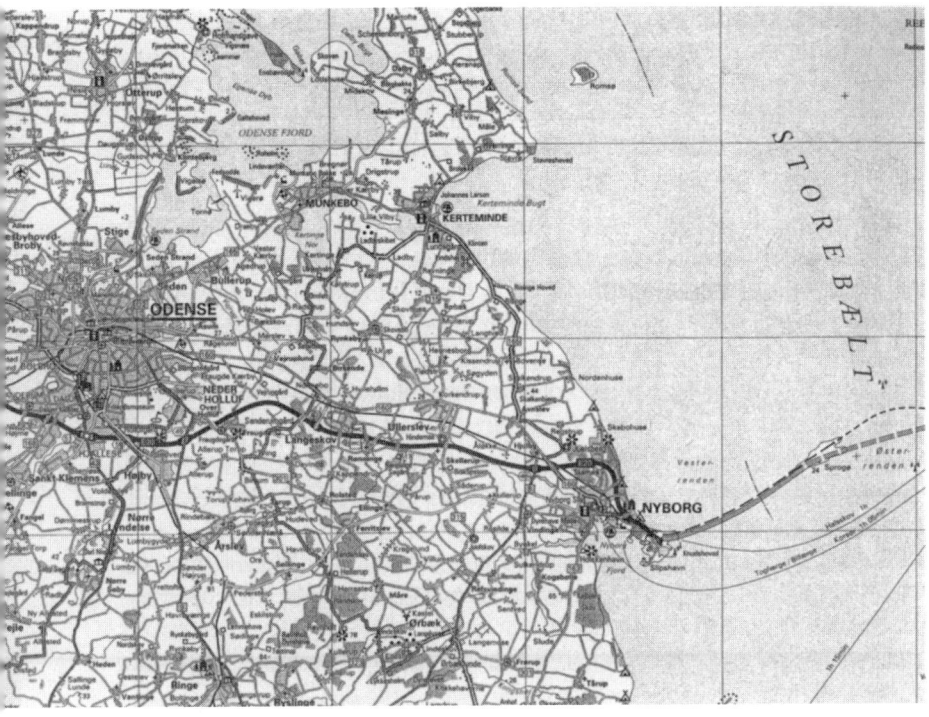

그림 35 덴마크를 관광지의 관점에서 묘사한 덴마크의 한 도로 지도책(1994)에 실린 젤란트 섬 부분 지도. 수많은 주거 지역들은 회색의 빈 공간으로 표시돼 아무런 흥밋거리도 없는 것처럼 보인다. 이 지도는 색을 적절히 사용하는 것만으로도 상당한 양의 정보를 전달하고 있다. 그러나 이 지도는 기본적으로 여가용 지도다. 따라서 생산 활동이 이루어지는 현장들은 거의 부각되지 않았다. 하지만 순수한 여가 지도로서도 한계를 갖고 있었는데, 예를 들면 쇼핑을 할 수 있는 곳들도 제대로 표시하지 않았고, 화장실들도 도로 옆에 있는 것들 정도만 보여주고 있다.

시각적으로라도 극복하기 위한 것이고, 또 관광객들이 이 지역에서 이렇다 할 구경거리를 발견하지 못했다면 그것은 단순히 관광객들에게 정보를 제대로 전달하지 못했기 때문이라고 주장하고 있는 것처럼 보인다. 그러면서도 이 지도는 덴마크 주민 대부분이 거주하고 있는 지역에는 거의 관심을 기울이지 않고 있다. 수많은 주거 지역들이 회색의 빈 공간으로 표현돼 있으며, 흥미나 흥분, 활력 따위를 나타내는 보라색 기호들은 찾아볼 수 없다. 물론 이 지도책의 목적에 비추어보면 충분히 이해할 수 있는 일이다. 이런 '침묵들'에 어떤 음모가 있는 것은 아니다. 그러나 이를 통해 레저/관광/흥밋거리와 보통사람들의 생활 및 환경 사이의 분리를 실제보다 더 심화시키는 결과를 낳는 것만은 분명하다. 이 둘을 연결하는 것은 오직 도로 네트워크뿐이다.

이 같은 역기능은 덴마크의 지도책들에만 해당하는 것은 아니다. 미쉐린사가 발행한 브르타뉴(Bretagne) 지역의 (2km를 1cm로 줄인) 20만분의 1 축척 지도 역시 도로들을 시각적으로 강조하고 있는데, 여기서는 주요 도로들만 밝은 빨강색으로 표시돼 있다. 반면 철도는 얇게, 눈에 잘 안 띄는 어두운 색으로 표현됐다. 도로는 빨강색과 이보다 덜 두드러지는 노랑색으로, 삼림은 초록색으로 표시하고 있다. 도시는 회색으로 표시해 시각적으로는 이렇다 할 인상을 주지 않는다. 도시 안에 기호가 표시돼 있는 경우 이는 대부분 도로나 철도로, 여행객을 위한 것이다. 공장을 나타내는 기호도 있기는 하지만 거의 사용하지 않고 있다. 그러나 교회는 제법 많이 등장하고 있다. 또한 이 지도는 미쉐린사의 『레드가이드』를 참조하도록 유도하고 있는데, 이 『레드가이드』에 지도가 실린 도시들에는 빨강색 테두리를, 가이드에 언급만 된 도시들에는 빨강색 밑줄을 쳐놓고 있다. 『레드가이드』는 호텔 및 레스토랑 안내서이기 때문에 테두리와 밑줄 따위의 장치가 도시들을 레저공간으로 바라보도록 하고, 이를 통해 도시들 사이에 서열을 만들어내고 있는 것은 당연하다고 볼 수 있다.

간선도로에 대한 강조는 우선 미쉐린의 상업적 이해관계를 반영하고 있다. 즉 철도 여행객들은 관광객일 가능성이나 지도를 구입할 가능성이 그만큼 낮은 것이다. 그리고 또 한편으로는 관광의 성격, 특히 향유와 동시에 극복의 대상으로서 공간이 갖는 야누스적 성격을 반영하고 있는 것이다. 공간을 향유의 대상으로 생각하는 사람에게 이 지도는 아름다운 드라이브코스들과 함께 엄청나게 많은 수의 도로들을 상세하게 소개하고 있다. 즉 무수한 도로들이 지도상의 공간을 가로지르고 있기 때문에 브르타뉴 지역을 보고 싶어 하는 운전자에게 딱 맞는 정보를 제공하고 있는 것이다. 반면 공간이 극복의 대상이 되는 경우, 숙소나 야영지, 해변, 유적지 따위의 목적지까지 가능한 한 빨리 가고 싶은 관광객들을 위해 이 지도는 이동거리를 최대한 줄일 수 있는 방식으로 공간을 제시한다.

우리 시대가 문명을 이해하는 방식은 도시와 농촌, 그리고 그 구조에 대한 반응에 반영돼 있으며, 이 반응은 이데올로기와 사회문화적 질서를 그대로 반복하고 있으며 동시에 이들을 강화한다. 여행은 도시/시가를 사회의 반영으로 인식하는 거대한 메타포의 한 실례라고 할 수 있다. 여행은 또 도시 풍경에는 여러 의미들이 깃들었다가 사라져간다는 점을 보여주기도 한다.

이런 인식은 지도 그 자체에, 또 지도가 다루는 대상들, 이 대상들을 제시하는 방식, 독자들이 이 대상들에 부여하는 의미에 그대로 반영돼 있다. 예를 들어 미국의 격자형 도시들에서처럼 직선으로 이루어진 거리 모양은 다양한 반응을 일으키는데, 이런 모양들은 대단히 다른 의미를 전달하고 있기 때문이다. 이는 도시의 구획들도 마찬가지다. 19세기 '진보적' 유럽인들의 눈에는 좁고 구불구불한 거리들을 표시하고 있는 도시지도가 거슬렸을 것이다. 이런 지도들은 답답한 도시, 그러니까 불결함과 질병, 가난 따위와 결부돼 있는 중세의 밀집된 도심을 생각나게 했기 때문이다.

반면 요즘의 많은 관광객들은 이런 도시들을 찾고 있다. 물론 지금은 해당 도시의 법규와 상업적 요구에 따라, 현대적 기술을 이용해 깔끔하게 정리된 상태이긴 하지만 말이다. 이렇게 보면 미쉐린 『그린가이드』의 지도에 실린 복잡한 거리들은 관광객들을 끌어당기는 요인이 될 것이다. 그러나 어디에다 살집을 마련하느냐가 문제가 될 경우 관광객들의 태도는 전혀 달라질 것이다.

지도, 역사, 성지

따라서 역사적 기념물을 직접 언급하는 경우를 제쳐두더라도, 지도는 도시 안에 남아 있는 과거의 흔적들에 대해서 말하고 있을 수도 있다. 좀 더 일반적으로 말하면, 지도는 과거의 흔적과 영향을 환기시켜 주는 기억의 한 형태로 기능하는 것이다. 이것은 지질학적 시간 및 과정이 일상생활의 구체적인 환경에 남겨놓은 결과들뿐만 아니라 지명이나 주거 패턴, 교통로 따위의 반복적이고 집약적인 인간 환경의 작용들에 대해서도 똑같이 적용된다.

지도가 이런 과정을 단순히 촉진하고 기록하는 것만은 아니다. 지도는 이런 과정들이 자연스럽게 보이도록 만들기도 한다. 시간과 관련해 지도는 과거와 현재의 관계를 갈등이 아니라 연속의 측면에서 제시함으로써 그 흐름을 자연스러운 것으로 만들고 있다. 물론 전투가 벌어졌던 장소들도 분명히 있다. 또 특정 장소를 명명하는 방식을 통해 과거나 현재의 분쟁이 암시될 때도 있다. 가령 영국인들이 채널 제도(Channel Isles)라고 부르는 곳을 브르타뉴 지역의 지도에서는 'Iles Anglo-Normandes'라고 표기하는 예가 여기에 해당한다. 그러나 대체로 현재의 풍경을 다루는 지도들은 지금의 풍경을 만들어내는 데 일정한 역할을 한 과거의 갈등에 더는 주목하지 않고 현재의 분쟁들에 초점을 맞추고 있다. 이것은 산림 벌채나 배수(排水) 같은 인간과 자연의 '충돌', 또 토지

정리 등 인간 사이의 '충돌'에도 적용된다. 이런 과정은 지도, 특히 상세도를 통해 암시될 수도 있지만 보통은 지도를 보는 사람들이 유추해 내야 한다.

그러나 지도를 인간이 사는 구체적 환경에 대한 길잡이라고 볼 경우 지도는 이런 측면에서는 현실을 제대로 보여주지 못한다고 말할 수 있다. 또 정치·문화·종교적 공간의 형성이나 그 성격에 관해 다루는 경우 이런 경향은 더욱 심해진다. 그리고 심리적 지도에서는 이런 공간이 대단히 중요한 역할을 하지만, 이것을 지도화하는 것은 쉬운 문제가 아니다. 1500년에서 1750년 사이의 유럽의 경우 국제정치적 경계의 표시에서 생겨난 방법론상의 구체적 문제들 때문에, 이 시기의 공간에 관해서는 대단히 제한적인 이해만이 가능할 뿐이다. 중세의 가톨릭 유럽을 하나로 묶었던 문화는 일련의 새로운 상황 전개에 따라 균열을 보이기 시작했다. 이들 중 몇몇, 예를 들어 종교개혁 같은 것은 치명적이었고, 자국어 인쇄의 등장 같은 상황은 이보다는 덜 전복적이었다. 이런 변화는 단일한 기독교적 세계관의 쇠퇴와 사회적으로 좀 더 특화된 과학적 설명의 등장, 그리고 언어의 분화로 특징지을 수 있는 문화의 세속화 따위와 관련돼 있었다.

비록 지도가 전달하고 또 부분적으로는 창조해 내기도 하는 의미들은 독자가 적극적으로 파악해야 하는 것이기는 하지만, 이런 과정들 중 일부는 쉽게 지도화할 수 있다. 예를 들어 종교개혁은 종교 및 교회의 공간 개혁이나 재공식화를 불러왔다. 이에 따라 종교적 공간의 정의, 그리고 이 공간이 제시하는 구조와 과정 사이의 상호작용은 변하게 됐다. 결국 개신교 유럽에서는 성직 통치의 단위와 구조들이 일변되기에 이르렀고, 순례나 성물, 성인들의 생애, 성스러운 샘물들, 신적 개입이 일어났던 풍경 등 성스러운 공간들은 일소됐다. 이렇게 해서 성스러운 공간은 파괴됐고, 수도원 공간도 같은 길을 걸었다. 대신 교회의 명령과 권위는 예측 가능한 방식으로 행사되게 됐다. 그리고 교회가 누렸던 각종 면책들은 줄어들었고, 관할권이 다른 교구나 국제적 종교기관, 특히 교황과 수도회가 교회에 미치는 영향력 역시 축소됐다. 여러 축일의 폐지에 따라 시간 역시 비슷한 길을 걷게 됐다.

이런 과정 중 일부에 대해서는 지도화가 가능할 수도 있지만, 그 결과 바뀌게 된 정신적 풍경은 포착하기가 어렵다. 또 권위 있는 공인된 기독교 신앙과, 승인을 받지 않았거나 금지 당했지만 일반인들은 여전히 지키고 있던 종교 관습들 사이의 긴장 역시 지도로 잡아내기가 쉽지 않다. 1765년 리처드 브라운(Richard Browne)은 아일랜드의 도니걸(Donegal) 주에 있는 로프 더그(Lough Derg)의 한 섬 '성패트릭의 연옥'을 방문했다. 이곳은 해마다 1만 명 이상의 가톨릭교도들이 순례를 하고 있었지만 1704년의 교황령은 이를 분명히 금지하고 있었다. 그는 이곳에서 목격한 것을 이렇게 기록하고 있다.

> 거기에는 수많은 남녀가 있었다. …… 둥그렇게 생긴 일곱 개의 작은 참회소가 지어져 있는데, 통회자들은 뾰족한 돌들이 깔려 있는 이곳을 맨발로 뛰어서 돌아야만 한다. 한바퀴씩 돌 때마다 통회자들은 7대죄(大罪)를 생각하며 아베마리아 같은 기도들을 외우고 있다. 다음 장소에서는 물 한가운데로 걸어 들어가서는 정해진 시간 동안 정해진 기도문들을 외우며 서 있어야 한다. 여기까지 마치면 참회자는 지하의 참회소에 들어가 24시간을 머물러야 하는데, 이곳에서는 아무것도 먹거나 마실 수 없고, 말을 하거나 잠을 자지도 않는다. 이 규율을 깨면 마귀가 자신들의 영혼을 가져갈 것이라고 믿기 때문이다. …… 호수에서 목욕을 하는 것으로 마지막 의식이 끝난다. 몸을 씻으면서 자신들의 모든 죄도 씻어버리는 것이다.[36]

성스러운 공간들은 종교 생활에 참여하는 사람들의 마음속에서는, 그러니까 강렬하고 포괄적인 종교 의식(意識) 안에서는 체계적으로 배열돼 있었지만, 한 시대의 종교 생활을 지도로 만들었던 사람들은 여기에 주의를 기울이지 않았다. 이것은 오늘날의 종교 생활을 다루는 경우에도 마찬가지인데, 무엇보다도 한 지역에 종교적 풍경을 만들어내는 종교적 열정이나, 그 반대인 세속적 동화(同化) 같은 주제를 다룰 때 이런 현상이 두드러진다. 이 동화의 문제는 종교의 결속력과 관련해 결정적인 의미를 갖는데, 특히 신도들이 지배적인 세속 문화에 동화돼 가면서 대부분의 종교단체들이 도전에 직면해 있는 유럽에서는 이 문제가 더욱 중요하다고 할 수 있다.

이런 논의는 관광지도와는 어느 정도 거리가 있는 것처럼 보일 수도 있지만, 지도 제작과 지도에 사용된 기호들이 함축하고 있는 의미를 둘러싼 문제를 다시 환기시키는 것만큼은 분명하다. 지도상에 교회의 위치를 표시하는 것만으로는 그 범위와 강도, 의미 등의 측면에서 본 개인이나 지역 사회, 한 민족의 종교생활은 물론, 그것의 공간적 차원에 대해서조차 알려주는 것이 거의 없다. 또 과거와 현재의 상호작용에 대해서도 불충분한 정보를 제공할 뿐이다. 브르타뉴 지방의 지도는 이런 문제들의 또 다른 예라고 할 수 있다. 이 지도에는 카르낙(Carnac) 지역의 선사시대 거석 유적이 표시돼 있는데, 이 유적을 통해 과거의 우주론을 엿볼 수 있다. 지도에 비교적 자세하게 표시돼 있는 이 유적은 영국의 스톤헨지(Stonehenge)나 에이브베리(Avebury)의 거석들처럼 그 배치를 통해 인간이 만들어낸 풍경, 즉 종교적 목적에 부응하는 풍경을 보여주고 있다. 그러나 이 지도는 여기까지만 독자들에게 전달할 뿐이다. 일반 지도에서는 과거를 소비재 상품의 하나로 취급하고 있으며, 이런 유적들을 소개하는 것도 그 연장선상에 놓여 있다고 할 수 있다. 과거의 유적들은 골프장과 다를 게 없는 셈이다.

결론

위치를 특정하는 것은 보여주는 것이고, 그것은 결국 선전을 하는 것이다. 텍사스 주에서 생산한 제품의 원산지와 특징을 알리고, 구매자들의 충성도를 제고할 목적으로, 텍사스 주는 물론 미국 전역에서 잘 알고 있는 텍사스 주의 모양이 자주 사용되는 경우에서처럼,[37] 지도는 광고에서 중요한 역할을 수행하지만 단지 여기에서 그치는 것은 아니다. 지도나 지도책의 내용 그 자체는 사회경제적 차별의 한 측면인 소비자 우선주의를 또한 반영하고 있다. 이것은 제품들이 팔리는 국내 시장과 국제 시장 모두에서 그대로 적용됐고, 지금도 적용되고 있다.[38] 이코노미스트가 발행한 『1994년의 세계』(런던, 1993)에 실린 『이코노미스트 새 유럽 아틀라스』의 광고는 이 지도책이 쓸모가 많을 뿐만 아니라 '친구나 동료를 위한 이상적인 선물'이 될 것이라고 소개하고 있다. 직장 동료들이 문맹률이나 빙고 게임장의 분포 따위를 보여주는 지도들을 기대하지는 않을 것이다. 결국 지도를 볼 때는 이 장의 앞부분에서 다뤘듯이, 사회-경제적 상황을 지도화하는 데 따르는 분석상의 문제들을 이해하는 것만으로는 충분치 않다. 이와 함께 지도라는 제품이 놓인 전반적 문맥, 그러니까 지도를 단순히 일련의 기술적 과정들을 거쳐 제작된 제품으로서 뿐만 아니라, 현대 자본주의 사회의 요구와 작동 방식 그리고 자본주의 사회가 제공하는 기회 따위가 만들어낸 제품으로도 바라봐야 한다는 것이다.

지도를 이런 문맥 안에 놓게 되면 지도의 정치적 성격이 강조되는데, 경제는 특정한 정치적 사회의 요구와 성격을 반영하고 있기 때문이다.

지도화의 사회경제적 차원과 정치적 차원 사이에는 좀 더 직접적인 관계가 존재한다. 서구에서 이 두 가지 차원의 지도화는 공간을 설명, 분류, 조직할 필요에서 생겨났다. 여기에는 이해한다는 의미의 '통제' 뿐만 아니라, 직접적인 통제도 수반되는데 정치적 의미에서든 경제적 의미에서든 지도로 제작할 공간이 분명하고 알기 쉽게 조직돼 있을 경우 공간의 표현이 더 쉽기 때문이다.

이 같은 표시의 용이성은 공간의 전용과도 연결된다. 환경 문제가 강조되기 이전까지만 해도, 서구에서는 토지는 무조건 개발해야 한다는 생각이 일반적이었다. 그리고 이런 개발 과정에서 서구 모델에 따라 관료적이고 위계적이며 공간적으로도 명확한 정치조직이 형성됐으며, 토지는 경제적 목적에 따라 최대한 이용됐다. 1930년대 진행된 영국 토지이용 실태조사를 전형적인 사례로 꼽을 수 있다. 여기에는 정보를 수집해 지도로 표시하는 과정 자체가 계획적인 토지 사용은 물론 계획 수립 자체도 촉진할 것이라는 인식이 깔려 있었다. 농촌 지역 토지의 비농업적 사용은 비생산적인 것으로 묘사됐던 것이다.[39] 『타임스 세계아틀라스』(런던, 1968)의 경우에도 〈세계의 기후와 식량 생산 잠재력〉이라는 펼침지도를 실어 '식량 생산 잠재력이 개발되지 않은 지역들을 분명하게' 보여주고 있었다. 이 지도책은 잠재력을 현실화하기 위한 조치로 배수와 비료 사용, 관개, 기계화 등을 제시했다. 간단히 말해 환경이 바뀌어야만 했던 것이다. 『리더스다이제스트 세계 대아틀라스』(2판, 런던, 1968) 역시 '과학적이고 개량된 영농 방식'[40]의 적용을 권고하고 있다.

이스라엘의 지도나 지도책에서는 경제 개발을 노골적으로 정치와 결부시키고 있는데, 이스라엘의 건국 이후는 물론 그 전에 진행된 농업의 진보까지도 모두 시오니즘의 결과라고 주장하고 있다. 제프 빌네이(Zev Vilnay)의 히브리어 원서를 번역한 『신이스라엘 아틀라스』(런던, 1968)

는 "물이 부족해 바짝 말라 있던 황무지가 비옥한 정착지로 변모해 가는" 과정을 묘사하고 있다. 가령 유태인 정착민들은 말라리아 모기가 들끓던 훌라(Hula) 계곡의 습지를 개간해 냈다. 또 이스르엘(Jezreel) 평원의 경우에는 "계속되는 전쟁과 실정의 결과로 전염병을 옮기는 습지가 돼 버려 사실상 버려진 땅이었다. 그러나 정착민들이 위험과 수고를 무릅쓰고 배수 공사를 벌여 말라리아가 창궐하던 이 지역을 과일이 열리던 예전의 기름진 평원으로 되돌려 놓았다."

이 지도책에서는 농업의 발전을 안보와도 연결짓고 있다.

> 모샤빔(농업정착촌)의 주민들은 농사에는 맞지 않아 보였던 지역들을 비옥한 농토로 만들기 위해 몇 년 동안을 열심히 헌신적으로 일했다. 이들은 키부츠의 정착민들과 함께 적대적 세력들의 괴롭힘과 공격에 흔들림 없이 맞섰으며, 이스라엘의 안보와 경제를 굳건히 하는 데 결정적인 공헌을 했다.

또 키부츠 운동과 관련해서는 이렇게 평가하고 있다.

> 팔레스타인의 습지와 사막을 식물이 자라는 정원으로 바꾸어 놓은 것은 정착민들의 결의와 인내였다. 그리고 이스라엘의 운명이 군사적 위협에 처했을 때 그 향배를 결정짓는 데 도움을 주었던 것도 바로 이들의 흔들림 없는 용기였다.[41]

지도나 텍스트 어디에서도 아랍의 견해는 찾아볼 수 없는데, 빌네이의 지도책에 실린 지도나 글에서 진보와 시오니즘이 결국 하나이며, 진보에 저항했던 사람들은 이스라엘 주변에 널려 있었다는 점을 강조하고 있는 것을 고려하면 결코 새삼스러운 일은 아니다.

지난 10년 사이에 발행된 상당수 지도책과 지도들에서는, 특히 북미와 유럽에서 발행된 지도들에서는 농촌 지역의 땅을 농업 용지로만 바라보지 않는 관점들에도 주목하기 시작했다. 구체적으로는 휴양 목적의 토지 사용이나 미개발 토지의 가치에 대해서도 관심을 갖게 된 것이다. 물론 농촌의 토지 이용 방식을 결정할 수 있는 권력을 가진 집단, 즉 압도적으로 도시 거주 비율이 높은 엘리트 집단들 중에서도 특히 강력한 영향력을 가진 집단이 이런 식의 새로운 용도 지정을 가능하게 했을 수도 있다. 하지만 이런 변화는 국가가 권위와 권력을 통해 환경과 경제를 통제하는 과정 전반까지 포함하는 진보라는 개념 자체를 재검토하면서 갖게 된 새로운 인식의 한 단면이라고 할 수 있다. 이렇게 해서 지도책들은 권력의 재개념화에 참여하게 된다. 여기에는 공간에 대한 재검토도 수반됐다. 즉 공간을 주로 통제와 확장이라는 정치·경제적 전략의 실행을 위한 장으로만 이해하던 것에 변화가 생겼으며, 거리와 지리적 요인들이 이런 전략에 영향을 미치면서 생겨나는 갈등을 중심으로 공간을 이해하지도 않게 된 것이다. 이제는 이런 전략들 자체에 의문이 제기되고 있으며, 지금까지 본 것처럼, 그 결과 지도책들의 내용도 바뀌게 됐다. 지도책들의 내용 자체가 논의의 대상으로 떠오르게 된 것이다.

4장

정치의 지도화

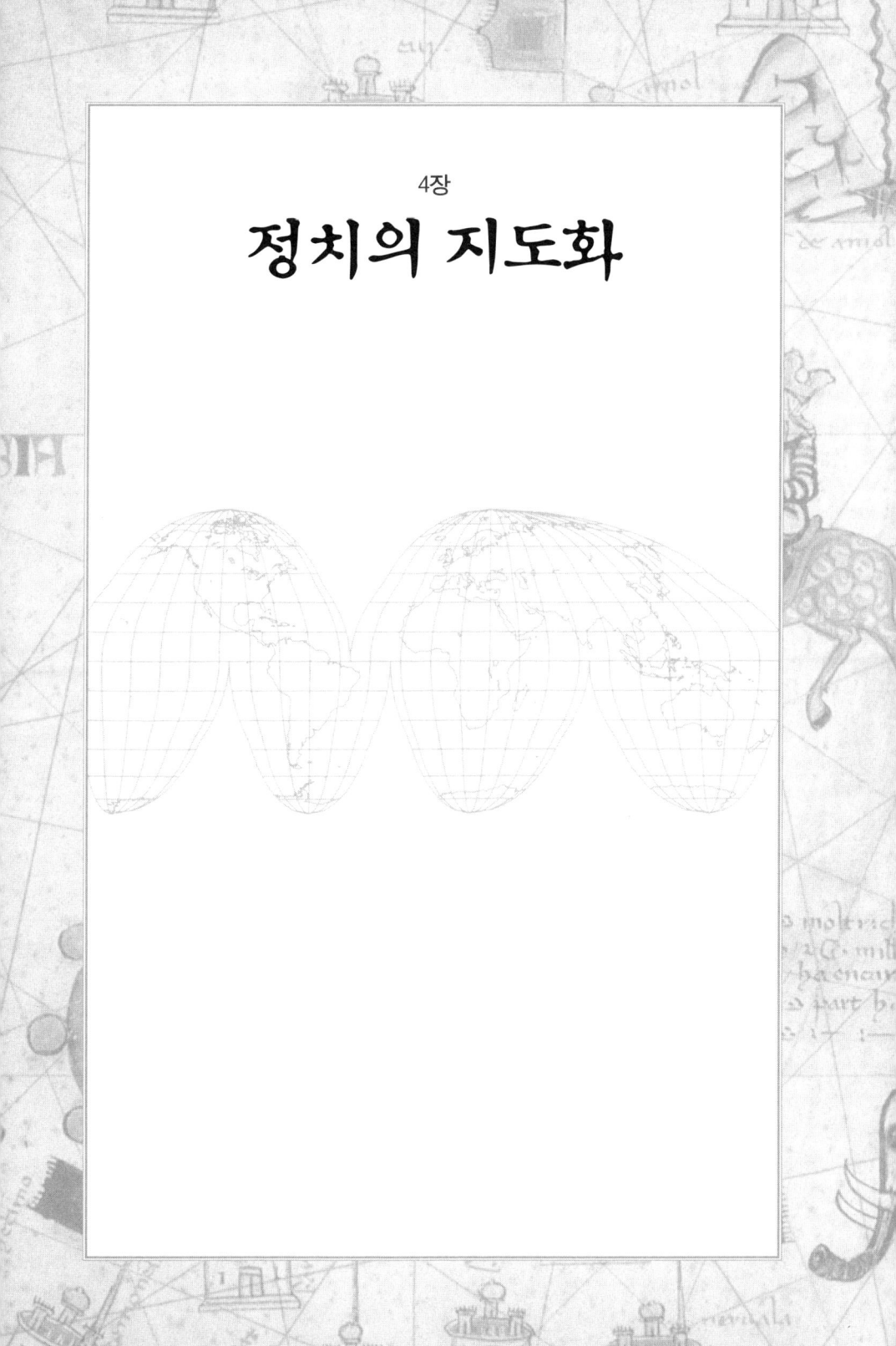

지도를 통한 분석 및 표시와 관련되는 문제들은 일반적 의미의 정치 분야를 지도화할 때도 영향을 미치고 있다. 이 4장은 스코틀랜드에서 강의를 하다가 돌아온 직후 집필한 부분인데, 적어도 1996년의 스코틀랜드 정치 상황을 지도화할 때 무엇이 문제가 될지가 당시로서는 아주 분명해 보였다. 바로 1979년 이래 광범위하고도 깊게 뿌리내린 보수당 정부에 대한 부정적 인식을 어떻게 지도로 표시할 것인가가 문제처럼 보였던 것이다. 그러나 이 문제는 단순히 자치냐 독립이냐를 가르는 것보다는 훨씬 더 미묘하고 복잡한 문제였고, 설령 자치/독립의 문제로만 관심을 한정한다고 해도 이 문제를 지도에 어떻게 표시할 것인지도 분명하지 않았다. 가령 독립 또는 자치를 찬성하는 하원의원들의 선거구를 지도로 만든다고 해도 이와 관련된 무수한 문제들을 이해하는 데는 별다른 도움이 되지 않는다. 그리고 집권당인 보수당과 야당인 스코틀랜드국민당 및 노동당 사이의 입장 차이만큼이나, (그들 스스로도 의견이 분열돼 있던) 이 두 야당 사이의 견해차도 심각했다. 이처럼 자치는 여러 가지 의미를 띠고 있었다.

따라서 보수당과 야당들의 대립만을 지도화할 경우 스코틀랜드의 복잡한 4당 정치를 제대로 해명하지 못하게 된다(자유민주당이 제4당이다). 그리고 이 4당 정치에는 중요한 지역적 요소가 내포돼 있다. 예를 들어 노동당은 스트래스클라이드(Strathclyde)에서는 압도적 지지를 받고 있지만 스코틀랜드 북부에서는 그 영향력이 미미하다. 대신 이 지역에서는 자유민주당이 훨씬 중요한 정치세력이다. 지도로 이런 차이를 드러낼 수는 있지만, 그 차이들을 설명하거나 거기에 담긴 뉘앙스를 포착하는 데는 한계가 있을 수밖에 없다.

표현 방식 역시 문제가 되고 있다. 면적이 넓은 하일랜드와 도서 지역들이 눈에 띄는 자리를 차지하는 것이 스코틀랜드 지도의 시각적 특징인데, 사실 이 지역에는 사람들이 많이 살지 않는다. 대신 스코틀랜드 인구의 80% 이상은 에든버러와 글래스고 두 도시, 혹은 두 도시를 잇는 10마일 길이의 선 이내에 거주하고 있다. 따라서 정적 도법을 사용한 지도는 인구가 희박한 지역의 역할을 과장하게 되고, 거꾸로 센트럴벨트(Central Belt)의 역할은 축소하게 된다. 이 경우 후자의 지역들이 갖는 중요성을 제대로 보여주지 못할 뿐더러, 대부분의 인구가 몰려 있는 스트래스클라이드(글래스고를 중심으로 한 도시권) 주의 견해가 다른 지역에 미치는 영향을 무시하게 된다.

그러나 인구 분포 비례를 반영한 지도의 경우에는 센트럴벨트 이외의 지역들이 갖고 있는 정치적 경험을 포착해 내지는 못할 것이다. 이런 지역에 거주하는 주민들이 자신들을 스트래스클라이드 주의 입장을 되풀이하는 앵무새쯤으로만 여기지는 않기 때문이다. 이들에게는 정치적 중요성을 갖는 공간만이 실질적이며, 또 인구통계에 무게를 둔 지도들, 예를 들면 대니얼 돌링(Daniel Dorling)의 『영국 신 사회아틀라스』(치체스터[Chichester], 1995)가 채택했던 것 같은 연속 등인구 통계지도 같은 지도들로는 특정 지역의 전통이나 생각을 포착할 수 없다. 가령 인버네스(Inverness)에서 조망한 스코틀랜드와 글래스고에서 조망한 스코틀랜드는 대단히 다르며, 이 전체적인 조망 안에 존재하는 차이들은 부분적으로는 심리적 전제를 반영하고 있는 것이다.

좀 더 일반적으로 접근하면, 권력과 정치는 기호와 이슈를 둘러싼 것이고, 이것들은 다양한 방식으로 지도화할 수 있다. 20세기 동유럽을 다룬 최근의 한 지도책에는 스탈린주의에 관한 지도가 하나 실렸다. 이 지도는 스탈린의 이름을 딴 최고봉이나 스탈린이라는 이름이 붙은 혹은 그의 이름에서 명칭이 유래한 도시들을 통해, 동구권 전체에 스며들어 있던 스탈린이라는 존재의 우상적 성격을 보여주고 있으며, 노동 수용소나 주요 형무소, 강제 수용소 따위를 제시하면서 스탈린주의의 다면적 공간성을 묘사하고 있다.[1] 특히 시설들의 공간적 분포가 정확한지는 분명치 않지만, 이런 수용시설들을 포함시킴으로써 이 지도는 스탈린 통치의 성격에 관해 중요한 언급을 하고 있으며, 동시에 이를 지도화하고 있는 것이다. 한 걸음 더 나아가 이 지도는 이런 주제를 다룸으로써, 또 시설들의 위치보다는 숫자에 주목함으로써 공산주의의 특성에 관해서도 발언하고 있다고 할 수 있다. 스탈린 시대 때 제작된 지도에는 이런 시설들이 표시돼 있지 않았다. 설령 표시됐다 하더라도 다른 이름이나 설명이 붙어 있었다. 다른 전체주의 체제들처럼 스탈린주의 역시 부분적으로 공포감이나 누군가가 감시하고 있다는 생각을 사회 전체에 퍼뜨림으로써 체제를 유지했다. 느낄 수는 있지만 볼 수도, 또 위치를 특징할 수도 없는 체제였던 것이다. 마찬가지로 강제 수용소는 분명히 존재했지만 그 위치나 규모를 알고 있는 사람은 거의 없었다. 공포는 불가지성에서, 즉 독재자의 자의적 권력이 갖는 불가해하고, 한계가 정해지지 않은 특성에서 비롯된다. 독재 국가는 반체제 행위를 파악·통제하기 위해 반대 세력들을 찾아내야 할 필요가 있다. 그러나 스스로는 포괄적이고 단일한 힘으로 이해되길 바랄 뿐 공간적으로 한계가 정해지거나 이해되는 것을 원하지는 않는다. 이 지도책에는 동유럽의 오염 실태를 다룬 지도도 같이 실려 있다. 생산의 확대에만 매달리느라 공산주의 아래서는 오염이 심했다는 설명이 함께 붙어 있는 이 지도 역시 공산당이 통치하던 기간 중 만연했던 '침묵'에 관해 중요한 것을 말해 주고 있다.[2] 그러나 여기에서도 독자의 역할이 중요하다. 스탈린주의를 다룬 지도에 노동 수용소나 강제 수용소가 표시돼 있다면 이 지도는 스탈린주의의 특성을 보여주

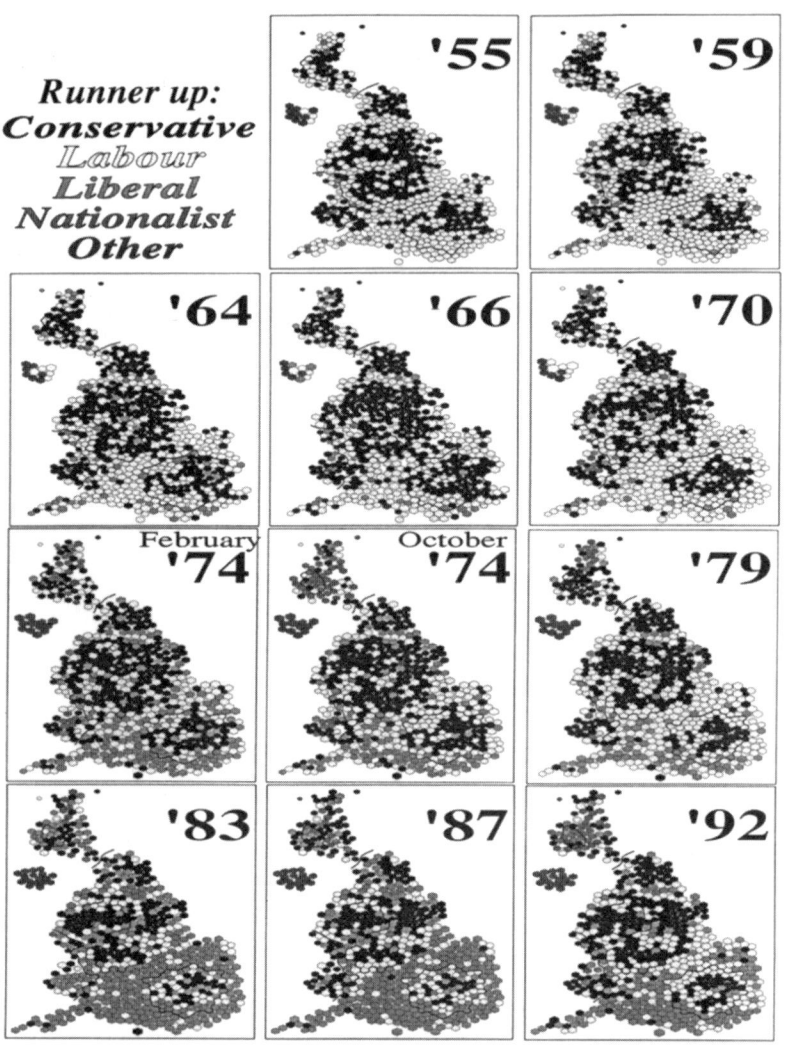

그림 36 대니얼 돌링이 제작한 『영국 신 사회아틀라스』 중에서. 연속 등인구 통계지도를 이용해 최근의 영국 선거 결과 추이를 보여주고 있다. 선거 결과를 보여주는 데는 이런 등인구 지도들이 정적 지도들보다 훨씬 효율적이다.

는 것으로 생각할 수 있으며, 공산주의적 통치 일반을 특징짓는 것으로도 확대 해석할 수 있는데, 이것은 편집자들이 의도했던 결론이 아닐 수

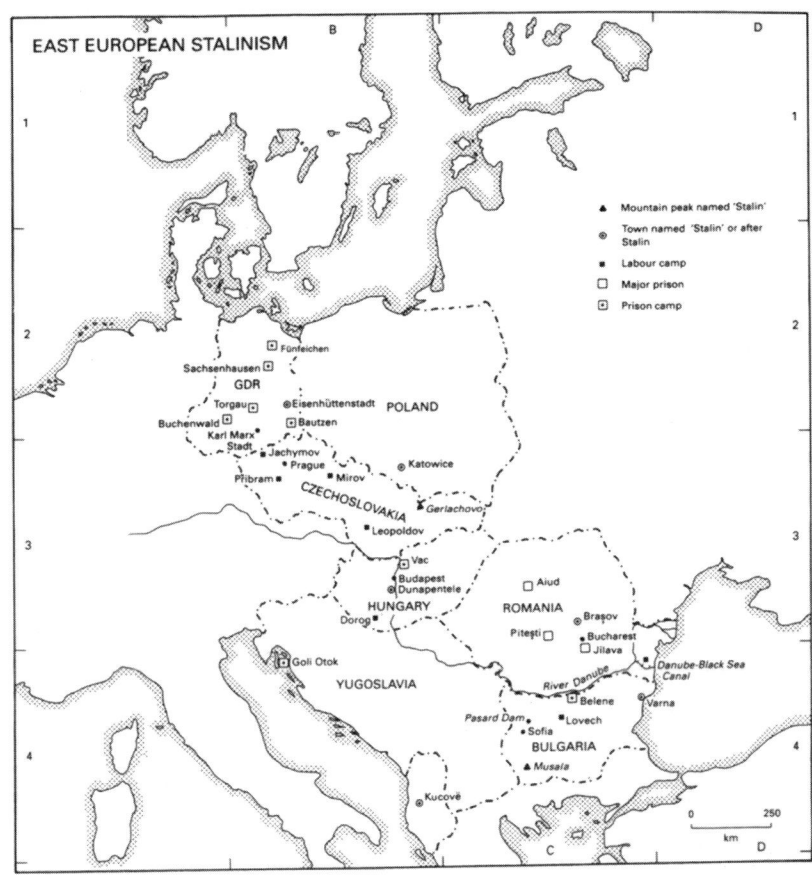

그림 37 리처드 크램턴과 벤 크램턴이 제작한 『20세기 동유럽 아틀라스』(1996) 중에서 〈동유럽 스탈린주의〉. 스탈린 체제 아래서 권력이 얼마나 억압적이었는지를 환기시켜주는 동시에, 당시 동유럽 국가들의 영토 주권은 사실상 허울뿐이었다는 점도 드러내주고 있다.

도 있다. 동유럽 공산주의 혹은 공산주의 일반의 전체상과 환경오염 문제를 어떻게 적절히 연결지을 것인가는 독자들에게 남겨진 몫이다.

4장 정치의 지도화 163

공상 세계

분석과 표현의 유형학과는 별도로, 정치를 지도화하는 데 따르는 문제는 국제정치와 국내정치의 차원에서 접근할 수 있다. 즉 국가가 단위가 되는 국제정치나, 국가 안의 지역들이 단위가 되는 국내정치 같은 상위 체계를 지도화할 때 생겨나는 문제와, 이 체계들을 구성하는 각 단위 내부의, 그리고 이 단위들 사이의 역학 관계를 지도화할 때 발생하는 문제를 구별할 수 있다. 각각의 문제들은 다면적이며, 규모 역시 다양하다. 이런 문제들은 반드시 현실 사회의 정치를 지도화하는 경우에만 국한되는 것은 아니다. 바셋셔(Barsetshire)나 중간 대륙, 또는 롱 존 실버(Long John Silver)의 세계, 위니 더 푸(Winnie the Pooh)나 토드홀(Toad Hall)의 토드가 사는 곳 같은 공상의 세계나 종(種)[3]의 경우 현실 세계에서 부딪치는 정치나 문제들 따위를 고려하지 않고, 또 이해 당사자들의 불만을 사지 않고서도 지도를 만드는 것이 가능하다. 이런 세계들은 여기에 대해 아무것도 알지 못하는 독자들을 위해 창조돼야만 한다. 독자들이 이런 세계의 공간이나 공간끼리의 관계에 대해 알고 있다고 가정할 수 없기 때문에 '현실' 세계를 중심으로 펼쳐지는 이야기들에서보다 훨씬 더 일목요연하게 그 공간을 보여주어야만 하는 것이다. 그렇지만 이런 상황들 안에 존재하는 권력의 성격과 역할을 포착하는 데는 여전히 중요한 문제가 따른다는 점 역시 분명하다. 톨킨(J. R. R. Tolkien)이 쓴 『반지의 제왕』(런던, 1954~1955)에는 중간 대륙의 지도가 실려 있다. 이 지도는 나중에 더 큰 판형의 채색 지도로 따로 출판되기도 했는데, 이 지도에서는 작가의 이야기 전개에서 중요한 주제들인 지혜로움과 사학함, 선과 악을 체현하고 있는 세력들이 장악하고 있는 공간을 현실감 있게 보여주지 못하고 있다. 모두가 차지하려고 싸우는 절대반지는 공간을 초월하며, 지도로는 표현이나 설명이 불가능하다. 이 반지의 잠재력은 책 서두에 실린 시를 통해 표현되고 있다.

> ······ 모든 반지를 지배할, 모든 반지를 찾아 낼 절대반지,
> 모든 반지를 모아 어둠의 힘으로 결합시킬 절대반지
> 암흑이 도사리고 있는 모르도르에서

사악한 사우론의 힘과 야욕은 지도에 운명의 산이나 암흑의 탑을 표시하는 것만으로는 제대로 보여줄 수 없다. 모르도르는 이런 장소들과 마찬가지로 공상의 공간이기 때문이다. 대신 사우론의 힘은 책의 절정부에서 그 모습을 완전히 드러내고 있다.

> 사우론의 눈은 모든 어둠을 꿰뚫으며 평원을 응시하고 있었다. 그의 명령을 받은 반지의 유령들, 곧 나즈굴은 찢어지는 듯한 소리를 내며 바람보다도 빠르게 절박한 마지막 비상을 하고 있었다. 반지의 유령들은 맹렬하게 날갯짓을 하며 남쪽의 운명의 산을 향해 돌진하고 있었다.

이런 내용을 과연 지도로 표현할 수 있을까.

톨킨은 반지 원정대 등의 이동 경로 따위를 분명히 보여주는 지도를 싣기는 했지만, 그것들이 갖는 의미는 제시하지 않았다. 사실 이런 측면에서는 지도보다는 소설의 내용이 훨씬 많은 설명을 제공하고 있다. 톨킨의 또 다른 소설 『호빗』(런던, 1937) 역시 선과 악의 대결을 그리고 있지만, 여기에 실린 지도의 경우에는 문제가 조금 덜하다고 할 수 있다. 그것은 이 책이 반지의 제왕보다는 한결 순화된 내용을 다루고 있으며, 마법이나 초자연적인 현상들이 적게 등장하기 때문이다. 게다가 이 책

에 등장하는 정치는 지도로 묘사된 여정을 따라가면서 겪게 되는 모험들을 통해 표현되고 있다. 「출애굽기」에서 『오디세이』, 그리고 좀 더 최근의 것인 『2001년 스페이스 오디세이』에 이르기까지, 여행은 서사시에서 핵심적인 자리를 차지하고 있다. 서사시에 등장하는 공간상의 이동에는 물리적 차원뿐만 아니라 정신적 차원까지 내포돼 있으며, 사실 구체적인 모험들은 부분적으로는 정신적인 도전이나 갈등으로 이해해야 한다. 그러나 지도들은 구체적인 여정을 묘사할 때는 중요하지만, 여정을 설명하는 데는 별로 쓸모가 없다.

지도가 공상 세계의 정치를 충분히 포착하지 못하는, 더 규모가 작고 가정적 분위기를 띤 예로는, 케네스 그레이엄(Kenneth Graham)의 『버드나무에 부는 바람』(런던, 1994) 하퍼콜린스판을 꼽을 수 있다. 이 책의 면지에 인쇄된 풍경화 같은 지도들 역시 와일드우드(Wild Wood)에 도사리고 있는 위협을 제대로 전달하지 못하고 있다. 본문에서 "어느 남쪽 바다에 있는 암초처럼 음험하고 위협적"이라고 표현하고 있는 것과는 딴판으로 지도에 묘사된 와일드우드는 그저 잎이 무성한, 그리고 토드홀 근처의 숲보다 이렇다 하게 더 사악해 보이지 않는 평범한 숲일 뿐이다. 더욱이 이 지도에 채용된 명명법은 오해를 부르기 십상이다. 지도가 묘사하는 풍경에는 토드홀이나 두더지 모울의 굴(Mole End), 물쥐 래트의 집(Rat's House), 오터의 집(Otter's House) 등이 있으며, 와일드우드의 경우에는 오소리 배저의 집(Badger's House)만 표시돼 있다. 와일드우드에 사는 대단히 다양한 거주자들, 예를 들면 족제비 따위에 관한 언급은 찾아볼 수 없다. 결과적으로 지도는 본문과는 아주 다른 인상을 주고 있는 것이다. 본문에서는 갈등이 중요한 역할을 하고 있으며, 배저를 제외하면 와일드우드와 이곳의 거주자들은 나머지 세계에 위협이 되는 '타자'로 묘사되고 있다. 그러나 지도에서는 전혀 이런 인상을 받을 수 없

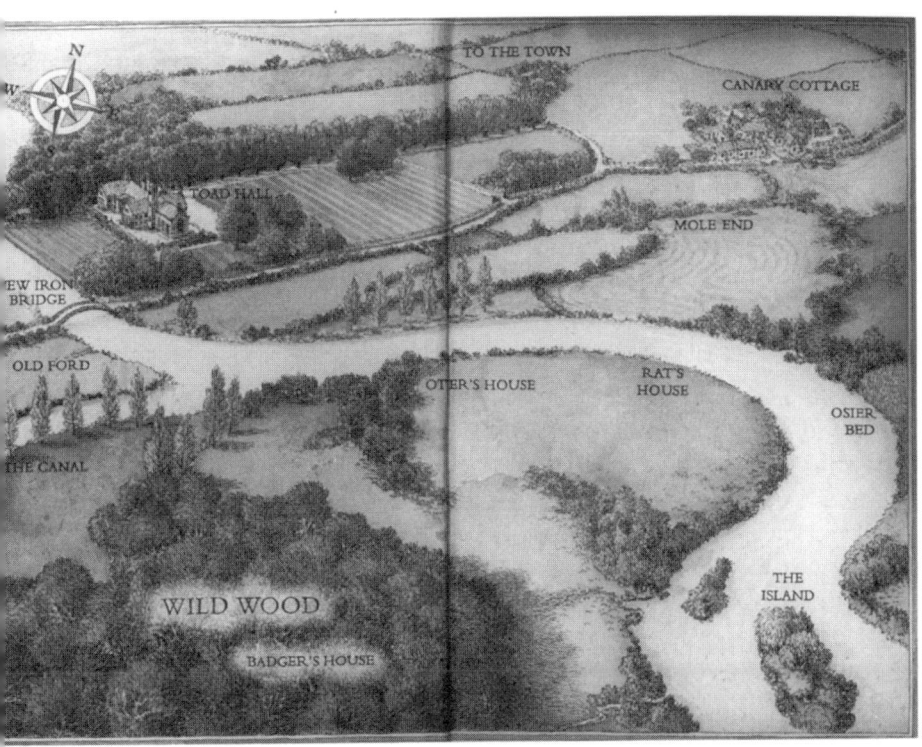

그림 38 『버드나무에 부는 바람』(1994)의 세계. 이 지도는 와일드우드에 도사리고 있는 위협을 무시함으로써 단순히 눈길을 끄는 삽화에 머물고 있다.

다. 사실 이 지도는 부수적일 뿐 줄거리를 설명하는 데 꼭 필요한 것이 아니었다. 대신 이 지도는 표지에 사용하는 사진처럼 눈길을 끄는 일러스트레이션의 역할을 하고 있다. 실제로 이 책의 표지에는 래트와 모울의 그림이 실려 있는데, 이들 대신 족제비를 등장시켜 책을 팔아보려고 할 사람은 없을 것이다.

다른 공상의 세계들은 한결 더 강력하다. 종교적 세계들의 지도화, 그러니까 여러 종교들의 신화나 우주론, 현세관 따위의 지도화는 과거와 현재를 가리지 않고 권력의 표현과 투영이 이루어지는 장이었다고 할 수 있다. 이렇게 해서 생겨난 지도는 과거와 현재가 모두 하나의 목적과 결부돼 있음을 보여주고 있다. 종교와 관련된 장소들과 여기에 이르는 길들은 종교의 힘을 보여주고 있으며, 신적 개입의 기록으로서 이들 풍경이 수행하는 역할에 대해서도 증언하고 있다. 결국 시간을 초월하는 목적을 보여주고 있는 것이다.

서구에서는, 특히 성서의 기술이 비판에 직면했을 때 성서 세계의 지도화를 통해 성서가 정확하다는 주장을 뒷받침해 왔다. 이런 지도 제작의 사례는 성서의 내용을 과학적으로 증명하는 것이 중요하다는 견해가 퍼져 있던 19세기에 많이 나타났다. 비록 천국과 지옥의 위치를 지도에서 보여줄 수는 없었지만, 성서에 언급된 장소들이 실제로 존재했음을 보여주기 위해서는 지도상에 위치를 특정할 필요가 있었다. 셜록 홈즈가 주인공인 코넌 도일의 단편 「프랜시스 카팩스 부인의 실종」에도 이에 대한 언급이 있다. 이 단편에는 남미 출신의 경건한 선교사로 알려진 슐레신저 박사라는 인물이 등장하는데, 그는 "집필 중인 자신의 논문에 수록하기 위해 미디안(Midianites) 왕국을 중심으로 한 성지의 지도를 만들고 있었다." 이 덕에 그는 프랜시스 부인과 왓슨 박사를 속일 수 있었는데, 사실 그는 오스트레일리아 출신의 헨리 피터스라는 악당이었다.

그러나 성서 세계의 지도화는 신학을 이해하는 데 거의 도움을 주지 못했다. 어떤 것이든 신적 개입에 관한 이야기에서 중요한 무대가 되는 세계들 사이에는 상호 침투가 일어나게 된다. 이것은 현대 지도학이 작동하는 관습상의 지적, 문화적 경계들을 파괴한다는 점에서 문제를 낳게 된다. 또 현세의 시공간의 경계를 초월하는 아우구스티누스의 '신의 나라와 인간의 나라'(Cities of God and Man)라는 개념 역시 기존의 지도 제작 기법으로는 표현할 방법이 없다. 그러나 이런 종류의 공간 이해를 무시하는 것은 보통 신앙고백적 관점에서만 제시되는 삶의 종교적 차원을 다룬 지도들이 가지고 있는 가치를 폄하하는 것이기도 하고, 신의 명령은 이 땅 위에서, 그리고 삶의 모든 영역을 통해 실현돼야만 한다는 따위의 주장들에서 볼 수 있는 것처럼 정치에서 종교적 의식이 갖는 힘을 과소평가하는 것이기도 하다. 결국 아랍과 미국의 근본주의자들의 공간 감각은 다르지만, 지구와 천국, 지옥의 경계를 파괴하며 이들의 현실 정치 이해에 지대한 영향을 미치는 공간 이해는 공유하고 있는 셈이다.

생략의 정치성

생략은 정치의 지도화에 따르는 문제들 중에서도 핵심적인 부분을 차지한다. 그러나 생략은 지도에서 보이지 않는 것 또는 보여줄 수 없는 것과만 관련돼 있지는 않다. 생략은 지도에 보여주고 있는 것과도 관련을 맺고 있기 때문이다. 지도는 (공간적으로나, 또 부문에 따라) 개괄하며, 추상화하고, 과장하며, 단순화하고, 분류하는데, 이들 모두는 잘못된 이해를 부추긴다.[4] 그러나 진실은 단순히 더 복잡하기만 한 것이 아니라, 복잡함이 곧 진실이기도 하다. 분석적 이유에서는 물론 교육적 이유에서도, 지도들이 불확실성을 전달하지 못하는 보편적인 현상은 심각한 문제가 아닐 수 없다. 지도를 분석하는 쪽에서는 자료에서 빠진 부분이나 자료의 문제점들을[5] 분명히 밝혀 줄 것을 요구하고 있지만, 지도 제작자들은 그러지 않아야 할 이유가 없는데도 이런 식의 접근법을 채용하지 않는 경향이 있다. 불확실성을 드러내고 이를 강조하기 위해서는 그래픽을 흐릿하게 사용하거나[6] 색의 농담을 달리하는 방법을 선택할 수 있다.

생략의 문제는 20세기의 마지막 25년 사이에 더욱 심각해졌다. 뛰어난 기능을 가진 지도 제작 소프트웨어의 보급으로 지도에 대한 진지한 관심이나 지식이 거의 없는 사람들도 자신들의 주장을 뒷받침할 목적으로 지도를 제작할 수 있게 됐기 때문이다. 그리고 이들은 자기들의 자료를 표시하는 데 따르는 문제점들이나 그 자료에서 무엇이 빠져 있는지 따위를 보통은 모르고 있다. 더욱이 이렇게 현실 참여적 성격을 띤 지도학에서는 지도 제작상의 문제들이 거론되는 것을 피하기 위해 '현실 세계'의 '문제들'은 지도와는 분리해 정의하려는 경향을 보이고 있다. 또 디자인 계통의 지도에서도 이런 문제점들을 무시하고 있다. 이것은 지도책의 제작이나 편집을 디자이너들에게 맡기고, 또 광고와 같은 다른 형식에 지도를 사용해서 생긴 당연한 결과라고 할 수 있다.

일반적인 정치지도들은 객관적인 것처럼, 다시 말하면 확실한 자료들을 지도화한 것처럼 보인다. 선거학에서 사용하는 지도들은 표의 분포, 그러니까 한정된 기간 동안 한정된 선택의 수를 앞에 놓고 한정된 사람들이 내린 결정을 보여주고 있는 것이다. 그러나 선거학 지도는 분석의 도구로 채용된 것으로, 예를 들어 투표 성향과 사회·경제적 구조를 연결지어 설명하려는 시도인 셈이다. 따라서 선거학 지도는 특정 주제를 다루는 지도에 관한 일반적 진실을 보여주고 있다. 즉 주제별 지도는 지도에 표현된 가설과 지도화 자체에 깔려 있는 가설, 이 두 가지 가설의 공간적 분포를 제시하고 있을 뿐이라는 점을 보여주고 있는 것이다.

지도화와 관련된 위험들 중 상당수(이들 중 대부분은 부정확한 정보 제시로 귀결된다)는 일반적인 분류 및 수량화 과정에도 수반된다. 선거학에서 사용하는 지도들이 안고 있는 문제들은 그래픽은 전혀 없는 통계표에만 전적으로 의존하고 있는 선거 연구에도 그대로 적용될 것이다. 스코틀랜드의 하일랜드와 로랜드 사이의 정치 성향 차이를 다룬 경우에서처럼, 인구밀도에서 대단히 큰 차이를 보이는 지역들을 놓고 단순히 특정 정당에 대한 지역별 지지율만을 보여주는 코로플레스(choropleth) 지도가 독자들에게 잘못된 인상을 주고 있는 것은 이런 문제들의 단적인 예라고 할 수 있다. 여기서는 지도 제작 기술보다는 비율이 문제가 된다고 할 수 있다. 통계표에서는 같은 백분율 수치라도 집단의 절대수가 작을 경우에는 큰 집단에서보다 작은 수를 '의미' 하기 때문이다.

그러나 이 지도는 백분율표 외에도 또 다른 문제점 한 가지를 안고 있는데, 그것은 이 지도가 의태(擬態)의 요소를 표현하고 있기 때문에 생기는 것이다. 가령 9라는 숫자가 1이라는 숫자보다 9배가 더 크거나 9배 강한 색을 띠고 있지는 않은 것이다. 그런데도 지도상에서는 이런 배율이 그대로 적용되는 경우가 종종 있다. 그러나 설사 그렇다 하더라도 이것은 지도 일반의 문제가 아니라 특정 종류의 지도, 즉 코로플레스 지도가 안고 있는 문제이다. 정치적 지지 성향을 파이그래프로 표현해 지도상의 적당한 자리에 배치한다면 비율 해석에서 생겨나는 오해는 사라질 것이다. 그러나 경합 지역들에서 파이그래프가 중복되는 일 따위의 다른 문제들은 여전히 계속될 수도 있다.

선거

정치에서는 추측이 전부라고 할 수 있다. 즉 이해관계나 가치관에 대한 인식이 무엇보다 중요하다. 따라서 정치를 지도화할 때도 긴장이 있을 수밖에 없다. 여기서는 결과들, 대개는 선거의 결과를 지도화할 수 있으며, 또 실제로 지도화하고 있다. 그러나 이런 결과, 즉 특정한 날에 역시 구체적으로 특정된 장소에서 개인들이 내린 결정을 집계한 결과는 정치 역학에 대해, 좀 더 구체적으로는 사람들이 투표하는 이유 따위를 밝히는 데 지침 정도의 역할을 할 뿐이다.

바로 여기서 두 가지 문제가 떠오른다. 선거 정치를 강조하다 보면 전국적 범위, 구체적으로는 제도 정치권인 공식 정당들의 활동 범위를 가장 중요하게 취급하게 된다. 그리고 대중들의 정치 활동은 무시되거나 최소화되고, 정당 정치의 한 측면으로만 치부되고 만다. 이것은 사실을 제대로 전달하는 것은 아니지만 이해할 수 있는 일이기는 하다. 대중들의 정치활동은 분석과 지도화가 조금 더 어렵기 때문이다.

두 번째로 설명이 가능하다손 치더라도 지도로 제시할 수 있는 투표 행위에 대한 설명은 제한적일 수밖에 없다. 당연하지만 지역을 중심으로 설명을 하는 방식이 있을 수 있다. 가령 영국에서 노동당에 투표한 사람들이 북쪽에 집중돼 있다면 노동당은 북부의 정당이 되는 것이다. 이것이 지역을 중심으로 한 지도화 방식이 정치를 설명하는 한 예라고 할 수 있다. 일반적으로 정당에 대한 지지는 사회·경제적 차이와 함께 지도화할 수 있다. 그러나 지역별, 분야별 차이를 보여주는 증거들이 실제로는 한 정치 운동이 전국적으로 비교적 고르게 갖고 있는 호소력을 함축하는 것일 수도 있다. 또는 지역간의 정치적 차이는 종교처럼 사회·경제적 차이와는 상관이 없는 요소들과 관련이 있을 수도 있으며, 혹은 사회·경제적 차이와 관련이 있다 하더라도 종속적인 관계는 아닐 수도 있다. 이것은 사회·경제적 데이터보다는 정치 행위의 지도화와 관련해 문제를 제기하는 셈이며, 정치 행위의 자율성에 대한 강조와도 관련을 갖고 있다. 그리고 선거 전략의 지도화와 지도 이해에 끼어드는 문제들을 보여주는 것이기도 하다. 예를 들어 독일 기독교민주당이 가톨릭 신자들보다는 개신교도들 사이에 더 많은 지지를 받고 있다는 점을 보여주기 위해 정당 지지도와 종교적 차이를 함께 지도화할 경우 종교가 사람들의 정체성이나 이해관계를 보여주는 중요한 특징인지 아니면 종교를 최소한 부분적으로라도 이런 관점에서 이해해야 하는지를 둘러싸고 의문이 생길 수 있는 것이다.

선거지리학 연구들은 특정한 한 가지 기준의 표현이 아닌 다양한 성격을 가진 구체적인 환경으로서 장소의 역할을 밝혀 왔다. 이런 다면적인 상황은 지도학이 식면한 표현과 분석상의 문제들을 보여주고 있다. 더욱이 역사적으로 형성된 특정 지역에 대한 애착이나 한 지역의 집단적 기억들은 과거나 지금이나 고정불변의 것이 아니다. 이런 것들은 상황에 따라 변하기 마련인 것이다. 물론 지도화가 간단한 것은 아니지만 선거구의 복잡한 양상을 보여주기 위해 선거 경향이나 지리적 집단들을 밝혀낼 수는 있다.

선거 정치의 지도화에서는 지역들의 현황을 중심적으로 다루고 있다. 비록 인구분포를 적절히 반영하는 데 따르는 어려움 등은 지도 일반이 안고 있는 문제점이기도 하지만, 어쨌든 지역에 초점을 맞추는 것에는 문제가 있을 수밖에 없다. 가령 오스트레일리아 태즈메이니아(Tasmania) 주에서 노동당이 여러 차례의 선거에서 압도적 우위를 보인 것 같은 인상을 받게 되는 것은 자유당이 인구밀도가 높은 지역에서 강세를 보인 반면 노동당의 경우 면적은 넓지만 인구밀도는 낮은 지역들에서 많은 지지를 받았기 때문이다. 이런 지도들은 인구에 따라 조정될 수는 있지만 1992년 그리고 어느 정도는 1996년의 미국 대통령 선거를 비롯해 영국, 그 중에서도 스코틀랜드 의회 선거에서처럼 둘 이상의 후보나 정당이 경합을 벌였던 선거에서는 이런 지도들이 별 도움을 주지 못한다. 『웨일스 전역 아틀라스』에 포함된 20세기 정치에 관한 펼침 지도에서는 이런 문제들을 해결해 보려고 했다. 이 지도에 딸린 글은 다음과 같이 밝히고 있다.

일반적으로 지도들은 의회 내 정당별 의원수를 정리해 보여주고 있다. 그러나 이런 식의 접근은 정당들의 세력관계를 제대로 보여주지 못한다. 선거에서 경쟁을 벌였던 다른 정당들에 대한 지지도 역시 어느 지역에서 얼마나 많은 의석을 획득했느냐 못지않게 중요하기 때문이다. 더욱이 선거 결과를 곧이곧대로 지도에 표현할 경우 인구가 희박한 지역, 이를테면 농촌 지역의 의석수를 시각적으로 지나치게 부각시키는 결과를 낳게 된다. 여기서는 지도 e로 각 선거구의 물리적 면적비(比)는 그대로 유지하고, 선거구 사이의 경계선들로 원래대로 유지한 채, 웨일스의 선거구들은 도형화해서 선거 결과를 제시하기로 한다. 정당별 지지도는 같은 축척을 사용해 표시했다. 도형을 이용한 이 같은 재구성을 통해 남웨일스 지역의 상대적 중요성을 시각적으로 표현했으며, 각 정당의 상대적 지지율도 분명하게 나타낼 수 있었다. 여기에 사용된 축척은 1950년에서 1979년 사이에 있었던 10번의 선거에서 각 정당이 확보한 평균 득표율에 기초했다.

이 지도책의 말미에는 보수당, 노동당, 자유당의 지지율과 상대적 다수당을 각각 보여주는 네 점의 지도가 실려 있는데, 마지막 지도에는 의석별 경쟁도가 표시돼 있다. 여기에 실린 글들은 정치의 역동성은 지역적 관점만으로는 정화하게 설명할 수 없다는 점에 대해서도 경고하고 있다.

정치 지도자나 정치 이념에 따른 정치적 충성도는 계속 바뀌어 왔다. 이런 역사적 요인들은 근대 웨일스에 대한 정치사회학적 연구 성과들을 요약한 지도와 도표를 통해 제시된 그림에 꼭 필요한 보완 요소이다.[7]

인구밀도가 정당 지지율을 시각적으로 표현하는 데 미치는 영향과는 별도로 선거정치를 표현하는 데는 다른 문제들도 개입된다. 가령 선거제도상의 변화는 시간에 따른 변화 추이의 제시를 어렵게 만든다. 선거

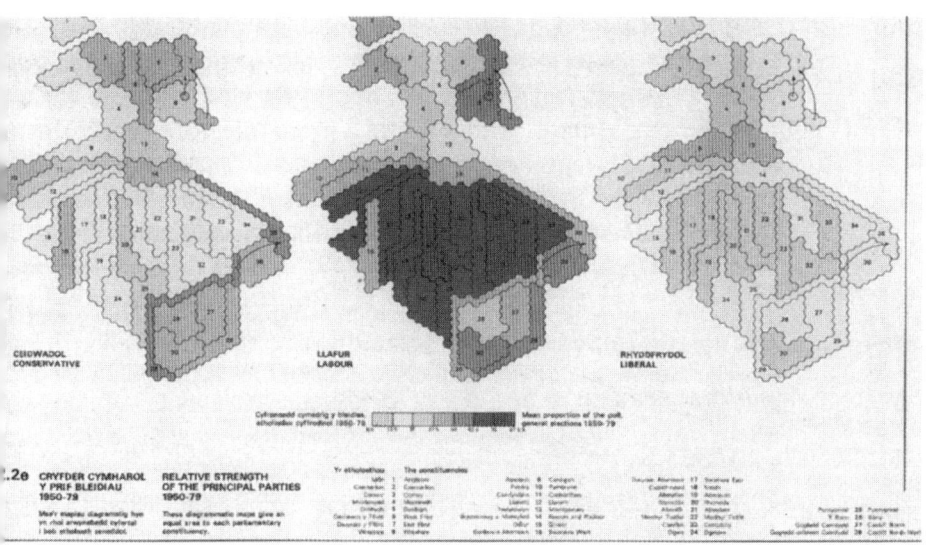

그림 39 해럴드 카터가 제작한 『웨일스 전역 아틀라스』(1989) 중에서. 1950년에서 1979년 사이의 선거에서 다수당을 차지한 정당들을 보여주는 지도. 이 지도는 정당들이 선거구를 놓고 경쟁하는 양상을 잘 보여주고 있다.

구의 경계[8]나 선거권, 정치운동의 명명 방식, 정당의 정체성 따위가 모두 바뀔 수 있다. 명명 방식의 변경은 특히 문제가 되는데, 특정 정치세력에 대한 과거의 지지율을 취합해 보여주기가 어려워지기 때문이다. 인도의 경우처럼 정당에 대한 충성도나 정당 조직이 취약하고, 정치적 입장을 수시로 바꾸는 정치집단이나 무소속 정치인들이 많은 경우에는 선거 결과를 일관성 있게 제시하기가 까다롭다. 더욱이 후보가 자신의 선거구에서 밝힌 정치적 입장과 중앙 정치 무대에서 보여주는 행동은, 특히 그가 제휴하는 정치 집단의 측면에서는, 다를 수 있다. 또한 정부나 그 반대 세력에 대한 지지가 반드시 집권당이나 야당에 대한 지지를 의미하는 것은 아닐 수도 있다.

또 연립정부가 중요한 정부 형태인 정치 체제에서는 중요한 정치 노선상의 차이가 단순히 '우파'냐 '좌파'냐가 아니라 다른 기준으로 결정

4장 정치의 지도화 **175**

된다. 따라서 독일에서처럼 연립정부를 구성하고 있는 정치 세력들 사이에 심각한 긴장이 존재할 수도 있다. 선거에서 치열한 경합을 벌이는 것 역시 정치 세력들을 두 진영으로만 갈랐을 경우 같은 진영에 속하거나 같이 지도화할 수 있는 정당들에서 낸 후보들일 수 있다. 실제로 프랑스에서는 공산당과 사회당 간의 대결·대립이 오랫동안 정치에서 중요한 역할을 수행해 왔다. 그리고 미테랑 대통령은 극우 국민전선을 (내부적으로도 분열돼 있었던) 전통적인 '우파' 정당들에 더욱 위협적인 정치 세력으로 만들기 위해 선거제도를 의도적으로 변경하기도 했다.

선거는 지도화할 수 있는 물리적 장소, 즉 선거구를 중심으로 진행되지만, 이 장소는 중요한 사건들이나 '총' 선거의 성격에 비해서는 부수적일 따름이다. 투표 패턴에 대한 깊이 있는 분석이 지도책들을 통해 제시되는 경우는 대단히 드물다. 정치적 캠페인 역시 지도책들에서는 일반적으로 무시돼 온 또 다른 분야라고 할 수 있다.[9]

선거를 계기로 지도가 출판되기도 하는데, 대부분 분석적인 목적에서가 아니라 당파적 견해를 개진하기 위해서라고 할 수 있다. 이 경우 지도는 정치적 프로파간다의 한 측면으로 이용되는 것이다. 그러나 이런 경우에도 캐리커처보다는 훨씬 품격 있게 취급되는데, 지도는 객관적 매체라는 공감대가 형성돼 있기 때문이다. 1884년 랜드 맥널리(Rand McNally)가 미국 민주당을 위해 출판한 지도가 여기에 해당하는데, 이 지도는 미국 철도 회사들에게 상당한 면적의 토지가 공여됐음을 보여주고 있다. 이 지도에는 다음과 같은 가시 돋친 설명이 붙어 있었다. "우리는 공유지가 …… 실질적 정착자들을 위한 농지로 유지돼야 한다고 믿는다."[10]

의회 내의 투표 역시 지도화가 가능하다. 그러나 선거와 마찬가지로 이것 역시 지도화를 통해서는 오직 일부만이 드러나는 복잡한 과정의 산물이다. 더욱이 국가적(그리고 지역적) 정책 결정에는 지도로는 쉽게 다룰 수 없는 차원이 있다. 이것은 제도화된 정치, 조금 더 구체적으로는 의회 정치를 의미한다. 특히 의회 정치는 중요한 의미를 갖는 물리적 특성을 갖고 있기는 하지만, 이를 지도화하기는 어렵다. 영국 하원 같은 경우에는 양당이 의회 양쪽으로 나뉘어 상대방 의원들을 마주보고 앉도록 돼 있는데, 이 같은 배치 자체가 얼마간의 내적 응집력을 가진 두 정치 세력 사이의 대결 또는 대립을 부추기는 측면이 있다. 또 프랑스혁명 기간 중에 지롱드파와 자코뱅파가 국민의회 안에서 따로 모여 있었던 것도 이들의 견해 차이를 두드러지게 만든 요인이 됐다.

한편 좌우의 구별이 없는 곳에서는, 가령 텍사스 주 상원처럼 모든 의원들이 일렬로 앉아 같은 방향을 바라보거나, 반원형으로 앉아 '중립적' 권위를 행사하는 의장을 바라보게 돼 있는 회의장은 이 같은 공간적 대립이나 두 진영의 대립에 기초해 다른 의원들의 주목을 받으려고 하는 행동을 반영하거나 강요하지 않는다. 정당 소속 관계나 정당 내의 서열 등에 위치감을 부여할 경우 의원 한 사람 한 사람의 이동 궤적 역시 지도화할 수 있기는 하지만, 이런 식으로 지도화할 수 있는 것들은 많지 않다. 예를 들어 정당의 결속력이 강해지거나 약해질 경우 영국 의회 같은 곳에서는 의회 운영에 결정적인 영향을 미칠 수 있다. 그러나 이런 변화는 그래프 따위로는 나타낼 수 있지만 지도화하는 것은 쉽지 않다.

정치 문화는 정치적 사건들보다 지도화하기가 한층 더 어렵다. 예를 들어 권력과 지식의 체제라는 측면에서 중앙과 지방의 관계를 개념화할 경우 이것을 지도로 나타내기는 어렵다.[11] 지식을 권력의 한 형태로, 또 권력을 지식의 한 형태로 취급하는 인식은 현대의 지도 제작과 그 환경에 상당한 영향을 미쳤을 뿐만 아니라 정치의 지도화를 어렵게 만들기도 했다. 그것은 이런 인식이 정치의 의제를 확장시킬 뿐만 아니라 정치를 언어나 다른 문화적 관습들과도 결부시키기 때문이다. 정치의 언어는 정체성이나 포함, 배제, 역할 따위의 개념들과 관계를 맺고 있다. 이런 개념들은 정치의 언어에서는 공간적 차원을 획득하게 되는데, 이 공간은 '우리 북부 주민들은 이렇게 생각한다거나 이러저러한 것이 필요하다'고 말할 때처럼 지리적인 것일 수도 있고, 특정 사회 집단과 관련해 정책을 수립하거나 정치적으로 사회 집단을 만들어내려고 할 때처럼 사회적인 것일 수도 있다. 또 이런 개념들은 좀 더 광범위한 잠재적 유권자들에게 호소하기 위해 동원될 수도 있다. 그러나 이런 수사들은 정확성을 갖지 못하는 데다가, 지리적인 구체성을 띠지 않았을 때만 제대로 작동한다는 문제가 있다. 정치인들은 자신들이 겨냥하고 있는 이익집단을 가능한 한 광범위하게 잡으려고 하기 때문이다. 민주주의 사회에서 대부분의 정치인들로서는 지지층의 범위를 넓히는 것은 물론 이들의 충성도도 높여야 할 필요가 있는 것이다.

정치는 또한 부분적으로는 공포나 불안을 유발하는 풍경, 즉 그것이 실재하는 것이든 외견상의 것이든 어떤 지역에는 위험이 도사리고 있다는 식의 공간 이해에 기댈 수도 있다. 이런 위험들은 지도로 잡아내기가 쉽지 않지만, 공포와 불안 따위의 인식 자체는 여전히 중요하다. 범죄의 예를 들어 보면, 범죄 통계는 대체로 불완전할 수밖에 없다. 그것은 범죄 통계가 범죄의 지리적, 사회적 맥락에 대해 제한적인 정보만을 제공할 뿐이기 때문이다. 이를테면 한 지역의 주민들이 우범 지대에 대해 품고 있는 생각들,[12] 다시 말하면 우범 지대와 그 경계에 관한 대단히 미묘한 공간 인식 같은 것을 제대로 잡아내지 못하고 있기 때문이다. 정치를 이해하려면, 물론 꼭 그런 것은 아니지만 특히 지방정치를 이해하려면 이런 불안감들에 대해서도 인식하고 있어야 한다.

지정학

지정학이라고 하면 보통 국제관계의 한 측면이라는 관점에서 접근하지만, 지정학이 국내 정치에도 적용되어서는 안 될 이유는 없다.[13] '지정학'(geopolitik)에 대한 공통적 정의는 없지만 지정학이 나치 독일에서, 나치 독일에 의해 형성된 만큼[14] 지정학의 이데올로기가 국제적 대립을 전제로 하는 것은 분명하다. 1930년대 말과 1940년대 초에 『중부 유럽의 독일 생활권 아틀라스』가 잇따라 출판된 것도 이런 맥락에서 이해할 수 있다.

지정학은 프리드리히 라첼(Friedrich Ratzel, 1844~1904)이 이론을 구축할 때부터 현실주의적 국제관계 이론과 국가지리학에 기초를 두고 있었다. 지정학은 국가간의 대립을 설명하는 하나의 학문으로 제시됐으며, 여기에서 공간의 영토화는 상충하는 정치적 요구들의 표현이자, 이 상충하는 요구들이 낳은 긴장 관계의 한 가운데 놓여 있는 문제로 이해되고 있었다. 해퍼드 매킨더(Halford Mackinder, 1861~1947)의 경우에는 1907년 지도를 이용해 유라시아 핵심지라는 개념을 발전시켰다. 그가 말하는 핵심지란 해상에서는 공격할 수 없으며, 이곳을 장악할 경우 유럽 전역을 지배할 수 있는 지역을 가리키고 있었다. 그의 이론은 도전과 위협의 지도학이었으며, 여기서 지도학은 대립의 표현 그 자체였다. 지정학이나 지정학자라는 말을 싫어했지만, 그는 지리학적 주제들에 대해 많은 저술을 남겼으며 영국의 대표적인 지정학자로 알려져 있다.

그러나 새로운 지리학적 관점이 등장하고, 국제정치 상황이 바뀌면서 매킨더의 이론은 비판에 직면하게 된다. 1904년 1월 25일 런던에서 열린 왕립지리학협회 회의에서 매킨더는 「역사의 지리적 중심축」이라는 제목의 논문을 발표하고 자신의 이론을 설명했다. 그러나 스펜서 윌킨슨

THE NATURAL SEATS OF POWER.
Pivot area— wholly continental.　Outer crescent— wholly oceanic.　Inner crescent—partly continental, partly oceanic.

그림 40 『지오그래피컬 저널』(1904)에 실린 해퍼드 매킨더의 논문 「역사의 지리적 중심축」 중에서, 유라시아 핵심지의 지도. 매킨더는 유럽의 핵심지에는 '역사의 지리적 중심축'이 존재하는바, 이곳을 장악하면 다른 국가들을 위협할 수 있다고 주장했다. 그의 논문은 영국이 경계를 늦추지 말고, 독일이나 러시아가 '중심축'을 지배하는 사태를 총력을 기울여 막아야 한다는 외침이었다.

(Spencer Wilkinson)은 그가 메르카토르 투영법을 사용해 (유라시아 핵심지는 물론) 영국 제국의 크기를 과장했다고 비판했다. 이 자리에 함께 했던 레오 애머리(Leo Amery) 역시 지정학과 지리학은 매킨더가 강조한 철도 노선 따위가 아닌 공군력 같은 신기술에 의해 재구성돼야 한다고 주장했다.

이런 지리적 분포의 상당 부분은 그 중요성을 잃게 될 것이다. 그리고 최대의 산업 기반을 갖고 있는 나라들이 강대국으로 떠오를 것이다. 이 국가들이 대륙의 중심부에 있는지 섬나라인지는 상관이 없다. 산업상의 능력이나 발명과 과학의 힘을 갖고 있는 민족이라면 다른 모든 민족들을 패퇴시킬 수 있

기 때문이다.[15]

조금 더 일반적인 차원에서 보면, 지정학적 개념들이나 시도가 반드시 확장욕에 봉사하거나, 그 기원을 분석하는 데 사용되는 것은 아니다. 가령 주변 지역(rimland)이 유라시아 핵심지를 압도하고 있는 것으로 묘사하고 있는 『평화의 지리학』(뉴욕, 1944)에서처럼, 어떻게 혹은 어떻게 해야만 평화가 정착할 수 있는지를 설명하는 데 지정학이 사용될 수도 있다. 그러나 지정학 지도의 용도가 무엇이든, 국가적 이해관계나 세력관계, 위협 같은 요소들을 어떻게 가장 잘 표현할 수 있는지를 결정하는 데는 많은 문제가 따르는 것 또한 분명하다.

지정학적 지도는 상수(常數)가 아니었다. 지정학적 지도는 전략적 문제들이나 개념, 공간 인식, 지도학적 가설에 어느 정도는 민감하게 반응해 왔기 때문이다. 가령 미국 해군 사령관이자 해군학교 교수였던 앨프리드 세이어 머핸(Alfred Thayer Mahan, 1840~1914)이 19세기 말에 발표한 『제해력이 역사에 미친 영향, 1600~1783』 같은 저서에서 개진된 해양 지정학(geopolitics of navalism)에는 메르카토르 투영법의 특징 중 하나인 거대한 대양들이 그대로 반영돼 있다. 그리고 '냉전'은 새로운 지도학을 탄생시켰는데, 이 지도학은 미국 및 그 동맹국들과 소련 및 그 위성국가들 사이의 대립에 초점을 맞추고 있었으며, 세계의 다른 지역 역시 이런 관점에서 바라보는 것이 최선이며 자연스러운 것으로 인식되도록 만들었다. 이런 식의 접근 방법은 봉쇄와 대결이라는 개념으로 구체화됐으며, 투시법을 달리 할 경우 이 두 개념은 대단히 선명하게 부각됐다. 이를테면 두 진영의 대립은 극방위각(極方位角) 투영법을 채용한 극 중심의 지도들을 통해 제시됐다. 북극점을 중심으로 하고 있었기 때문에 이 투영법은 두 진영간의 최단거리를 보여주거나, 지도상에는 직선으로 표시될 수밖에 없었지만 극점을 통과하는 종곡선(縱曲線)들 상의 호(弧)를 이용해 두 진영 사이의 거리를 제시할 수 있었다.[16]

이 투영법은 비행체의 관점에서는 지표면의 지형보다는 최단거리가 훨씬 더 중요하다는 측면에서, 대륙간 탄도미사일이 국력의 과시에 결정적인 역할을 하던 냉전시대의 세계를 보여주는 데 적절했다고 할 수 있다. 이 지도는 대서양보다는 북극점을 경로로 삼았기 때문에 소련이 미국에 훨씬 가깝게 표시됐고, 따라서 미국에 대한 소련의 명백한 위협을 더욱 잘 드러내주고 있었다. 지도 제작 방식이 바뀐 결과 레닌그라드(상트페테르부르크)가 뉴욕에 더 근접하게 된 것이다.

지정학이 변해 온 과정에는 19세기 이래 강대국 사이의 현실적, 잠재적 충돌에서 드러났던 지구적 차원의 전략적 문제들이 반영돼 있다. 그리고 좀 더 일반적인 차원에서 보면 지정학은 1890년대 이래 대단히 강력한 영향을 미쳤던 환경결정론의 한 양상이라고도 할 수 있다. 지리학은 인간과 물리적 환경을 결합시키는 지적 과정에서 핵심적인 역할을 수행했으며, 지도는 이런 결합 관계를 설명하는 데 사용됐다. 따라서 공간의 영향력을 정치적인 관점에서 표현하는 지정학은 거대한 전체의 일부분이었을 뿐이다. 더욱이 환경결정론이라는 개념 자체는 물리적 환경과 지리적 관계들을 정치화하는 데 일조했는데, 환경결정론에 따르면 물리적 환경이나 지리적 관계들은 국가의 힘이나 정책에 직접적인 영향을 미치기 때문이다.

국내 정치의 측면에서 볼 경우, 지도 제작은 국가나 민족을 하나의 단위로 취급한다는 점에서, 즉 지도에서 핵심적인 역할을 하는 공간적 총체성을 창조 또는 반영하기 때문에 지정학적 성격을 띠고 있다고 할 수 있다. 더욱이 지도화 과정은 이런 공간적 총체성을 구성하는 단위들을 구분하고, 그 한계를 명확하게 해 준다. 곧 지역의 요구들을 구체화해 공간과 일치시키는 역할을 하고 있다. 그러나 각 지역들은 언제나 이보다 더 큰 단위인 국가의 정치적 범위를 넘어서지 못한다. 결국 지역은 국가와 관련돼서만 정의되고,[17] 국가는 단위의 총합이면서 이보다는 더 큰 무엇으로 강조된다. 그러나 역사적으로 볼 때 지역은 국가보다 더 중요한 관계를 형성해 왔고 국가 구성단위들의 표시 방법에서 비롯된 잠재적 단절감을 완화시켜 왔다. 지도는 지역들을 한 국가의 일부분으로 환원시켰고, 지역들이 갖는 특성은 사라지게 만들었다. 실제로는 지역의 특성을 국가 구성단위로서 자격을 갖고 있다는 정도로만 단순화시켜 버렸다. 지도는 과거와 현재를 막론하고 실제보다 통합적이고, 뚜렷이 구분되는 중앙집권화된 국가/민족의 이미지를 생산해 내고 있다. 이것은 국가를 형성하는 정치적 과정에 영향을 미쳤으며, 그것의 일부분이기도 했다. 국경의 유지는 국방과 함께 정부가 지도 제작을 지원했던 중요한 이유였다. 공간이 정부의 명령에 따라 재구성되기 위해 동질화되었던 것이다.[18]

또 한 국가의 구성단위들을 지도화한다고 해도 권력의 행사나 그 과정에 대한 정보는 거의 제공할 수 없다. 한 국가 내 권력의 집중이나 분산 따위를 보여주기는 어렵기 때문이다. 1990년대 영국을 예로 들면, 주 의회들의 경계를 표시하는 것은 가능했지만, 이런 지역 의회들에서 중앙정부로 권력이 넘어가는 과정을 지도화하는 것은 거의 불가능한 일이었다.

이데올로기

서로 다른 정치문화는 학문 연구와 소개에서도 다른 의제를 강제하거나 최소한 자극하기 마련이다. 이것은 '객관적'인 것으로 인식되는 사회과학의 다양한 분야들에서도 그렇거니와 지도학의 경우에도 그대로 적용된다. 이데올로기의 역할은 나치 독일처럼 국민들을 가르치려 들었던 전체주의 체제에서 가장 노골적으로 드러난다. 공산당 치하의 동독에서 그랬듯이 선의 분명한 사용이나 색채의 선택 같은 기술적 측면에서 봤을 때 지도 자체는 뛰어날 수 있지만, 지도 제작의 동기는 지도에서 다룰 주제의 선택이나 부수적인 지도들, 그리고 여기에 채용된 기호들에서 분명히 드러나는 것처럼 확실히 당파적이다.

1990년 모스크바에서 몽골어로 공산당이 출판한 『몽골 역사아틀라스』 역사편의 첫 지도는 1921년에서 1923년까지 진행된 '몽골 인민 혁명의 승리'를 다루고 있다. 이 지도에는 클라그(Khlagg) '해방'과 우르가(Urga, 울란바토르의 옛 이름) '해방'이라는 제목으로 우르가의 혁명조직들이 어떻게 구성되어 있었는지를 보여주는 삽입 지도도 포함돼 있었다. 그러나 몽골의 이전 역사가 혁명 이후의 역사와 관련돼 있다는 언급은 어디에서도 찾을 수 없었다. 17세기 말과 18세기 초 사이에 몽골인들은 광대한 지역에서 큰 세력을 형성했고, 칭기즈 칸이 세운 중세의 제국은 실로 엄청난 규모였다. 그러나 이런 역사를 다룬 지도는, 1990년의 상황이라면 바람직한 것으로 여겨졌을 관계와는 전혀 다른 식으로 몽골인들과 모스크바의 지배자들의 관계를 묘사하고 있었다. 그 결과 이 지도책은 '1939년 일본 군국주의자들에게 거둔 승리'나 '1945년 군국주의 일본의 패퇴에 참여한 몽골 인민공화국' 같은 지도들을 통해 현대 몽골이 소련의 주도 아래 겪었던 사건들만을 다뤘다.[19]

그러나 이데올로기는 다른 정치문화를 가진 곳에서도, 그리고 이런 곳에서 제작된 지도들에서도 분명하게 모습을 드러냈으며, 또 드러내고 있다. 이 점은 할리와 우드가 서구의 지도 제작을 비판하면서, 조금 더 구체적으로는 서구 제국주의와 근대 미국의 자유주의적 자본주의를 각

각 비판하면서 강력하게 주장했던 것이기도 하거니와, 세계지도라는 개념을 고려해 봄으로써 더욱 확장될 수도 있다. 세계지도를 제작한다는 것은 한 민족 또는 국가가 더 넓은 외부 세계와 맺고 있는 관계에 관해 자신의 주장을 제시하는 것과 같다. 세계지도의 제작은, 다른 요인들도 있겠지만 주로 상업적 관심이나 제국주의적 야욕, 지정학적 관심, 또는 인종 의식 등과 관련돼 있을 수 있다. 가령 미-스페인전쟁과 두 차례의 세계대전을 거치면서 미국 내 대학 및 각급 학교의 지리교육과 일반용 지도 제작 과정에서 세계에 대한 관심은 물론, 미국이 나머지 세계와 맺고 있는 관계들에 대한 관심이 커졌던 것도 이런 맥락에서 바라볼 수 있다. 세계의 다른 지역에 대한 미국의 개입이 확대되면서 제국주의적, 상업적 그리고 지정학적 이유들이 생겨났던 것이다.[20]

그렇지만 지도화 과정에 대한 직접적인 정치적 통제는 여전히 '제1세계'의 경우가 전체주의적 국가들에서보나는 약한 편이다. 후자의 지역들에서는 상업적 이해관계보다는 정치적 감독이 더 중요한 역할을 하고 있는 것이다. 예를 들어, 소련이 건재하던 시절에는 『아르메니아 아틀라스』와 『아르메니아 백과사전』을 인쇄하기에 앞서 모스크바의 정치단체인 소비에트 과학아카데미의 최종 승인을 받아야만 했다.[21] 또한 에스토니아와 라트비아를 제외한 소련 전역에서 키릴 문자가 사용됐다.[22]

조금 더 일반적인 차원에서, 한 나라의 아틀라스는 이 국가가 자연적으로 형성됐다는 인식을 확산시킴으로써, 조금 더 직접적으로는 국가와 특정 정치 이데올로기를 결부시킴으로써 하나의 아이콘의 역할[23]을 수행한다. 민족주의 시대에 민족국가는 지도에 영향을 미치는 가장 중요한 이데올로기였다. 가령 핀란드 지리학협회는 1899년 핀란드 아틀라스를 출판했고, 러시아의 지배 아래 있던 1910년에는 증보판을 발행했다. 이것은 국가 정체성의 분명한 표현이었던 셈이다.

공간에 대한 민족주의적 인식은 지도적 관심의 배분에도 영향을 미쳤다. 즉 전세계를 그 대상으로 표방하고는 있었지만 지도책이나 지도 시리즈를 제작하면서 특정 지역의 지도화에 집중하도록 만들었던 것이다. 가령 랜드 맥널리의 『가정용 신 세계아틀라스』(시카고, 1885)의 경우에는 전체의 5분의 4에 이르는 공간을 미국에 할애했을 정도였다.[24] 이런 식의 강조는 과거에는 일반적이었으며, 이보다는 덜하지만 지금도 대부분의 세계 지도책에서 찾아볼 수 있는 현상이다. 이 같은 강조를 통해 세계의 국가들 나름의 중요성을 왜곡된 형태로 엿볼 수 있다. 또한 이런 식의 강조에는 이데올로기에 기초한 지도들에서보다는 덜 노골적일 수 있지만 여전히 비판의 소지를 안고 있는 전제들이 반영돼 있다. 그러나 이미 지적했던 것처럼 이것은 스펙트럼 또는 연속선상의 문제이지, 흑과 백 또는 조금 덜 논쟁적인 표현을 쓰면 선과 악의 문제는 아니다. 그리고 지도 제작자들이 첫 번째로, 자신들이나 독자들에게 가까운 나라들을 표시할 때 더 큰 축척을 사용하고, 두 번째로 이런 나라들을 지도책의 앞부분에 가깝게 배치하는 것은 이데올로기적인 문제라기보다는 심리적 문제로 볼 수 있다. 과연 역사가가 먼 과거보다 최근의 역사에 대해 더 많은 공간을 할애하는 것보다 이 편이 더 이데올로기적이라고 말할 수 있는지를 물을 수도 있다.

문제점에만 끝없이 초점을 맞추는 것보다는 지도와 지도 제작을 통해 제시되는 가능성들에 주목하는 것이 사실 더 중요하다. 예를 들어 크리스토퍼(A. J. Christopher)의 『아파르트헤이트 아틀라스』(런던, 1993)는 인종분리 정책의 공간적 전개에 초점을 맞추고, 이런 공간적 전개가 대단히 중요하며 동시에 지도화할 수 있다는 점을 보여줌으로써 인종분리 정책에 대해 생생하고 새로운 설명을 제시했다. 이 지도책에서는 인종분리 정책을 미세한 차별, 도시 안의 차별, 거대한 차별의 세 가지 수준에서 제시하고 있다. 첫 번째의 차별은 건물이나 교통수단의 이용 따위에서 드러나는 구체적인 사회적 차별을 의미한다. 두 번째는 일자리와 관련된 경우는 드물었지만, 어쨌든 흑인들이 거주를 목적으로 도시중심부를 빠져나가면서 생겨난 현상인 분리와 이주, 즉 도시공간의 재편성을 가리킨다. 세 번째는 백인정부의 정책에 따라 흑인자치구(Homeladns)들이 만들어지면서 비롯된 공간의 재정의 및 재정착과 관련돼 있다. 유대인 학살의 경우도 지역 차원과 유럽 전체 차원에서 그 공간적 전개를 보여줄 경우 더 깊이 있는 이해가 가능하다. 이 주제는 앤드루 찰스워스(Andrew Charlesworth)의 「홀로코스트의 지도학을 위해」(『역사지리학저널』 18호, 1992년, 464-469쪽)와 「기억이 충돌하는 장소들, 아우슈비츠의 사례」(『환경과 계획 D: 사회와 공간』 12호, 1994년, 579-593쪽)를 비롯해 최근에 나온 많은 책들에서 다루고 있다. 다른 주제들과 관련해서도 이데올로기와 권력의 초점이라 할 국가의 역할과, 이데올로기와 권력의 일부분이며 동시에 수단이기도 한 공간이 공간성의 각 차원에서 수행하는 역할이 지도를 통해 분명하게 드러나고 있다.

멸균된 공간

대부분의 지도에서 국가는 지정학적 블록으로 제시된다. 즉 국가의 하부 단위인 주나 도들을 제외하면 정치와 관련된 다른 어떤 것으로도 분화되지 않은 단순한 영토로만 묘사되고 있는 것이다. 국가는 물리적 형태에 따라, 아니면 도시와 교통로 따위의 지도화를 통해 묘사될 수도 있다. 그러나 한 국가 안에서 권력을 휘두르거나 또는 권력이 비롯되는 지역들을, 아니면 반대로 이 권력으로부터 피해를 입거나 압제를 받은 지역들을 표시하려는 시도는 없었다.

이 같은 공간의 탈정치화는 성인용 지도와 아동용 지도의 차이를 무색하게 만든다. 여기서 아동용 지도란 정치적으로 탈색된 지도를 가리킨다. 예를 들어 제인 엘리엇(Jane Elliott)과 콜린 킹(Colin King)의 『어스본 아동백과사전』(런던, 1986)에 실린 지도들에서는 눈길을 잡아끌기 위해 그림 같은 이미지들을 사용했다. 아시아를 묘사한 지도의 경우, 말레이시아를 하나의 마을로 표현했고, 중국은 농부가 모를 심는 목가적인 장면을 이용했다. 이 지도에서는 산업화의 흔적을 찾을 수 없다. 아프리카의 경우는 주로 동물들만을 강조함으로써 더 없이 행복한 곳으로 묘사했다.[25] 브라이언 윌리엄스(Brian Williams)의 『킹피셔 제일백과사전』(런던, 1994)에 실린 아프리카 지도에도 온통 동물들뿐이다. 그리고 이들 사이의 경쟁은 자연스러운 것으로 묘사되고 있다. 가령 자이레 남부 지역에서는 암사자가 얼룩말을, 훨씬 북쪽에서는 표범이 영양을 쫓고 있다. 그러나 두 경우 모두 실제 포획 장면이나 피를 흘리는 장면 등은 묘사하지 않고 있다. 또 불법적으로 짐승을 사냥하는 밀렵꾼은 찾아볼 수 없다. 라고스나 튀니스, 케이프타운에는 건물 그림을 사용했지만, 여기서도 빈민촌 따위는 등장하지 않는다. 아시아도 동물들을 이용해 묘사되고 있을 뿐이다.[26]

이렇게 멸균된(sanitized) 공간은 독자가 아동인 경우에는 적절한 것처럼 보인다. 어린이들에게 공포와 전쟁, 가난, 질병 따위의 이미지를 보여주고 싶은 사람은 별로 없을 것이다. 그러나 긍정적인 이미지들만을 사용하는 경우라도 이런 지도들에 사용된 그림들은 오해를 불러올 수밖에 없다. 동물이나 원주민들의 재미있는 의식들만을 강조할 경우 나라 밖은 편안하고 어떤 어려움도 존재하지 않는 이국적 이미지로만 제시될 것이다. 말레이시아나 중국도 얼마든지 자동차나 현대적 건물들을 이용해

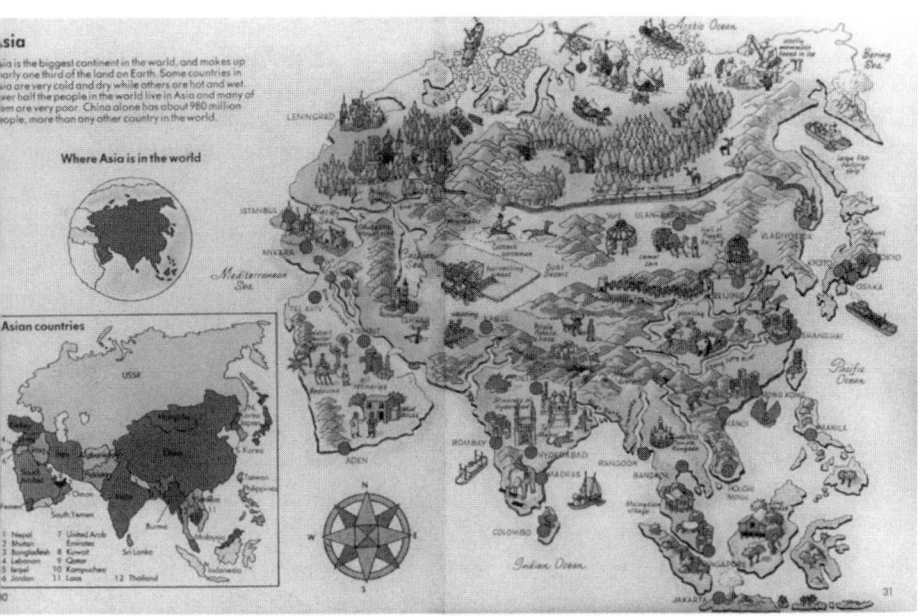

그림 41 『어스본 아동백과사전』(1986)에 실린 아시아 지도. 이 지도는 아시아와 유럽의 차이를 강조하는 한편 아시아를 목가적인 곳으로 묘사하고 있다.

묘사할 수 있고, 이를 통해 외국 역시 근대성의 측면에서도 충분히 이해될 수 있다는 점을 보여줄 수 있는 것이다.

아동용 지도는 설명하는 글이 딸리지 않은 이미지들만을 보여주는 게 보통이다. 아동들을 혼란스럽게 만들 수 있는 문제는 다루고 싶지 않은 것이다. 『햄린 아동백과사전』(런던, 1992)에는 아시아 대부분의 지역이 포함된 두 페이지짜리 채색 정치지도가 실려 있는데, 북한과 남한에 같은 색을 사용했고 둘 사이의 경계선은 아예 표시하지 않았다. 그리고 타이완은 중국과 같은 초록색에 농도만을 달리해 표시해 놓고 있다. 인도를 제외할 경우 중국의 인접 국가들에는 모두 같은 계열의 색을 사용하고 있다. 요르단 강 서안은 요르단의 일부로 표시하기도 했다. 소련은 독립국가연합(CIS)으로 묘사되고 있으며, 옛 소련의 각 지역을 승계한 공

4장 정치의 지도화 **189**

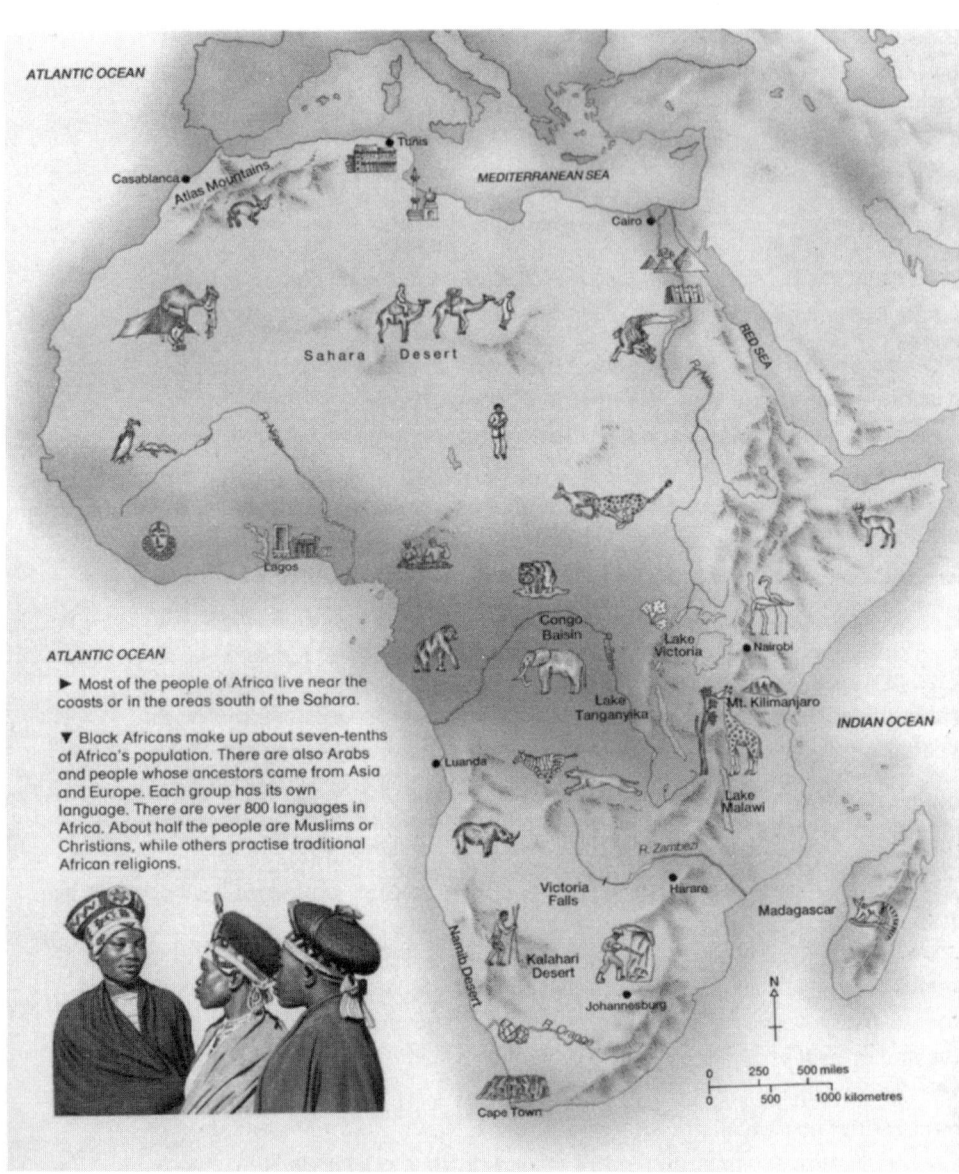

그림 42 『킹피셔 제일백과사전』(1994)에 실린 아프리카 지도. 이 지도는 짐승들이 지배하고 있다. 그리고 짐승들은 쫓아다니기는 하지만 서로 죽이지는 않는다. 동물 세계든 인간 세계든 지도에서 어린아이들이 겁에 질릴 만한 일은 벌어지지 않는다.

화국들 사이에는 경계선이 표시돼 있지만 모두 같은 색깔이 사용됐다. 반면 중국은 동질적으로 묘사돼 있어서, 티베트나 신장웨이우얼(新疆維吾爾) 자치구는 따로 구분돼 있지 않다.

분화되지 않은 블록으로 표시된 국가는 멸균공간의 성인판이라고 할 수 있다. 이 블록의 단조로운 색채는 얼룩말이나 논으로도 어찌해 볼 도리가 없다. 경험적으로 봤을 때 이런 식의 묘사는 모두가 인정하고 있는 영토 주권을 표시하는 경우를 제외하면 사실을 제대로 보여주지 못한다. 이런 방식으로는 권력관계 이면의 역동성을 전달할 수 없기 때문이다. 그리고 심지어는 주권의 표시라는 측면에서도 이런 지도들은 오해를 불러올 수밖에 없다. 가령 1995년에 발행한 이라크 지도에서 북부 쿠르드 족 자치지구를 표시하지 않았던 경우나, 1996년에 출판된 스리랑카 지도에서 자프나(Jaffna) 반도를 중심으로 한 타밀 분리주의운동의 흔적을 찾아볼 수 없었던 경우처럼, 이런 지도들은 정확하다고 말할 수 없을 것이다. 이것은 과거의 역사에 대해서도 그대로 적용되는데 이란의 한 대표적인 역사가는 이렇게 지적하고 있다.

> 쿠라산(Khurasan) 지역은 페르시아 역사에서 여러 차례에 걸쳐 분리주의적 경향을 보여 왔다. 이것은 이 지역이 이란의 중심 지역들과 멀리 떨어져 있기 때문이기도 하거니와 이 지역과 중심 지역들을 잇는 유일한 통로인 알부르즈(Alburz) 산맥과 카비르(Kavir) 사막 사이의 좁은 회랑 지대와도 상당한 거리가 있기 때문이다.[27]

그러나 이런 상황은 지도에 표시되거나 지도를 통해 드러나는 일이 없다. 할리가 지적한 것처럼 여기서도 영토에 대한 지배욕과 영토에 대한 야심, 그 밑에 흐르는 심리 상태가 결정적인 역할을 하고 있는 것이다. 그러나 이런 심리 상태는 지도로는 드러나지 않는 경향이 있다. 사실 이런 식의 지도 표현 방식이 지속되면 과거와 현재가 유사하다는 잘못된 느낌을 전달할 수도 있다. 가령 러시아가 시베리아와 그 인근 지역으로 확장돼 갔던 사례에서도 이런 현상을 찾아볼 수 있다. 19세기에는 16세기에 시작된 일련의 과정이 완성됐다는 식으로 이 확장 과정을 설명했다. 그러나

> 시베리아 확장은 19세기 말의 유럽 제국주의라는 좀 더 일반적인 상황 속에서 이해해야 한다. 즉 이 과정에는 러시아로서는 본질적으로 낯설 수밖에 없는 대단히 다양한 요인들이 작용했다. …… 초기 시베리아 이주가 상당 부분 자발적이고 비계획적인 과정이었다면, 19세기의 확장은 …… 사전에 철저하게 계획된 것이었고, 게다가 확실한 정치적 차원을 내포하고 있었다. …… 그리고 이 정치적 차원의 한 부분으로서 확장 초기에는 거의 찾아볼 수 없었던 민족주의나 메시아 신앙, 개혁주의 같은 이데올로기적 요소들이 19세기에는 중요한 역할을 수행했다. 한 지역이 러시아 제국과 물리적으로 인접해 있다는 사실 때문에 제국의 형성에는 역사적으로나 지리적으로 단절이 있었다는 점이 가려져서는 안 된다.[28]

새로운 국경들이 추가되면서 국가가 유기적으로 성장해 가는 과정을 지도로 묘사할 수는 있지만, 여기서도 역시 이런 과정은 드러나지 않는다. 국내의 정치적 분열 같은 문제들, 특히 분리주의처럼 민감한 문제들을 지도화하지 않거나 대단히 드물게 지도에 표현하는 관습은 공간을 멸균화하는 또 다른 예로 꼽을 수 있다. 이 같은 누락은 윌리엄 풀(William Pool)의 『텍사스 역사 아틀라스』(오스틴, 1975) 같은 몇몇 역사 지도책에서 뿐만 아니라 근현대를 다룬 상당수 지도책들에서도 공통적으로 찾아

볼 수 있다. 한편 한 국가 안에 존재하는 언어 또는 종교상의 차이를 강조할 경우 아무 문제도 없어 보이는 공간의 모습을 완전히 뒤집어 버릴 수도 있다.

그러나 권력이 전일적으로 행사되지 않는다고 하더라도, 가령 인도 정부가 자기 지배 아래 있는 카슈미르 지역에 대해 제한적인 통제권만을 갖고 있다고 하더라도 과거나 현재의 지도들에 반영돼 있는 영토적 주장들은 그것 자체로 중요한 실체라고 할 수 있다. '처음에는 서류상으로만 통치되던 국가'[29]가 캐나다뿐만이 아닌 것이다. 지도는 한 국가 안의 지역들에 추가적인 정치적 의미를 부여해 왔고 지금도 부여하고 있다. 가령 지역들을 더 큰 단위 아래에 배치하거나, 다른 지역들과 연결시키고, 또 경계를 정함으로써 형태를 부여하기도 한다. 또 커다란 전체의 일부로 지역들을 지도화하는 바로 이 과정은 국가가 지도화 사업을 기획하고 유지하는 과정에서 미국 지질협회 같은 국가 기관들이 수행하는 역할을 반영하고 있다.

조금 더 일반적인 차원에서 지도와 지도의 사용은 지정학적 상상력을 형성하기도 했다.[30] 지도는 시간이 흐르면서 영토의 의미가 바뀌어 온 과정, 즉 영토에 대한 정치적 이해(理解)의 변화가 중요한 역할을 수행해 온 과정의 한 측면인 것이다.[31]

결론

'정치'는 진공 속에 존재하는 것이 아니다. 국내적으로든 국제적으로든 정치 이념이나 운동, 정책 등이 영향력을 갖고, 사람들의 태도나 반응을 일정한 방향으로 형성하기 위해서는, 그것들이 인식돼야만 하기 때문이다. 그래픽 이미지들은 광고 전문가들이 잘 이해하고 있는 것처럼 가장 손쉽게 대중들의 관심을 끌어내고, 이들의 관심사에 영향을 줄 수 있는 방법들 중 하나다. 신문을 비롯한 다른 매체들에 그림이나 사진, 도표, 지도 따위가 자주 실리는 것도 바로 이 때문이다.[32] 그러나 1983년 소련이 대한항공 여객기를 격추시켰던 사건처럼 문제가 된 뉴스가 특정 지점에서 일어난 단일한 사건에 관한 것이라 하더라도, 뉴스의 지도화에는 심각한 어려움이 따른다. 여객기의 항로를 표시하는 데 서로 다른 투시·투영법을 사용하면서 사건에 대한 이해가 경우에 따라 달라졌기 때문이다.[33]

지도를 이용함으로써 신문사들이 다양한 보도 방법을 갖게 되는 것은 사실이지만, 이 과정에서 앞에서 이야기했던 분석과 표현상의 문제에 직면하는 것 또한 사실이다. 국가의 역할에 관한 문제를 언론에서 직접 언급하는 경우도 있다. 1996년 11월 17일자 〈선데이타임스〉는 국제 범죄를 다룬 기사에서 이렇게 지적하고 있다.

> 요즘의 범죄 조직들은 국경을 한 나라의 법망을 이용해 다른 나라에서 사업을 경영할 수 있게 해 주는 수단쯤으로 여기고 있다. 시몬 고다르(Simon Godard) 경감은 "범죄자들에게 국경선은 아무 의미가 없다"고 말했다.

이 기사와 함께 실린 지도에는 아무런 경계선도 표시돼 있지 않았다. 결국 지도상에 표시된 선들은 오직 밀수품들의 이동경로뿐이었고, 이를 통해 불법 밀수품들의 위협을 극적으로 부각시키고 있었다. 밀수품의 이동을 막는 경계선 따위는 전혀 없었던 것이다. 대부분의 신문에서 사용하는 지도들은 이 지도와 비슷하다. 사실 이 지도는 지나치게 선정적이었으며 동시에 실제를 호도하고 있었다. 온통 영국에만 집중함으로써 마약을 비롯한 다른 밀수품들의 대단히 복잡한 거래 네트워크를 무시했고, 한편으로는 시장으로서 영국의 중요성을 과장했던 것이다. 여기에 여러 개의 빨강색 화살표가 주는 효과까지 가세하면서 영국인들에 주는 충격은 더욱 강력해졌다.[34] 극적 효과를 내는 데 지도가 동원된 사례로 꼽히기는 하지만, 어쨌든 이 지도는 위험과 위협을 선명하게 드러내 줌으로써 〈선데이타임스〉의 논지를 충실히 전달했던 것이다. 따라서 이 지도는 추가 정보나 시각적 설명을 제시했다기보다는 기사에 관심을 집중시키는 역할만을 했다. 지도가 기사를 위한 광고 노릇을 한 셈이다. 즉 광고 같은 시각적 현란함과 신문의 다른 기사들에서 공통적으로 제기하고 있는 위기라는 주제를 이용해 독자들의 눈을 사로잡았던 것이다.

국가의 틀을 벗어나 국내 및 국제적 사건들을 지도화하는 최선의 방법을 찾아내는 어려운 문제들과 씨름할 때 신문사들은 사실 20세기 말 국가의 역할과 관련해 제기된 훨씬 광범위한 정치적, 지적 문제들 중 하나와 마주하고 있는 셈이다. 결국 지도적 분석과 표현의 문제는 변화하는 지적 환경 속에서 탐색되고 있는 것이다. 그 중 하나는 이 책과도 직접 관련이 있는 것으로 바로 '비판적 지정학'의 발달이다. 비판적 지정학은 "국가 중심적 추론과는 거리를 두면서, 또 절대적 권위를 가진 초월적 독자로서 동시에 국제정치의 행위자로서 대상을 바라보는 서구적, 남성적 시각"과는 다른 자리에 서서 지정학에 대한 재개념화를 시도하고 있으며, 이와 함께 국제관계의 지리학과 사회이론 및 페미니즘이 만나는 접점들을 찾아내려 하고 있다. 얼마간은 '후기구조주의'에서 영향을 받은 이 같은 접근 방식은 객관적이기보다는 상황에 따라 논리가 달라져 왔던 기존의 지정학 저술들은 물론, 권력이 공간에 미치는 영향과 의미에 대해서도 신랄한 비판을 가하고 있다.[35] 지도는 논쟁의 도구로 사용될 수 있다. 그것은 지도가 공간이 갖는 의미들을 드러내 권력의 작동 방식을 시각적으로 제시하기 때문이기도 하고, 한편으로는 이런 권력 행사에 저항할 필요가 있음을 보여주기 때문이기도 하다. 지도가 권력의 종속물로 남아 있어야만 할 이유는 어디에도 없는 것이다.

5장
국경

국경의 표시는 정치적 지도에서 대단히 중요한 문제다. 어떻게 보면 이것은 지도학에서 경계 일반이 갖는 성격에서 비롯된 문제이면서 동시 경계 일반을 지도에 표시할 때 부딪치는 문제이기도 하다. 조금 더 구체적으로는 선들이 지도 일반에서 수행하는 역할의 문제인 것이다. 그러나 국제관계가 문제가 될 경우 경계의 표시 형태로서 선들이 안고 있는 문제는 한층 더 커질 수밖에 없다. 그것은 이 경우 선은 국경을 의미하며, 이 국경은 분쟁의 원인이자 과정이며, 또 결과이기 때문이다.

물론 국경에 관한 한 국제정치의 영역이 훨씬 더 중요하기는 하지만, 국경은 정치지도 제작의 두 측면, 그러니까 국내정치와 국제정치가 교차하는 지점이기도 한다. 국제적 규모의 지도 제작 과정에서 대부분의 작업은 국경의 표시에 집중돼 있으며, 지도가 문제되는 경우에는 국경 분쟁이 가장 논쟁적인 대목이기도 하다. 비록 이 같은 인식이 더는 유효하지 않지만, 많은 사람들에게 정치와 지도의 문제라고 하면 본질적으로 국경과 관련된 문제로 요약될 것이다.

국경의 지도화는 최소한 둘 이상의 당사자 사이에 동의가 필요하기 때문에 어려운 문제가 아닐 수 없다. 현재의 국경선 또는 장차 확정될 국경선에 대한 이견은 제쳐두더라도, 당사자들 사이의 지도 문화가 다를 수 있기 때문이다. 여기에는 단순히 기술적인 차이도 포함되지만, 지도의 의미에 대한 견해차에서 비롯되는 좀 더 포괄적인 차이도 포함된다. 더욱이 19·20세기에 세계에 대한 서구의 지배력, 아니 최소한 영향력이 한층 더 강해졌고, 서구식 국경 이해의 확산이 그것의 한 측면인 것 역시 분명하지만 여전히 국경에 대한 이해는 문화에 따라 다르다. 또 정치적,

지도적 질서의 출발점이라거나 안보의 산물이라는 식으로 제시되기는 했지만, 특정 상황에서는 서구식 국경 이해가 분쟁과 갈등의 원인이 되기도 했다.

국경의 지도화는 기계적 절차의 문제이기도 하지만 동시에 동의의 문제이기도 하다. 예를 들어 국경이 산맥이나 하천 따위를 기준으로 해야 한다는 데 합의했다고 해서 국경이 곧바로 지표상에 정의되거나 지도에 표시되는 것은 아니다. 서로 연관돼 있는 이 두 과정은 모두 상당한 문제점들을 동반하고 있으며, 각 과정이 분쟁을 불러올 수도 있다. 이런 어려움들은 '새로운' 국경의 작성에 (또는 최소한 지도상의 표시에라도) 영향을 미치며, 일단 지도가 제작된 뒤에도 사라지지 않는다. 지도는 정치와 무관하지 않다. 또 그런 만큼 고정돼 있지도 않다. 포괄적인 측면에서나 구체적인 측면에서나 영토 공간과 그것의 경계 설정은 고정돼 있지 않은 것이다. 더욱이 국경의 구체적인 진로는 새로운 갈등의 원인이 될 수도 있는데, 이것은 두 당사자 간에 이미 합의가 이루어진 문제들이더라도 당사자가 바뀌거나 이들 사이의 관계가 변할 수 있기 때문이다. 또 국경의 재검토를 필요로 하는, 혹은 필요로 하는 것처럼 보이는 변화들, 예를 들어 강의 흐름이 바뀌는 것 같은 변화들이 일어날 수도 있다.

지도는 분쟁을 수행하는 수단이기도 하고, 분쟁의 기준이 되기도 한다. 신문이나 텔레비전에 지도가 등장하는 것은 국경 분쟁의 위치를 보여주고 이를 설명하는 지도의 역할을 반영하고 있는 것이다. 분쟁 대상이 된 국경의 위치나 범위가 드러나는 것 역시 지도를 통해서다. 따라서 지도는 국경을 둘러싼 견해 차이와 국경 분쟁을 주목의 대상으로 만들고 있다. 지도는 매체이지 메시지 자체는 아니다. 지도는 당사자들이 주장하는 국경의 차이를 분명하게 정의하는 과정의 일부분이지만, 이 정의가 당사자들이 합의하는 국경의 확정으로 이어질 가능성은 거의 없으며, 오히려 정치적 갈등을 불러올 수 있다.

사실 지도는 고대부터 국경을 기록하는 데 사용됐다. 가령 누비아의 금광들을 기록한 이집트의 지도나 프톨레마이오스 왕조의 지도들, 로마의 지적도 등이 여기에 해당한다. 그리고 최소한 15세기 이후로는 유럽에서도 국경을 표시하기 위해 지도를 사용했다. 1460년에는 프랑스와 부르고뉴 공국 사이의 국경 일부를 보여주기 위해 지도 한 점이 제작됐으며, 15세기 말이나 16세기 초에 나폴리 왕국의 국경을 표시할 목적으로 또 다른 지도가 제작되기도 했다.[1]

근대 초 유럽의 국경

16세기부터 유럽에서는 국경을 표시하기 위해 지도를 사용하는 사례가 늘어나기 시작했다. 가령 1546년 영국과 프랑스 사이의 아르드르 조약(Treaty of Ardres) 체결을 위한 협상 과정에서도 한 점의 지도가 사용됐다. 이 조약이 체결되기까지는 여러 가지 우여곡절이 있었으니, 예를 들어 조약이 체결되기 전 영국의 파제트 공 윌리엄과 프랑스 쪽 사절 한 명이 수행원들과 함께 경계선으로 제시된 한 하천의 수원을 조사하러 갔다가 다섯 개의 샘 중에서 어떤 것이 이 강의 발원지냐를 놓고 격론을 벌이기도 했다.[2]

18세기에 들어서면서 정치적 논의나 외교 협상에서 지도를 참고하는 경우가 더욱 잦아졌으며 지도의 지리학적 정확성 역시 전반적으로 개선됐다. 이런 지도상의 개선과는 아랑곳없이, 두 당사자가 타협할 준비가 돼 있지 않았던 경우 협상은 여전히 어려웠다. 협상 대표들이 조약문에서 국경을 기술하고 있는 조항을 놓고 의견이 엇갈릴 경우 정확한 지도도 도움이 되지 않았던 것이다. 실제로 이런 지도들이 경계선을 구체적으로 정하는 데 반드시 도움이 됐던 것만은 아니다. 20세기에도 그랬듯이 지도 제작 기술의 향상은 견해 차이를 더욱 분명하게 드러내는 역할을 할 수도 있기 때문이다.

반면 통치자들이 타협을 원할 경우 정확도가 향상된 지도는 합의를 공고히 하는 데 기여할 수도 있다. 이처럼 화해와 합리적 타결을 추구하는 태도는 1748년에서 1789년 사이 프랑스 외교 정책의 특징이기도 했다.

또한 분쟁은 고의로 계획되기도 했고, 우연한 사고가 발단이 되기도 했다. 또 많은 분야에서 허술했던 국제체계를 ─ 특히 허술한 국경체계를 ─ 이용해 보려는 기회주의적 정책들 때문에 일어나기도 했다. 그렇다면 국경표시에서 정확성이 향상됐던 것은, 여기에 맞물려 영토 주권이 강화되고, 조직화된 폭력을 국가가 장악해가던 경향만큼이나 중요한 의미를 갖게 되었다고 할 수 있다. 이런 것들은 모두 국가의 권위가 확산·강화되고, 국경 지대들이 갖고 있던 독특한 특징들이 사라져 갔던 이 시대의 다양한 측면들이었다고 볼 수 있다. 확고한 국경선의 설정은 국가가 한층 더 강력해지고, 이에 따라 관료제가 확대돼 갔던 것과 궤를 같이 하고 있다. 국가로서는 자원을 이용할 수 있는 정확한 범위를 파악하고, 일차 방어선을 분명히 그어야 할 필요가 있었기 때문이다. 그 결과 (지도 제작 기술이 발전하지 못했기 때문에 여러 가지 한계가 있었지만) 중세 말부터 서유럽에서는 국경의 중요성이 강조되기 시작했다. 그러나 이것은 서유럽에만 국한됐던 현상은 아니다. 예를 들어 1323년 스웨덴과 노브고로드(Novgorod) 공국 사이에 체결된 조약에서는 스웨덴과 러시아의 국경이 처음으로 문서화되기도 했다.

지도 제작 기술의 향상은 지역이 아닌 선(線) 중심의 국경 이해를 더욱 쉽게 만들었으며, 그 결과 국경 협상에서도 중요한 역할을 수행하게 된다. 특히 고립된 영토들을 없앰으로써 '합리적' 국경선을 설정하려는 과정에서 향상된 지도 제작 기술은 상당한 기여를 했다. 그러나 이 과정은 느리게 진행됐다. 1444년 부르고뉴 공국을 통치하던 필립 왕의 자문관이었던 즈볼레의 앙리 아르노(Henri Arnault de Zwolle)가 프랑스와 부르고뉴가 다투고 있던 한 지역의 지도를 제작한 일이 있었다. 필립 왕은 이런 과정을 통해 국경을 단순화하고 프랑스의 고립 영토들을 정의해 제거할 수 있는 기회로 봤다.[3]

이런 사례가 있기는 했지만 서유럽에서 국경의 합리화는 적극적인 지지를 받지는 못했다. 프랑스의 루이 14세(1643~1715)가 프랑스와 스페인령 네덜란드(지금의 벨기에에 해당) 사이의 국경을 합리적으로 획정하려고 했다는 주장, 다시 말하면 그에게 지도가 제시하는 합리적 근거를 이해할 수 있는 능력이 있었고, 자신의 권력을 이용해 평화를 확고히 하려는 의도가 있었다는 식의 해석에는 지금까지 의문이 제기돼 왔다.[4] 이보다는 루이 14세는 이른바 봉건적 권리들을 이용해 프랑스의 세력권을 확대하려 했던 것으로 보인다. 루이 14세는 확실한 국경이 가져다주는 안정을 추구하기보다, 국경은 불분명하게 자신의 주장은 모호한 채로 남겨두고 싶어 했다. 가령 지도화가 정확성의 한 형태이자 주장이었다고 한다면, 그는 지도화가 이루어지지 않는 쪽을 선택했고, 기회가 허락되면 언제든 자신의 권력을 확대하는 편을 선호했던 것이다

설사 루이 14세의 행보가 국경을 명확하게 하는 결과를 낳았다고는 해도, 그의 권리 주장은 많은 저항을 받았고, 이에 따라 그의 팽창주의는 기회주의적인 성격을 띠게 됐다. 즉 프랑스의 이해관계에 부합하는 경우에는 고립 영토들이 그대로 유지됐던 것이다. 예를 들어 프랑스령 알자스 안의 고립 영토였던 뮐하우젠(Mülhausen)은 1790년대까지 스위스 연방의 동맹국으로 남아 있었는데, 이는 부르봉 왕조가 스위스와 관계가

악화되는 것을 원하지 않았기 때문이다. 프랑스는 또 라인 강과 알프스 산맥 동쪽에도 요새를 건설했는데, 이 요새들이 고립 영토에 병력 지원을 할 수 있었고, 그 결과 일부 국경들이 선이 아닌 지역적 성격을 계속 유지하도록 만들었다는 사실로 미루어 보면, 성채들이 국경의 확정에 도움을 주었다는 주장은 여전히 검증이 필요한 것으로 생각된다. 루이 15세의 경우에는 오스트리아령 네덜란드 안에 있던 보몽(Beaumont)과 기메(Gimay) 같은 프랑스의 고립 영토들을 그대로 유지하고 싶어 했다. 그리고 1748년 프랑스의 외무대신이었던 퓌시외(Puysieulx)는 루이 14세 치세 말기에 이루어진 알프스 분수령 동쪽의 피네롤로(Pinerolo, 1696), 페네스트렐(Fenestrelle, 1713), 에그지유(Exilles, 1713) 등지의 할양으로 프랑스에서 이탈리아로 들어갈 수 있는 통로들이 막혀 버렸다고 한탄을 하기도 했다.[5] 그리고 1697년대부터 1700년대 중반까지 부이용(Bouillon)이라는 국경 지대의 귀속 문제를 놓고 진행됐던 긴 협상 과정을 살펴보면 오늘날 우리가 이해하는 의미의 '이성적' 태도를 찾아보기가 어렵다.

양쪽은 18세기 중반까지 많은 문서들을 주고받으며, 이 '부이용(Bouillon)' 문제를 온갖 측면에서 검토하게 될 터였는데, 그 중에는 11세기까지 거슬러 올라가는 문서들도 있었다. 이 문서들은 참으로 다양한 전거들을 동원하고 있었거니와, 오늘의 우리들로서는 미심쩍은 것들도 상당수 포함돼 있었다. 예를 들면 중세 초기의 전설이나 기담들, 풍설에만 의존했던 저술가들의 글, 사실보다는 상상력을 동원해 기원을 제시하는 글 등등.[6]

전통적인 태도들은 끈질기게 남아 있었지만, 그 한편으로는 분명한 변화도 있었다. 주권을 영토보다는 사법권의 측면에서 이해하는 17세기 유럽의 관점이 여전히 일반적이었지만 자연 국경이란 개념, 즉 주로 산맥을 중심으로 하는 지리적 실체에 근거한 새로운 개념이 '지리학 분야에서 광범위하게 사용되기' 시작했으며, 외교 협상 과정에서도 곧 채용됐던 것이다. 피레네 산맥 동쪽에 새로운 국경을 확정하는 문제를 놓고 1659년에서 이듬해까지 이어진 협상 과정에서 프랑스와 스페인의 협상 대표들은 역사적 근거뿐만 아니라 지리적 근거까지 동원해 가며 주장을 펴 나갔다. 비록 최종 국경은 "역사에 근거한 것도, 지리에 근거한 것도 아닌 치열한 외교적 다툼 끝에 나온 타협에 따라" 정해지기는 했지만 말이다. 이 국경은 이후로도 협상과 분쟁이 계속되는 원인이 됐다. 이 같은 영토 분쟁은 국경 설정 과정 그 자체와 밀접한 관련이 있었고, 지도는 국경을 설정하는 과정에서 이견을 낳는 요인이 됐다. 1688년 스페인 사람들은 당시에는 분할되지 않은 채로 두 나라에 공동으로 귀속돼 있던, 피레네 산맥 서쪽 아르두데스(Aldudes) 지역의 국경 지대 일부를 분리해야 한다고 주장했던 것이다. 피레네 산맥 국경 지대를 둘러싸고 진행됐던 이 일련의 협상은 1775년에도 심각한 위기를 맞았고, 1785년에 구성된 카로(Caro)-오르나오(Ornano) 위원회 역시 이 문제를 해결하는 데 실패했다. 프랑스 혁명은 이런 측면에서도 새로운 출발점이 된다. 즉 '자연 국경을 정치화'하고, 변경 지대에 한층 더 강력하고 확고한 영토 의식을 심어 놓음으로써 지도상의 선들에 새로운 의미를 부여했던 것이다.[7]

자연 국경의 선택과 정의, 지도화에는 여러 문제가 개입했다. 바르톨로 데 사소페라타(Bartolo de Sassoferrata)는 한 논문에서 강이 지나치게 구불구불하거나, 강줄기가 바뀌거나, 혹은 강 위에 새로운 섬이 생겨날 때 따위의 문제점을 다룬 바 있다. 그의 이론은 프랑스 법지리학계에서 상당한 영향력을 갖고 있었는데, 여기에는 퇴적 때문에 일어난 경계선의 변화에 대한 지도적 해결책도 포함돼 있었다.[8] 또 강을 국경으로 삼는 사례도 점차 늘어나고 있었다. 1701년 연합법(Act of Union) 이후, 조수간만에 따라 경계가 변하는 솔웨이(Solway) 협만이 영국-스코틀랜드 간 국경의 일부로 받아들여졌다.[9]

그러나 어려움도 생겨났다. 1719년 엘베(Elbe) 강에서 진행된 일련의 토목 공사는 하노버와 프로이센 사이에 심각한 국경 분쟁을 불러왔다. 또 포(Po) 강 유역의 국경선을 둘러싼 파르마 및 밀라노 공국 사이의 분쟁 역시 1723년, 1733년, 1789~1790년에 거듭 발생했다. 1762년에는 티치노(Ticino) 강에 있던 섬 때문에 1720년부터 사르디니아(Sardinia) 왕국의 일부였던 사부아피에몬테(Savoie-Piemonte) 공국과 밀라노 공국 사이에 국경 분쟁이 일어났다. 산악 지역의 국경을 지도화하는 과정에서도 많은 문제들이 생겨났다.

18세기

하지만 18세기에는 국경이 조금 더 분명해지는 경향이 눈에 띌 정도로 강해지고 있었다. 이런 움직임은 주로 두 가지 방식으로 나타났다. 하나는 명확한 영토 표시의 결정적 전제조건으로서 분할되지 않은 주권이 확립되어 가는 경향이었고, 다른 하나는 경계들이 깔끔한 선의 형태를 띠어가고 있었던 경향이다. 첫 번째 과정은 유럽의 꽤 넓은 지역에서 여러 가지 요인들의 방해를 받았다. 가령 신성 로마 제국의 헌법이나, 네덜란드(United Province)와 마스트리히트 리에지(Liege) 주교관구 사이의 공동 왕위 같은 역사적 유산, 가톨릭 선제후들과 개신교도였던 브룬즈위크(Brunswic) 집안의 오스나브뤼크(Osnabruck) 주교관구에 대한 교차 통치 따위가 걸림돌이 되었던 것이다. 신성 로마 제국의 경우에는 단일 지도들로는 각 공국의 영유권을 제대로 보여줄 수가 없었다. 근대 세계에서도 그런 것처럼 복수의 주권을 표시하는 데는 지도가 맞지 않았던 것이다. 아무리 뛰어난 지도 제작자였다고 하더라도 특수한 성격 때문에 서로 다른 지배자들에게 충성해야 했던 슐레지엔-홀스타인 지역처럼, 사법권이 혼재돼 있는 지역들을 하나의 지도에 표시하는 일은 능력 밖의 일이었다.

그러나 주권이 더욱 전일적인 성격을 획득해 가는 과정에서는 상당한 진전이 있었다. 알자스 지방의 경우 1648년 체결된 베스트팔렌 강화 조약의 결과, 프랑스 왕실과 데카폴리스라고 알려진 알자스 지역의 관계는 모호한 채로 남아 있었으나 루이 14세의 권력이 강화되면서 분명하게 정리됐다. 또 프랑스 내의 고립 영토였던 오렌지(Orange) 백작령도 루이 14세에 의해 프랑스에 귀속됐다. 국경 지대가 국경선으로 대체돼 가는 과정은 특히 18세기 프랑스에서 두드러졌는데, 이것은 17세기 프랑스 세력의 성장으로 신성 로마 제국의 서쪽 국경 지대에서 사법권이 복잡하게 중첩됐던 상황과 분명하게 대조되고 있다. 당시의 복잡했던 상황은 루이 14세가 1680년대에 룩셈부르크 등을 비롯해 신성 로마 제국의 지배 아래 있던 지역들을 합병하는 기회를 제공함으로써 프랑스에게 유리하게 작용했었다. 그러나 18세기에 들어서면서 구체제의 프랑스는 유럽 쪽 영토 확장에 관심을 두지 않게 되는데, 이런 태도 변화는 국경의 안정화, 그리고 부분적으로는 국경의 합리화에 대한 요구가 생겨난 것과 관련을 갖고 있다. 예를 들어 1750년 루이 15세는 벨일(Belle-Isle)에게 새로 획득한 로렌(Lorraine) 지방과 신성 로마 제국 사이의 국경선을 둘러싼 모든 분쟁을 우호적으로 해결하라고 명령을 내리게 된다. 그로부터 약 25년 뒤, 프랑스 외무성은 국방성으로부터 국경 문제 관할권을 넘겨받았고, 경계 확정 업무를 관장할 지세국을 설치했다. 하지만 이 안정화 정책은 인접국들에 대한 프랑스의 압도적 우위에 기초하고 있었으며, 특히 18세기 전반기에 프랑스의 인접국들은 프랑스가 자신에게 유리하게 국경을 수정하기 위해 무력을 동원하던 방식에 상당한 불만을 갖고 있었다.

1756년의 '외교 혁명', 그러니까 비록 중간에 부침을 겪기는 했지만, 1792년까지 지속됐던 프랑스와 오스트리아 사이의 동맹 기간 동안 국경에 대한 프랑스의 신경과민은 한결 줄어들었고, 상당수 문제에서 협상을 통해 만족할 만한 해결책을 이끌어낼 수 있었다. 사실 프랑스의 동쪽 국경 또는 그 근처에서 일어났던 국경 분쟁이 남긴 후유증은 만만치 않았다. 강화 조약들은 국경 문제에 관해 양쪽이 완전히 합의하기에는 너무 급하게 진행됐고, 또 전권대사 등에게 협상을 위임하는 경우도 있었지만 이들이 문제를 해결하는 것은 불가능한 경우가 많았던 것이다.

사실 프랑스-오스트리아 동맹은 서유럽 전반에 걸쳐 분쟁을 제거하는 데 핵심적인 역할을 했다. 이것은 이렇게 넓은 지역에 걸쳐 이루어진 평정 상태가 부분적으로 지도에 기록된 첫 사례가 되는데, 이를 통해 외견 상으로나마 정확한 국경선들을 후대에 남기게 됐다. 이런 국경선들은 대립과 갈등의 시기에는 제거와 수정의 대상이 되기도 했지만, 평화로운 시기에는 공존의 기초가 되기도 했다.

가령 1749년에는 프랑스와 제네바 사이의 국경 분쟁이 조약 체결로 해소되기도 했는데, 이 조약에서 합의된 국경은 1752년과 1763년 두 차례에 걸친 조약으로 재조정됐다. 또 1738년부터 진행된 제네바와 사부아피에몬테 간의 국경 협상도 1754년 토리노 조약의 체결로 끝이 났다.[10] 프랑스는 또한 오스트리아령 네덜란드(1738, 1769, 1779), 살름의 왕자(the Prince of Salm, 1751), 뷔르템베르크 대공(the Duke of Württemberg, 1752, 1786), 나사우-자르브뤼켄 공(the Prince of Nassau-Saarbrücken, 1760) 등과, 또 누샤텔(Neuchâtel) 근처의 공동 국경을 놓고는 프로이센

(1765)과 협정을 체결한 데 이어, 즈바이브뤼켄 공(the Duke of Zweibrücken, 1766, 1783, 1786), 나사우-베일부르그 공(the Prince of Nassau-Weilburg, 1776), 트리어의 선제후(the Elector of Trier, 1778), 바즐의 주교(the Bishop of Basle, 1779, 1785) 등과도 협정을 맺었다.[11]

물론 오랜 관행들도 여전히 남아 있었지만, 이 시기에는 국경을 대하는 태도에서 변화가 시작되기도 했다. 그리고 이것은 분명히 프랑스 혁명보다 앞선 것이었다. 국경을 확정하는 과정에서는 강자의 권리가 중요한 역할을 했지만 이와는 전적으로 다른 원칙들도 등장했다. 즉 협상 당사자들의 세력이 아무리 차이가 나더라도 협상 과정은 물론 최종 합의 과정에서도 당사자들은 대등하다는 원칙이 엄격하게 적용됐던 것이다. 자연 장애물들(강과 산맥)의 존재는 이 원칙이 적용되는 데 상당한 기여를 했다. 국경을 그리는 데 이런 장애물들을 이용함으로써 '자연' 국경이라고 이름 붙인 것을 확정하기 위한 협상 과정에서 당사자들 사이에 대등한 관계를 확립할 수 있는 기회가 생겨났던 것이다.

이것은 (1720년부터 사르디니아가 통치해 온) 사부아-피에몬테 국경의 경우에도 해당하며, 1718년 프랑스와 협정을 체결할 때까지 진행된 협상 과정이나, 1760년 프랑스와 사르디니아가 체결한 토리노 조약에서도 자연 장애물은 중요한 역할을 했다. 또 오스트리아의 지배 아래 있던 롬바르디아(Lombardia)와 피에드몬트(Piedmont)는 1743년 체결된 보름스 조약(Treaty of Worms)에서 티치노(Ticino) 강의 본류 중앙을 따라 새 국경선을 설정하기로 합의했다. 그리고 두 나라는 다른 지류들에서 비롯되는 문제들을 해결하기 위해, 1755년의 오스트리아-사르디니아 협정과 토리노 조약의 제3항 및 제8항을 통해 국경은 티치노 강의 주류를 따라야 하며, 주류는 한 가운데에서 나눠야 한다고 규정했다. 그러나 사르디니아의 샤를 에마뉘엘 3세(Charles Emmanuel III, 1730~1773)는 완전한 정확성을 갖출 수 없었던 조약 문구들에만 의존하지는 않았다. 그는 국경이 구체적으로 표시되기를, 즉 지도를 통해서는 물론 경계 표지와 기둥들을 줄지어 세움으로써 땅에도 표시하기를 원했던 것이다. 그는 1738년 지세 기술국을 설치하기도 했다. 프랑스와 사르디니아의 새 국경은 '자연적'이었을 뿐만 아니라 선의 형태를 띠고 있기도 했다. 1760년의 토리노 조약은 사르디니아와 모나코의 국경을, 1766년에 체결된 같은 이름의 조약은 사르디니아와 파르마(Parma)의 국경을 확정지었으며, 사르디니아와 제노바의 국경은 세보르가(Seborga) 협정을 통해 분명하게 정리됐다. 그리고 앙투안 뒤리(Antoine Durieu)와 제노바인 구스타보 제랄로모(Gustavo Geralomo)는 당시까지도 분쟁의 대상이 되고 있던 국경을 표시한 지도를 공동으로 제작했다. 그러나 생베르나르(Saint-Bernard) 지역의 스위스 쪽 국경 문제는 1940년까지도 해결되지 않았다. 샤를 에마뉘엘 3세의 지도 제작 사업은 대단히 광범위했다. 국경선의 지도화 작업은 그가 추진했던 영토들의 지도화를 포함한 정부 차원의 지도 제작 사업에서 일부분에 지나지 않았다. 그의 지도 제작 사업은 1737년 사부아 공국의 지도화로 시작해 1772년 영토 전체를 지도화하는 것으로 마무리됐다.

이와 똑같은 국경 확정 및 지도화 작업은 다른 곳에서도 진행되고 있었다. 18세기 중반까지는 국제관계에 적합한 지도들을 찾아보기가 대체로 어려웠다. 지도의 수요와 공급은 미묘한 문제였다. 외교관들은 정치적 목적이나 가치 판단에 따라 지도 제작을 지원했다. 이들은 이를 통해 지도의 내용과 쓰임새를 결정하게 되는데 그 결과 문서로, 즉 사법적 차원에서 표시되던 경계를 선으로, 즉 지도로 표시하는 변화가 가능해졌다. 1743년 오스트리아는 국경 분쟁을 해결하기 위해 베네치아 공국 측에 오래된 지도들을 확인하고, 경험 많은 수학자를 지명해 자기네 쪽 수

학자와 공동 작업을 해야 한다고 요구했다. 이렇게 해서 마침내 1752년에 조약이 체결됐다. 이보다 1년 앞서 스웨덴-핀란드와 덴마크-노르웨이는 중요한 국경 문제를 해결했다. 이렇게 두 나라 사이의 국경이 확정되면서, 심각한 분쟁이 해소됐고 핀마르크(Finnmark) 내 스웨덴-노르웨이 '공유령' 문제도 타결됐다. 러시아와 스웨덴-핀란드 사이의 국경도 선의 형태로 지도화할 수 있게 됐다. 튀지나 조약(Treaty of Teusina, 1595)의 체결로 분쟁이 해결되면서 잉그리아(Ingria) 지협에서 백해(White Sea)에 이르는 핀란드와 카렐리아(Karelia) 사이의 국경이 처음으로 확정됐으며, 이로써 콜라(Kola) 반도에 대한 러시아의, 라플란드(Lapland) 대부분의 지역에 대한 스웨덴의 지배를 양쪽이 인정하게 된다. 하지만 노르웨이와 러시아가 동시에 세금을 부과하고 있던 '공유령'들은 1826년 양쪽으로 분리 편입될 때까지 그대로 남아 있었다.[12]

동유럽

1788년에서 1791년까지 계속된 오스트리아와 터키 간의 전쟁이 끝나고 시작된 그 길고 어려운 협상 과정에서도 많은 지도가 사용됐다. 두 나라는 오르쇼바(Orşova)와 북부 운나(Unna) 지역의 땅을 오스트리아에 할양하는 조약을 체결했다. 1791년 8월 4일에 서명한 이 협약은 지도상의 선들에 대해 언급하고 있었다. 다음날 중재자였던 영국의 로버트 머레이 키스(Robert Murray Keith) 경은 본국에 이렇게 보고했다.

제국주의자들은 이 두 제국 사이의 국경을 표시한 지도를 세부밖에 갖고 있지 않았습니다(이 지도는 협상 과정에서 자주 언급된 것이었습니다). 이들은 이 지도를 프로이센의 수상과 터키에 전달했습니다. 그러나 이들은 우리가 빈으로 돌아오는 것에 맞춰 가장 최근에 조정된 국경들을 세밀하게 표시한 정확한 지도를 중재역을 맡은 각국의 대표들에게도 전달하려 하고 있습니다. 이 지도가 전달되는 대로 각하에게 보내드리는 것이 본관의 의무라고 생각합니다.[13]

이렇게 지도는 단순한 상징물이 아니라 외교의 수단으로서 중요해졌던 것이다.

국경과 지도에 대한 유럽중심주의적 접근은 대부분의 경우 서유럽의 접근 방식을 의미한다. 그러나 서유럽과 동유럽 사이에는 중요한 차이가 존재했으며, 이 차이는 유럽 제국주의(주로 서유럽)가 비유럽 세계와 접촉하는 과정에서도 찾아볼 수 있었다. 서유럽의 경우 국경선이 명확해지던 일반적 경향은 14~15세기에 몇 차례의 전쟁을 불러온 원인이 됐다. 귀속 관계가 분명하지 않은 땅들의 경우 경쟁 관계에 있는 국가들이 영유권을 주장하며 경합을 벌였기 때문이다. 그러나 불가리아나 세르비아, 그리고 헝가리까지 발칸반도의 기독교 국가들은 이런 측면에서는 '후진적'이었다. 이들 사이의 국경선은 해당 지역 통치자들의 이해관계에 따라 쉽게 변하는 모호한 것이었다.

오스만 제국은 적어도 서유럽의 제국주의 국가들만큼은 세련돼 있었다는 점에서, 그들의 세력 확장은 이런 상황을 얼마간 바꾸어 놓았을 수도 있다. 그러나 터키인들의 정복은 '점진적'이었기 때문에 사실상 문제는 여전히 남아 있었다. 예를 들어 (터키 제국의 주[州] 제도가 실시되고 있었다는 의미에서) 터키 제국에 완전히 동화된 지역의 경계에 있던 기독교 국가들은 의무적으로 술탄과 동맹을 맺거나 조공국의 지위를 받아들여야만 했을 것이다. 특히 조공국의 범주에 들었던 나라들은 실질적으로 술탄의 통치 아래 있었다. 술탄은 이런 나라들에 언제든 군대를 진주시킬 수 있었고 완전히 제국의 영토가 된 지역에 요구하는 것과 같은 수준의 자원과 인력을 요구할 수도 있었다.[14]

이런 상황은 과거나 지금이나 지도로 표현하기가 대단히 어렵다. 가령 오스만 제국의 속국이었던 월러키아(Wallachia) 공국은 유럽 내 오스만 제국 세력의 상당 부분을 차지하고 있었다. 그러나 다뉴브 강 너머에서 터키인들의 세력이 실제로 얼마나 강력했는지를 이해하려면 이 공국과 술탄의 관계를 대단히 구체적으로 지도에 묘사해야 했을 것이다.

그러나 유럽 제국주의에서 그랬던 것처럼 동유럽 지역의 국제정치적 야망과 권력관계의 지도화를 이끈 강력한 요인이 있었다. 근대 초기 서유럽에서 외교적 거래와 갈등의 핵심적 단위는 지리적 영토가 아닌 사법적 영토였다. 이것은 이 시기 국제 관계에서 왕위 계승을 둘러싼 분쟁이 지배적이었던 것에서도 확인할 수 있다. 가령 프랑스 혁명이 일어나기 전 18세기 서유럽의 큰 전쟁들 대부분은 왕위 계승권을 둘러싼 갈등에서 비롯된 것이었다. 예를 들면 스페인(1701~1704), 폴란드(1733~1735), 오스트리아(1740~1748), 바이에른(1778~1779) 계승 전쟁 등이 여기에 해당한다. 7년 전쟁(1756~1763)의 경우는 오스트리아 계승 전쟁이 가져온 영토 배분을 뒤집어 보려는 시도로 볼 수 있다는 점에서 왕위 계승 전쟁의 연장이라고 할 수 있다.

반면 동유럽에서는 지리적 영토를 둘러싼 문제들이 더 큰 역할을 했고, 지도화를 자극하는 요인이 됐다. 우선 주요 국가들은 분쟁 대상이 되고 있는 지역들에 대해 권리 주장을 할 마땅할 역사적 근거가 없었고, 권력의 지배망 역시 서유럽보다는 훨씬 성겼다. 그것은 무엇보다도 우크라이나처럼 그때까지는 자치지역이었던 곳들이 다른 국가의 지배 아래 들어갔고,[15] 왕위 계승 역시 중요한 외교적 관심사가 아니었기 때문이다.

따라서 왕위 계승은 영토의 주인이 바뀌는 수단도, 상대적 권력을 평가하는 수단도 아니었다. 이것은 상당 부분 터키가 이 지역으로 진출한 결과였으며, 또한 폴란드-리투아니아가 1572년 확실한 선제공국(選帝公國)이 된 것도 중요한 원인으로 꼽히고 있다. 합스부르크가는 왕위 계승을 통해 헝가리의 왕관을 차지했지만 이 권리를 행사하기 위해서는 터키인들과 싸움을 벌여야만 했다. 상속권 분쟁은 러시아와 그 적대국들 사이에서도 중요한 문제가 되지 않았다. 동유럽에서 분쟁의 원인은 지리적 영토에서 비롯됐으며, 이것은 공간적 측면을 훨씬 더 중요하게 만들었던 것이다.

경계의 국경화

국경을 다룬 지도들이 영토에 대한 새로운 인식의 산물이었다고 한다면, 여기에는 18세기 이래 유럽 사회의 한 특징이 되어 가고 있던 정확성과 계측에 대한 관심이 반영돼 있으며, 한편으로는 국경은 독특한 성격을 갖는다는 인식도 작용하고 있었다. 유럽의 '국경선'은 대부분 카스티야(Castilla)와 아라곤(Aragón)의 왕조 통합(1479) 이후의 스페인이나 스코틀랜드와 잉글랜드 통합(1603, 1707) 이후의 영국처럼 본질적으로 국내 정치적 성격, 즉 사법·재정적 성격을 띠고 있었으며 국제적 의미는 갖고 있지 않았다. 이 과정은 특히 서유럽에서 두드러졌는데 이 지역에서는 역사적으로 사법적 권력망이 훨씬 조밀했고, 여기에 따르는 지역의 특권 역시 강력하게 지속됐기 때문이다. 대부분의 유럽인들에게 이런 지역적 경계는 국경선만큼이나 중요했고, 그 결과 19세기의 지도에서는 이 두 종류의 경계선을 구별하기가 쉽지 않았다. 이런 심리 세계는 1789

년 이후 프랑스 혁명이 민족주의를 자극해 유럽인들의 정치 의식이 바뀌면서 눈에 띄게 변했다. 그러나 이미 이에 앞서 국가 체제가 강력해지면서 국가 경계 안의 권력관계가 재편성됐고, 그 결과 지도상에서 국가의 경계 안에 포함된 지역들은 국가를 구성하는 실질적인 단위로서 인식되기에 이르렀다고 할 수 있다. 지도, 아니 사실은 지도상의 선들은 이런 변화를 표현하는 데 적절했던 것이다. 이렇게 유럽 국경의 구체화는 분명한 객관적 현실이 됐던 것이고, 이에 따라 지도화가 가능했던 것이다. 다시 말하면 구체적인 국경선이 관심사로 떠올랐고, 지도에 표시할 수 있게 된 것이다.

그러나 다른 종류의 문제를 제기하는 다른 형태의 국경선도 존재했다. 첫째로 유럽과 비유럽 사회 사이에 국경을 표시하는 문제가 있었고, 두 번째는 유럽인이 정착한 지 그렇게 오래 되지 않은 지역들에서 유럽 국가들 간의 국경을 표시하는 문제였다. 유럽인들의 눈에 비유럽 지역의 땅은 사람이 살지 않는 빈 땅으로 보였으며, 또 비유럽 사회는 미개한 사회였다. 유럽인들은 비유럽 지역의 땅에 대해서는 거기에 정착해 있는 유럽인들을 제외하면 사람이 살지 않는 공지로 지도에 표시하거나, 아니면 이런 지역들을 유럽과 비슷하게 취급함으로써 유럽인의 지도 인식대로 재단해 버렸다. 가령 기욤 드릴(Guillaume Delisle)의 『아프리카 지도』(암스테르담, 1722년경)에서 아프리카 전체를 국경선이 분명한 왕국들로 나눈 것도 이런 예에 해당한다.

그리고 이런 지역에서 영토 소유의 개념이나 확정된 국경선 같은 인식이 존재했을 때, 또 자연 지형들을 경계로 이용하고 있었을 때 지도의 유용성은 한층 더 커졌다. 가령 1765년 플로리다의 로어 크릭(Lower Creek) 족과 체결한 조약에서처럼, 북미의 영국 식민지들과 아메리카 원주민 부족들 사이에 체결된 조약들에는 이런 자연 지형들이 언급돼 있다.[16]

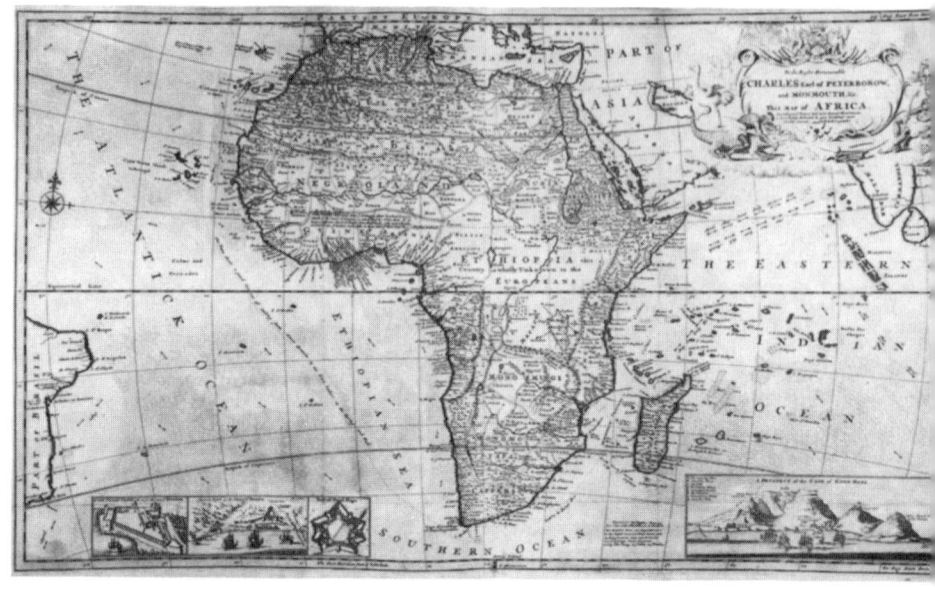

그림 43 기욤 드릴이 제작한 〈아프리카 지도〉(1722년경). 유럽인의 눈에 비친 아프리카를 보여주고 있는 이 지도에는 유럽식 영토 개념이 고스란히 드러나고 있다.

유럽과 아시아의 경계

유럽과 아시아의 경계 지역에서 국경선을 확정하는 데는 해결하기 어려운 수많은 문제들이 존재했다. 오스만 제국은 베네치아와 오스트리아, 폴란드, 러시아와 국경을 맞대고 있었다. 그리고 러시아는 1680년대부터 중국 및 페르시아의 영토와 '만나게' 되는데, 그 결과 1689년에는 중국과 네르친스크(Nerchinsk) 조약을, 1723년과 1729년, 1732년에는 페르시아와 일련의 국경 조약을 맺게 된다. 1669년 카를로비츠 강화 조약(Peace of Carlowitz) 이후 새 국경선을 확정하기 위해 만난 오스트리아와 터키 양쪽 대표들은 모호하고 때로는 상충하기도 하는 조약의 표현과 마주쳐야 했다. 가령 새 국경 중 '직선'으로 된 한 부분이나 트란실바니아의 '구국경들' 같은 표현들은 물론, 섬들이 포함된 강을 따라 국경이 정해진 경우 이 섬들의 미래의 지위 같은 문제들도 이들을 괴롭혔다. 1737년에서 1739년까지 이어진 오스트리아-터키 전쟁이 끝나고 베오그라드 조약(Treaty of Beograd)이 체결된 뒤 새 국경을 확정하기 위해 긴 협상이 진행됐지만 1744년까지는 양쪽이 만족할 만한 해결점을 찾을 수 없었다.[17]

자연적 경계들은 유럽과 아시아 사이의 경계를 분명히 하는 기준 노릇을 했다. 이 지역에 관한 한 오랜 기간에 걸쳐 확립된 정치적 권리를 반영하는 관할권 따위는 존재하지 않았다. 대신 근거가 희박한 과거의 연고를 앞세운 무력만이 작동했을 뿐이다. 특히 사람이 살고 있는 지역이나 교역로를 끼고 있는 지역에서는 구체적인 경계선의 역할이 중요했다. 흐름이 바뀌기도 하는 강은 유동적인 특성을 가지고 있었지만, 그래도 정주지나 교역로가 보통은 강을 중심으로 형성돼 있었기 때문에, 경계선의 기능을 하는 것은 대부분 강이었다. 18세기 대부분의 기간 동안 러시아와 카스피 해 동쪽 중앙아시아의 경계는 우랄 강과 이르티슈(Irtysh) 강을 따랐다. 그리고 18세기 후반 러시아의 카프카스 지방 쪽 경계 대부분을 결정했던 것도 테레크(Terek) 강과 쿠반(Kuban) 강이었다. 좀 더 서쪽에서는 드니에프르(Dnieper), 부그(Bug), 드니에스트르(Dniester), 프루트(Pruth) 강 등이 러시아가 발칸 반도 쪽으로 세력을 확장할 때마다 경계가 됐다. 또 1699년부터 1878년 사이에 오스트리아와 터키의 경계를 결정할 때도 올트(Oltul), 무레쉬(Muresul), 티서(Tisza), 다뉴브(Danube), 사바(Sava) 강 등이 중요한 역할을 했다.

유럽과 아시아의 경계에서는 관할권과 비선형적 국경이라는 봉건주의 시대의 유산에 얽매이지 않고, 실질적 권력과 실용주의가 중요한 역할을 했다. 러시아가 발칸 반도나 카프카스 지역, 그리고 더 동쪽의 지역에 미쳤던 영향이 바로 이런 경우라고 할 수 있다.[18] 유럽과 아시아의 또 다른 경계였던 남아시아의 경우, 유럽 무역회사들이나 유럽 국가들이 해안 지대에 설치했던 고립 영토들과 아시아의 주요 국가들 사이의 관계에서 주권과 관할권 관계를 둘러싼 여러 가지 문제들이 제기됐지만, 상황은 러시아 쪽과는 판이하게 달랐다. 유럽의 경우 지역에 따라 제국주의 국가들의 조직이나 그 지배력 사이에는 차이가 있었다. 그러나 이를 제쳐놓는다면, 인도 무굴 제국이나 페르시아 사파비(Safavid) 제국 같은 아시아의 제국들 역시, 유럽의 식민지 경영 조직들이 이들 제국의 일부 소국들과 비슷하게 반독립적 영토를 가질 수 있을 정도로 지배력은 허술했다.[19] 이런 상황은 지도화의 가능성과 필요성 양 측면에서 중요한 의미를 갖고 있었다.

신세계

영토 분쟁이 일어난 지역의 위치를 특정해 보여주는 데 지도가 일정한 역할을 했던 북미 지역 역시 봉건적 유제인 관할권과 비선형적 경계와 상관없이 힘과 실용주의가 작동했던 경우라고 할 수 있다. 1680년대 영국의 허드슨즈 베이 컴퍼니(Hundson's Bay Company)가 소유한 땅과 캐나다 사이의 경계를 확정하기 위해 영국과 프랑스가 다툼을 벌일 때도 지도가 사용됐다.[20] 또 영국과 프랑스가 1755년 북미 지역에서 일어난 분쟁을 해결하는 데 실패했던 것은 양측의 지도가 서로 달랐던 점도 원인이 됐다. 이것은 문제가 됐던 지역이 내륙의 오지여서 제대로 지도화되지 않았던 것과 관련이 있었다. 1744년에서 1748년에 걸친 영불전쟁

이후 경계를 확정하려던 시도 역시 경계를 놓고 두 나라의 견해가 서로 달랐던 데다 영국 내의 호전적 여론까지 겹쳐 제대로 성과를 내지 못했다. 당시 영국에서는 국경을 명확하게 표시해 보려던 시도가 있기는 했지만, 국경 표시에 따라다니는 문제들에 대해서는 이해하지 못하고 있었다. 1749년 3월 18일자 〈웨스트민스터 저널〉은 문제가 된 경계 지역을 대단히 단순하게 표시한 그림을 싣고 정부의 소심함을 비판하는 동시에 이렇게 주장했다. "북미에서 우리 나라와 프랑스 사이의 경계를 현장 확인을 통해 조사하고, 위트레흐트 조약(Treaty of Utrecht)에 근거해 우리 나라의 땅과 그들의 땅을 정확하게 결정하는 것이 마땅하다."

그러나 문제는 단순히 소심함 따위로 표현할 수 있는 것보다는 훨씬 컸다. 프랑스와 경계 문제를 놓고 협상을 벌일 대표들이 지리 문제에 대해 별로 아는 것이 없었고, 이들이 갖고 있던 지도 역시 많은 문제를 안고 있었던 것이다. 가령 조지프 요크(Joseph Yorke)는 같은 협상단의 윌리엄 마일드메이(William Mildmay)에 대해 이런 평가를 내렸다.

> 마일드메이 씨에 관해서라면 나는 개인적으로 잘 알고 있고, 또 대표단의 한 사람으로서 임무를 꽤 잘 수행하리라고 믿는다. 그러나 나나 나와 같이 선정된 대표들보다 아메리카와 서인도 제도를 더 잘 알고 있는 다른 사람을 지명하는 편이 적절할 것이라고 확신한다.[21]

영국과 프랑스가 1754년 북미 지역에서 충돌하게 된 것은 오하이오 강 유역에 대한 권리를 놓고 주장이 서로 달랐기 때문인데, 다음 해인 1755년에 두 강국은 협상과 전쟁을 위한 무장을 병행하고 있었다. 런던 주재 프랑스 공사였던 미르푸아(Mirepoix)는 본국에 보내는 보고서에서 영국과 프랑스의 북미 지역 지도가 서로 다른 점을 지적하면서 영국의 국무대신이었던 토머스 로빈슨(Thomas Robinson) 경에게서 들은 말을 전하고 있다.

지형의 복잡성, 프랑스 측과 영국 측 지도의 상이함, 게다가 양국 지도 공히 안고 있는 부정확성의 문제 등등 때문에 양쪽의 목적을 만족시킬 수 있는 정확한 경계선을 결정하는 것은 불가능하다. 이러한 사정을 고려하여 영국 재판소는 위도(緯度)에 기초하여 합의에 도달할 것을 제안했다. 이것은 아마도 미지의 지역에 경계선을 그을 때 사용할 수 있는 가장 안전한 방법일 것이다.[22]

1755년 2월 헤이그 주재 프랑스 공사는 사실상의 독일 외무상이었던 파겔(Fagel)과 이 문제를 놓고 의견을 교환했다.

당빌(Danville) 지도가 내 책상 위에 놓여 있었다. 파겔은 그것을 검토한 후 잠시 침묵하더니 이렇게 말했다. "만약 이 지도에 나온 지점이 정확하다면, 프랑스의 주장이 정당하다는 것은 의심의 여지가 없다. 그러나 영국 측도 자국의 주장이 정당하다는 것을 간단히 입증할 수 있는 지도를 갖고 있을 것이다. 나는 벌써 그런 영국 지도를 한 장 받아 논 상태다."

영국과 프랑스 사이의 교섭에서는 지도를 많이 참고했다.[23] 이 위기와 뒤를 이은 충돌이 일반인들을 겨냥한 지도 시장을 창출한 것은 당연한 일이었다.[24] 1755년 8월 3일과 9월 5일자 〈데일리 어드버타이저〉에는 새로 나온 북미 지역 지도의 광고가 실렸다. 또 『세계지도·지명사전』(런던, 1759)의 속표지는 이 사전이 '세계 대지도와 분쟁 지역들, 또 독일 내 전장들을 보여주고 있다'고 밝히고 있었다.

전쟁이 끝나자 〈유니버설 매거진〉 1763년 3월호는 북미에서 영국이 지배하게 된 영토의 범위를 보여주는 지도를 실었다. 또한 영국에서는 영토의 경계를 명확하게 확정해야 한다는 압력도 일고 있었다. 1762년 9월 23일자 〈런던 이브닝포스트〉는 이렇게 주장하고 나섰다.

> 우리 측 협상 대표들은 언제든 새 조약이 체결될 때마다 조약에서 규정하게 될 세계 전역의 영국 영토들이 명확하고 완전하게 표시될 수 있도록 세심한 주의를 기울어야만 한다. 또한 강제력을 갖는 해도나 지도가 조약에 부기될 경우 경계를 분명히 표시함으로써 오해의 여지를 없애야 한다. 최근에 체결된 에 라 샤펠 강화 조약(Peace of Aix la Chapelle, 1748)은 이 점에 유의하지 않았기 때문에 경계가 불명확한 채로 남게 된 것이다.

실제로 1763년의 협상에서는 북미 지역과 서인도 제도에서 영토 표시가 한층 명확해졌다. 비록 미시시피 강 유역의 경계선에서는 문제들이 있었지만, 여기에는 전쟁의 결과가 결정적인 역할을 했다. 한편 영국 쪽 협상 대표였던 베드포드 공(Duke of Bedford)에게 전달된 본국의 훈령에는 미시시피 강과 관련한 협상을 돕기 위해 지도 한 점이 첨부돼 있었다.[25]

북미 지역의 경계선들을 지도화하는 과정에서 생겨난 문제들은 이것으로 끝이 아니었다. 새로 독립한 미국이 영국 및 스페인과 국경 분쟁에 휘말렸기 때문이다. 또 부분적으로는 지도 제작 기술상의 문제 때문이기도 했지만, 미국과 캐나다의 국경이 일관성 없게 정해지는 바람에 일련의 국경 분쟁으로 이어졌고, 1842년에나 가서야 이런 분쟁들이 모두 타결될 수 있었다. 또 무력 충돌로 발전하지는 않았지만, 캐나다와 미국이 서쪽으로 영토를 확장하는 과정에서 몇 차례의 국경 분쟁이 일어나기도 했다. 예를 들어 산후안아일랜드(San Juan Islands)를 둘러싸고 분쟁이 일어나, 1872년 제3자의 중재로 해결된 사례 등을 꼽을 수 있다. 그리고 이런 협상 과정에서 원주민들의 견해나 이해관계는 완전히 무시됐다.[26] 1795년 스페인 지배 아래 있던 플로리다 서부의 국경 분쟁이 해결되면서 미국은 훗날 미시시피 주와 앨라배마 주가 될 땅의 상당 부분을 획득하게 됐다.[27]

또 개별 식민지들과 나중에 형성된 주들 사이에도 경계 설정을 놓고 심각한 분쟁이 일어났다. 미국에서는 식민지나 주, 군(county)의 경계 설정에서 강들이 대단히 중요한 역할을 했는데 이것이 어디서나 가능했던 것은 아니다. 펜실베이니아와 메릴랜드는 1732년과 1739년 임시 협정을 맺었지만 어떤 것도 영구적인 해결책이 되지는 못했다. 데이비드 리텐하우스(David Rittenhouse)가 델라웨어 강 만곡부를 최초로 측량한 것은 1763년이었지만, 그 곳이 두 주의 경계로 최종 결정된 것은 1892년의 일이었다. 그리고 펜실베이니아와 메릴랜드 간의 나머지 경계선은 1764년에서 1774년 사이에 찰스 메이슨(Charles Mason)과 제레미아 딕슨(Jeremiah Dixon)에 의해 확정됐다. 또 1769년 시작된 코네티컷과 펜실베이니아의 충돌은 1782년 연방 의회가 펜실베이니아의 주장을 받아들이고 나서야 끝이 났다. 그 뒤 1785년 펜실베이니아 주 의회는 북쪽 경계선에 대한 측량을 명령했다.[28]

19세기

경계에 대한 강조는 19세기가 되면서 더욱 강해진다. 이것은 제국주의의 확장 속도나 범위, 강도가 한층 더 빨라지고 강력해졌을 뿐만 아니라[29]

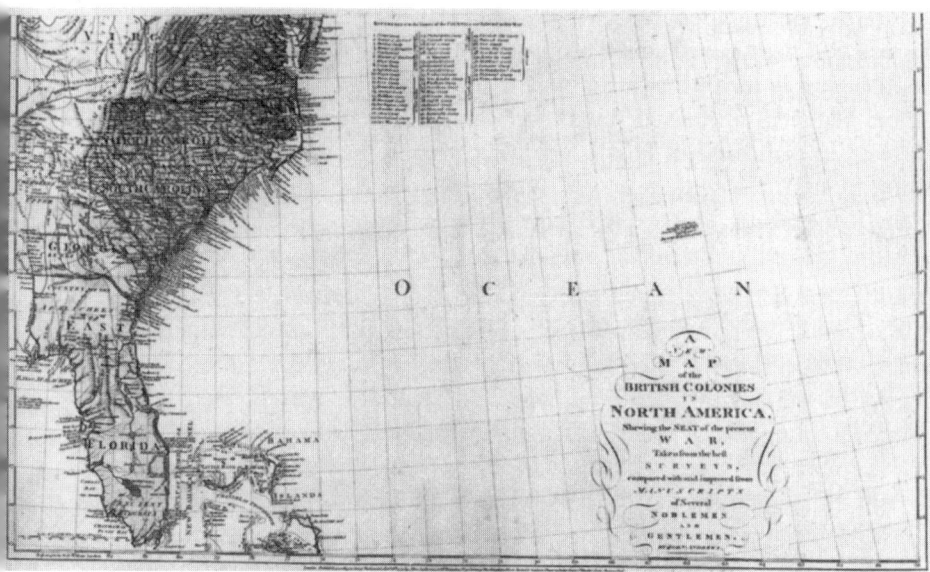

그림 44 존 앤드루스가 제작한 〈북미 지역의 영국 식민지 새 지도, 현재의 전쟁 지역 포함〉(1777). 새로운 소식에 목말라 하는 대중들을 겨냥해 제작한 상업 지도의 하나였다.

유럽 안에서 민족주의가 차지하는 역할이 더욱 확대돼 가던 상황을 반영하고 있다. 유럽 안에서 국경선에 대한 이해와 정의는 대중을 겨냥한 이데올로기에서 중요한 역할을 하게 되는데,[30] 이것은 대단히 많은 교실에 지도가 걸리게 된 것에서도 확인할 수 있다. 유럽 안에서 경계선은 확정돼야 할 것이었고, 유럽 바깥에서는 확장돼야 할 것이었다. 권력은 영토에 기초한 것이었고, 유럽인들에 관한 한 영토는 권력의 정통성 그 자체였다. 이런 영토관은 지역적 특성에 관한 지식을 요구했고, 이 지식의 구축과 획득은 유럽인들이 자신들의 방식대로 세계를 이해하려 했던 좀 더 일반적인 과정의 한 부분이었다. 이 과정은 유럽인들 특유의 것만은 아니었다. 예를 들면 17세기 중국과 일본의 지도들에도 도나 성, 현과 같은 지방의 경계들이 표시돼 있었던 것이다.

용어들도 분야에 따라 다른 의미를 전달할 수 있는데, 가령 '이해한다' 대신 '파악한다'는 말을 사용할 수도 있다. 이 경우 세계의 물리적 지형은 측정의 대상이 된다. 예를 들면 바다는 해도에 기록되고, 높이와 깊이는 측정돼야 하며, 강우량과 기온은 그래프화돼야 하는 것이다. 이런 과정은 모두 통합돼 있었으며, 세계는 갈수록 유럽적 지식의 관점에서 이해되고 있었다. 유럽인들은 세계의 여러 지역들을 그 지역이 습한지, 더운지, 산이 많은지, 아니면 숲이 많은지 따위 등을 따져 가며 통합적으로 평가했는데, 이런 평가 방법은 유럽인들에게 가치 있는 것이 무엇이었는지를 보여주는 동시에 유럽인들의 가치관을 반영하고 있었다. 그리고 이런 지식들은 지도를 통해 반영 또는 표시됐다.

결국 토지의 정치화는 공간 이해와 분배의 한 양상이면서, 어떤 측면에서는 사실상 한 단계였다. 그러나 이 과정은 가장 다툼이 많았던 대목이었다. 세계는 당시까지 유례를 찾아볼 수 없을 정도로 분할돼 갔다. 부분적으로 이 과정은 이미 기본적으로 합의가 돼 있었기 때문에 별다른 다툼 없이 경계를 확정지을 수 있었던 데서 비롯된 측면이 있다. 예를 프랑스와 스페인이 1866년과 1868년에 조약을 체결해 피레네 산맥 쪽 국경선을 확정지었던 사례가 여기에 해당한다.[31]

이 같은 경계의 확정은 유럽 안에서 국가가 행사했던 강력한 권력과 함께 해외에 투영된 유럽의 힘을 반영하고 있었다. 그리고 이 과정은 경계를 확정할 수 있는 수단들이 늘어나는 변화가 있었기 때문에 가능했고, 다른 한편으로는 경계의 확정 과정이 이 변화를 자극하기도 했다. 또 당시까지 해도가 없었던 지역의 바다에 대한 측량도 시작됐다. 1841년 영국 군함 설퍼(Sulphur) 호의 함장 에드워드 벨처(Edward Belcher)는 홍콩 주위의 바다를 측량했는데, 1841년은 홍콩이 공식적으로 영국에 할양된 해이기도 하다. 사실 이 두 사건은 같은 과정의 일부였다.

그리고 범위를 더 넓혀 보면 산악 및 습지대에 대한 탐험과 지도화도 진행됐으며, 그 결과 국경을 확장하고 명확히 해야 한다는 압력도 커져 갔다. 이것은 또한 축척의 문제이기도 했으니, 우선 지도 제작에 사용할 수 있는 정보의 양이 늘어남에 따라 지금까지보다 훨씬 많은 지역들을 멀리 떨어진 곳의 지도에서도 정확하게 표시할 수 있게 되었다. 두 번째로 점점 더 큰 축척을 사용해 세계를 지도화하게 되면서, 지도상의 선과 지도 제작자들의 기술에 따라 다르게 표현되던 세계를 합치시킬 필요가 생겨났다. 유럽 이외의 지역에서 이 과정은 대개 자연 지형이나 민족적 분포 따위와 큰 관계없이 진행됐다.

제국주의와 그 경계

경도선과 위도선을 사용함으로 해서 상대적으로 정확하고 빠르게 경계를 설정할 수 있게 된 것은 사실이지만 경도와 위도의 사용이 이러한 편리함만을 제공했던 것은 아니다. 이 과정은 자연스러울 뿐만 아니라 합리적이었고, 이해도 쉬웠으며, (심지어는) 권장할 만한 것으로도 여겨졌다. 이런 식의 경계 설정은 식민지 영토, 특히 아프리카의 경계 확정과 지도화에만 적용됐던 것은 아니다. 북위 49도선은 미국과 캐나다 국경의 상당 부분에 그대로 사용됐다. 결국 지식이, 이 경우에는 위도와 경도가, 모든 공간을 유럽적 공간에 종속시켜 가는 과정의 한 부분으로 기능을 했던 셈이다. 그리고 이런 지식이 갖고 있는 이른바 과학적 객관성은 이 과정에 도덕적 정당성까지 부여했다.

    19세기에 진행된 또 다른 지식의 축적과 표현 과정이었던 지질 조사에서도 지도는 핵심적인 역할을 하게 되는데, 여기서도 비슷한 과정이 반복된다. 지질 조사는 이 기간 동안 대단히 많이 실시됐다. 지질 조사 결과는 보통 단면도와 함께 제시되면서, 3차원적 지도화를 통해 지구 표면에 대한 이해를 더욱 깊게 해 주는 것처럼 인식됐다. 즉 인간의 인식 안에서 조금 더 구체적으로 동시에 인간의 목적에 맞게 지구의 표면을 파악할 수 있게 된 것이다. 1894년까지 미국 지질학회의 이사를 지내며 많은 영향력을 행사했던 존 웨슬리 파월(John Wesley Powell)도 지질도는 토지의 과학적 이용에 기초가 된다고 보았다. 즉 미국의 서부는 광물이 매장된 지역, 석탄 매장 지역, 목초 지대, 목재가 나는 지역, 관개가 가능한 지역 따위로 분류하게 될 수 있었다.[32] 지식은 개발이 더 적절한 방식으로 이루어지도록 개발 과정을 조직하는 데 그 목적이 있었다. 그러나 '적절한'에 담긴 의미는 본질적으로는 경제적 이익의 극대화였다. 다른 비유럽 사회의 토지 이해는 무시됐고, 주변화됐으며, 마술적인 것으로 취급됐고, 그 결과 비유럽인들의 명백한 열등성을 보여주는 문화인류학적 설화 따위로 치부되게 된다. 이것은 19세기의 상당수 인종학 지도들이 사람들과 주제를 '고정'시켰던 방법 중 하나였는데, 이 시기에 나온 인종지도들을 대표적인 사례로 꼽을 수 있다.

그러나 경계는 유럽 제국주의자들의 발명품은 아니었다. 가령 미국 서부에서 '주니 족의 전통적 경계들은 이웃 부족들의 구성원들에게도 알려져, 인정을 받고 있었'기 때문에, 1846년 주니 족의 땅을 지도에 표시할 수 있었다.[33] 그렇지만 유럽 이외의 지역에서 경계라는 개념은 이 사례에서 볼 수 있는 것보다 훨씬 다면적이었다. 아시아와 오스트레일리아, 아프리카, 신세계에서 상당수 원주민들은 유목민 또는 반유목민이었다. 일반적으로 사냥이나 목축에 기초했던 사회들이 그랬던 것처럼 이들 원주민들은 계절에 따라 머무는 지역이 달랐기 때문에 이들의 영역을 분명히 확정할 수는 없었다. 그리고 세계의 상당수 지역에서 경제 활동의 성격이나 정체성, 정치적 지배 따위의 문제는 영토에 대한 지배 여부가 아니라 사람들과 관련돼 있었다. 이런 상황에서는 영토적 경계에 대한 관심이 부족할 수밖에 없었고, 설사 있다손 치더라도 경계에 대한 이해는 유동적일 수밖에 없었다.

더욱이 경계를 둘러싼 정치는 인접한 집단들이 동맹이냐 적이냐에 따라 성격이 달라졌다. 또한 물리적 지형의 성격도 여기에 영향을 미쳤다. 예를 들어 쿼런(Kwarran) 고원이나 아와시(Awash) 강, 나일 협곡처럼 확연히 드러나고, 역사적으로도 중요한 결정적인 지리적 지형들이 없었다면, 19세기 말 이전까지 아프리카의 뿔이라고 부르는 동아프리카 지역의 경계를 정확히 확정하는 것은 불가능했을 것이다. 이런 지형들에 따르지 않고 사막 한 가운데나 삼림 지대를 가로질러 선을 긋는 것은 별 의미가 없었다. 그러나 유럽 제국주의 열강들이 했던 것이 바로 그런 짓이었다. 하천의 구조나 지형, 동식물 분포는 말할 것도 없고 인종적, 언어적, 종교적, 경제적, 정치적 결합 관계나 관습 따위는 전혀 고려하지 않고 지도상에 직선들을 그어 댔던 것은 정치적 지배력의 주장이며, 동시에 기존 원주민들의 관습을 부정하고, 새로운 관습, 그것도 오로지 유럽인들의 힘에서 비롯된 새로운 관습들의 정통성만을 강요하기 위해 정치적 지배력을 행사한 것에 지나지 않았다.

세계의 일부 지역에서 유럽 세력의 등장은 그때까지 '모호했던' 국경들의 확정이나 재설정을 넘어서 원주민들의 공간 이해가 어떤 것이었든 이것을 제국주의의 지도 제작법에 종속시키는 결과를 낳았다. 이 같은 종속은 긴장을 유발하고 동시에 반영하기도 했던 경계의 설정에 그치지 않고, 지도학이 제국주의를 지탱했던 신화들을 창조하는 데 일조하도록 만들기도 했다. 종군 측량사들은 유럽 군대가 전투를 벌였던 지역들에서 교체 병력이 주둔하거나 입식에 적합한 장소들을 선정하고, 식생이나 기타 지형들을 조사함으로써 지도 제작에 중요한 역할을 했다. 이 측량사들은 또 알제리나 케냐에서처럼 제국주의적 확장의 거점이 됐던 지역에서 유럽인들에 의한 식민화 과정에 일조했으며, 광물 매장지나 향후 사용 가능한 교역로를 찾아내는 임무도 수행했다. 이렇게 유럽의 정부와 구매자들을 위해 제작된 지도는 원주민이나 이들의 국가를 무시 또는 과소평가함으로써 아프리카나 오세아니아 같은 다른 지역을 유럽인들이 마음대로 이용할 수 있는 것처럼 제시하고 있었다. 이런 식의 지도 제작은 세계를 주인 없는 땅으로, 최소한 유럽인의 지배 아래 있지 않으면 미개한 지역인 것으로 만들어 버림으로써 제국주의적 팽창을 정당화했다. 좀 더 일반적인 차원에서 지리학은 제국주의의 여러 가지 측면들과 밀접하게 관련돼 있었다.[34]

19세기에는 점점 더 많은 국경들이 유럽적 관점에서 확정돼 갔는데, 가령 극동 지역에서 러시아-일본 간 국경(1885)이나 1861년 중국-러시아, 조선-러시아 국경이 확정된 것이 이런 사례에 해당한다. 이와는 대조적으로 1689년 중국과 러시아 사이에 체결된 네르친스크 조약의 경우 국경에 대한 언급이 대단히 모호해서 지금도 여기에 언급된 지명들을 놓고 논란이 계속되고 있으며, 1960년대 이래 중국과 러시아 간 대립의 원인이 되고 있다. 러시아와 중국, 일본의 역사지도책들은 극동 지역의 역사적 경계에 관해 서로 상충하는 견해를 제시하고 있다. 이 각각의 지도책들은 19세기 이전에는 존재하지 않았던 지리적 지식을 전제로 한 공간적 특수성을 주장하고 있는 것이다.

경계의 확정 과정에는 1912~1913년에 걸쳐 활동했던 수단-우간다 국경선 위원회나 역시 같은 기간에 운영된 나이지리아-카메룬 국경선 위원회의 사례에서처럼 지도화가 제대로 이루어지지 않았거나 어려운 지역에서 자신들의 질서를 강제하려는 제국주의 국가들이 개입돼 있었다. 이렇게 확정된 경계선의 대부분은 현지의 정체성이나 이해관계, 견해 따위는 거들떠보지도 않았으며, 이 때문에 상당한 비판을 받게 된다. 가령 유럽 제국주의는 식민지에서 독립한 뒤 아프리카에서 일어났던 종족 갈등의 원인 제공자로 지금까지 비난을 받고 있다. 그러나 한 종족을 갈라 놓지 않으려는 노력들도 없었던 것은 아니다. 수단-우간다 국경선 위원회가 여기에 해당하는데, 이 두 지역 모두 영국의 지배 아래 있었기 때문에 국경선 확정이 비교적 수월했던 측면이 있다.

경계 확정은 우위를 차지하려는 현지 세력 사이의 다툼과도 관련돼 있었다. 여기에는 간혹 공간적 요소들이 포함되기도 했으며, 제국주의 열강들의 영토 확장 전략과 분쟁 속으로 이런 갈등들이 편입되는 경우도 있었다. 중동 지역은 이런 과정을 보여주는 사례라 할 수 있다. 페르시아에 기반을 둔 세력들과 이보다 더 서쪽에 자리 잡은 세력들 사이에 특히 카프카스와 아르메니아, 자그로스(Zagros) 산맥, 메소포타미아 등의 지역을 놓고 오래 전부터 갈등이 있어 왔다. 파르티아(Parthia)와 로마, 사파비 왕조와 오스만 왕조 등의 강대국들은 이들 지역을 차지하기 위해 전쟁을 벌여 왔던 것이다. 그러다가 19세기 초가 되면서 영국과 러시아가 페르시아와 터키 사이의 문제에서 상당히 큰 역할을 하게 된다. 두 제국은 유럽인들에게는 골치 아픈 문젯거리였다가 1790년대에 카프카스 지역에서 페르시아의 영향력이 약화됐던 것처럼 언제 어떻게 될지 모를 정도로 취약해져 있었고, 이들과 경쟁 관계에 있던 유럽 세력들로서는 영향력을 확대할 수 있는 기회를 잡은 셈이었다. 페르시아와 터키 사이의 쿠르디스탄 지역 국경을 둘러싼 일련의 분쟁은 1843년과 1844년 사이에 영국과 러시아까지 참여하는 4자간 터키-페르시아 국경선 위원회의 구성으로 이어졌다. 비록 페르시아와 터키는 타협을 내켜하지 않았지만 긴 협상 끝에 마침내 제2차 에르제룸 조약(Treaty of Erzeroum, 1847)이 체결됐고 이듬해에는 조약에서 모호하게 처리한 문제를 정리한 추가 각

서까지 체결됐다. 샤탈 아랍(Shatt al Arab) 강 동안의 경우에는 경계가 분명하게 정해지지는 않았지만, 이곳을 제외하고는 모든 지역의 경계가 확정됐다. 그러나 지상에 경계를 긋는 문제는 생각보다 어려웠고 분쟁은 계속됐다. 사실 국경선 위원회의 활동은 이런 분쟁을 조장한 측면도 있는데, 1853년에서 1860년에 이르는 기간에는 분쟁이 심각한 지경으로 치닫기도 했다. 1867년에서 1869년에 사이에 지도화 작업이 마무리되고 '현상 유지' 협정에 서명할 때까지 이런 상태는 계속됐다. 그러나 1870년대 유목민들의 이동에 따라 현상 유지 협정이 깨지면서 샤탈 아랍 강의 샬라(Shallah) 섬을 둘러싼 문제 등 갈등이 제기됐다.

이렇게 문제가 계속되자 러시아는 국경선 위원회의 재소집을 제안했고, 1911년 페르시아와 터키는 1847년 조약에 기초해 새 위원회가 활동을 시작한다는 내용의 테헤란 협정을 체결하게 된다. 1912년에 진행된 회의들은 별다른 성과를 내지 못했다. 그러나 1913년 영국은 터키에게서 새로 제안된 경계선에 대한 동의를 이끌어내는 데 성공했고, 이로써 경계를 확정하게 되는 콘스탄티노플 조약이 같은 해에 체결되는 데까지 나아갔다. 이 국경선 위원회는 제1차 세계대전이 일어날 때까지 활동을 계속했다.

그러나 전쟁이 끝난 뒤 국경 분쟁이 재발하고 페르시아와 터키 두 나라의 후임 정부들이 기존의 조약들을 인정하려 들지 않으면서 상황은 다시 악화됐다. 케말 아타튀르크(Kemal Atatürk)가 이끄는 터키의 민족주의 정권은 1913년 콘스탄티노플 조약의 유효성을 인정하지 않았다. 이 문제는 1920년대 이 지역에서 석유 탐사가 확대되면서 더욱 심각해졌고, 1930년대 초가 되면 이란(페르시아)과 이라크(이 지역에 해당하는 오스만 튀르크 제국의 영토를 계승했다)는 서로가 국경을 빈번하게 침범하고 있다며 비난전을 시작하게 된다. 국제연맹이 1934년에서 그 이듬해까지 중재에 나섰지만 분쟁을 해결하는 데는 실패하고 말았다. 그러나 1937년 이란과 이라크가 국경조약에 서명하면서 분쟁은 진정되는 것처럼 보였다. 그러나 이란-이라크 국경선 위원회의 활동은 실패로 돌아갔고, 샤탈 아랍 강을 둘러싼 분쟁은 다시 시작됐다.[35]

이렇게 제국주의가 권력과 영향력을 휘두르던 시기에는 페르시아, 터키, 이라크, 중국 같은 지역의 강대국들은 경계선에 대한 유럽인들의 관심이 낳은 결과를 그대로 받아들여야만 했다. 그러나 한편으로 유럽인들의 관심은 오랫동안 계속돼 온 현지의 지역 분쟁들과 결합되는 사례가 잦았다. 아라비아 반도의 경계 문제에 영국이 개입했던 사례에서도 이 점을 확인할 수 있다. 여기에서도 터키나 사우디아라비아, 예멘 왕국, 쿠웨이트, 무스카트(Muscat)를 비롯한 페르시아 만 여러 나라들의 독립적 통치자들이 관련돼 있었다. 영국은 이 지역에서 경계를 확정하고 표시하는 과정에서 주도적인 역할을 했다. 이것은 부분적으로 적대적인 국가들을 확실하게 떨어뜨려 놓는 문제였는데, 그 결과 1879년에서 1914년까지 이 지역에 대한 터키의 권리 주장과 확장주의를 저지할 수 있었다. 두 번째로 영국은 자신이 지배하고 있는 지역의 경계를 분명히 못박아 두려고 했다. 예멘 왕국과 아덴(Aden) 보호령 사이의 경계는 1903년에서 1905년 사이에 확정됐고, 1905년에 체결된 국경조약은 1914년에 비준됐다. 그리고 1942년에는 국경분쟁 해결 절차에 대해 관련국들 사이에 합의가 이루어졌다. 그렇지만 사우디아라비아와 아덴 보호령 동쪽의 경계는 분쟁을 불러왔고, 그 뒤로 긴 협상이 이어졌다.

제국주의가 지배했던 마지막 수십 년 동안 아프리카에서는 경제 개발에 대한 관심 때문에 지도화가 상당히 진전됐다. 유럽인들이 중동 지역의 지도 제작에 나섰던 밑바탕에도 경제적 이해관계가 중요한 요소로 자리 잡고 있었다. 이 지역에서 원유 탐사가 시작된 것은 서구의 경제적 이해관계 때문이었고, 이 과정에서 새로운 형태의 제국주의가 생겨나 영토화에 대한 압력을 한층 더 가중시키게 된다. 즉 유목민과 가축들이 목초지를 따라 이동하며 살아왔기 때문에 경계를 고정된 영토로 이해하는 데 익숙지 않았던 사막 사회가 원유 채굴권을 기준으로 경계가 엄밀하게 설정된 지역들로 나뉘게 된 것이다. 사우디아라비아와 영국이 사우디아라비아와 트루시얼 코스트(Trucial Coast) 사이의 경계를 놓고 1934년에서 1944년 사이에 벌였던 일련의 협상들이나 사우디아라비아와 아부다비의 경계를 확정하기 위해 1947년부터 1957년까지 진행됐던 협상이 이 같은 영토화의 사례에 해당한다. 영국은 1940년대 예속국이던 무스카트에 사우디아라비아와 맞대고 있는 서쪽 경계에 대한 권리를 주장하라고 압박했고, 이것은 사우디아라비아와 무스카트의 관계 악화를 불러왔다. 또 1954년에는 아부다비와 사우디아라비아가 부라이미(Buraimi) 오아시스를 놓고 분쟁을 빚게 되는데, 원유 채굴권을 둘러싼 문제 때문에 상황이 한층 더 심각해졌다.[36] 1954년에서 1957년까지 영국은 트루시얼 코스트 북부 지역의 국경 분쟁을 중재했고, 1957년에서 1960년 사이에는 오만과 트루시얼 코스트 지역의 국경 대부분을 확정짓는 데 중요한 역할을 했다.

페르시아 만의 경우 석유는 1930년대 중반 이래 섬들과 해저에 대한 영유권 분쟁을 더욱 심각하게 만드는 요인이 됐다.[37] 이 과정에서 바레인 해저 석유 채굴권의 경계가 문제로 떠올랐다. 또 1938년에는 석유 회사들이 페르시아 만에 있는 섬들의 지위를 확정하기 위해 직접 조사에 나서기도 했다. 이렇게 해서 페르시아 만 해저에서 석유 시추가 시작됐다. 그러나 1949년 사우디아라비아 왕실은 영해를 6마일로 확장한다고 선포하면서, 이 수역 너머의 해저 및 대륙붕에 매장된 자원에 대한 소유권을 주장했다. 영국은 쿠웨이트, 바레인, 카타르, 트루시얼 코스트 지역의 국가 등을 대신해 이에 대응했고, 문제가 됐던 지역의 귀속권은 빠르게 정리됐다. 1949년에서 1950년 사이에 카타르와 두바이는 슈피리어 오일 컴퍼니(Superior Oil Company)에, 쿠웨이트는 아메리칸 인디펜던트 오일 컴퍼니(American Independent Oil company)에 각각 해저 석유 발굴권을 내주게 된다. 그러나 셸(shell)이 1952년 카타르 해역 석유 발굴권을 따내면서 조업권의 경계와 관련된 문제들이 발생했고, 셸이 카타르 해역 석유 발굴지역의 서쪽 경계에서 시추 작업을 시도하면서 1955년 바레인과 갈등을 빚게 됐다.[38]

석유는 제국주의는 물론 기존 권력관계의 재편성을 불러왔으며, 오랫동안 유럽과 다른 지역 사이에서 문제가 돼온 영토와 주권의 기준에 대한 견해 차이에 중요한 경제적 차원까지 덧붙이는 결과를 낳았다. 그 결과 특정 상황에서는 다른 경우에서보다 이런 차이가 더욱 부각되기도 했다. 그러나 대부분의 경우 유럽의 시각이 우세했다. 한 예로 영국과 오스만 제국은 합의 아래 청선(靑線, 1913)과 자선(紫線, 1914)으로 알려진 경계를 그어, 아라비아 반도에 대한 각각의 세력권을 표시했다. 이윽고 오스만 제국이 무너지고 이 지역에 다른 나라들이 세워졌는데도, 영국은 이 선들이 새 국가에 그대로 적용되는 유효한 것이라고 주장했다. 이후 이 두 선의 존재와 그 수정을 둘러싼 문제들은 사우디아라비아와 인접국 사이에서 일련의 분쟁이 일어나는 원인을 제공했다.[39] 이 과정에서 헤이그 국제사법재판소와 국제연맹, 국제연합 같은 국제기구로 이 문제를 가져가기도 했지만 이 기구들 역시 유럽식 영토 규범의 손을 들어줬다.

팔레스타인의 영토화 과정에서는 석유를 둘러싼 경계 문제가 이렇다 할 역할을 하지는 않았지만, 이 과정에서도 유럽 쪽의 주장이 관철됐다. 또 수에즈 운하를 보호하려고 했던 영국은 1906년 이집트와 터키 간 국경의 확정을 이끌어냈다. 국제연맹의 위임통치는 제1차 세계대전 이후

유럽 세력이 중동 지역 거의 대부분을 지배하게 되는 근거가 됐으며, 영국의 정책은 이식된 유럽 민족주의 운동이었던 또는 스스로 유럽 민족주의를 이식하고 있었던 시오니즘의 영향을 받은 것이었다. 지역 사회 사이의 경계나 국가간의 경계선은 이 지역에서 오랫동안 긴장의 원인이 돼 왔으며, 이것은 이 지역 지도의 역사에도 영향을 미쳤다. 땅과 수자원의 소유권은 이 지역에서 논쟁적인 특성을 띨 수밖에 없었고, 역사적 기록들도 민감한 문제가 됐다. 결국 이런 기록들을 파괴하거나 통제하려는 시도가 계속됐다. 역사적 사건들에 대한 지도화는 기존 영토 경계의 정통성에 영향을 주려는 의도 아래 진행됐다. 예를 들어 열렬한 이스라엘 지지자인 마틴 길버트(Martin Gilbert)는 자신의 『아랍-이스라엘 갈등 지도』(6판, 런던, 1993)에서 1915년 맥마혼(McMahon)과 후세인(Hussein) 사이에 교환된 서신을 지도화했다. 당시 카이로 주재 영국 고등판무관은 이 서한에 기초해 알레포(Aleppo)와 하마(Hamah), 홈스(Homs), 다마스쿠스(Damascus) 서쪽의 지역들을 독립될 아랍 국가 후보에서 제외해야 한다고 제안했다. 이때 그가 내세웠던 근거는 이 지역들을 순수한 아랍 지역으로 볼 수 없기 때문이라는 것이었다. 그리고 시오니스트들은 이 제안을 팔레스타인은 아랍 국가에 포함되지 않기 때문에 이 곳에는 유대인들이 정착할 수 있다는 주장의 근거로 삼았다. 이런 해석은 아랍 지도자들의 격렬한 반발을 불러왔는데, 이들은 서한의 문구는 기독교도 주민들이 상당 부분을 차지하고 있는 레바논만을 언급하고 있다고 지적했다. 길버트는 비록 이 서한에는 예루살렘이나 유대인들, 남부 팔레스타인에 대한 언급이 없었다는 점을 지적하기는 했지만, 끝내 팔레스타인 전역을 독립이 예정돼 있던 아랍 국가에서 제외시킨 채로 지도를 제작했다.[40]

19세기에 진행된 세계 정치 공간의 유럽화는 개념적으로는 20세기에도 그대로 유지됐다. 그러나 다른 특정 정치적 상황들을 통해, 특히 유럽과 다른 지역에서 제국들이 붕괴되고, 뒤를 이어 영토에 대한 민족적-인종적 논리들이 등장하는 상황들을 통해 굴절을 겪었다. 그 결과 유럽에서는 제1차 세계대전과 지리학자들이 중요한 자문역을 수행한 1919년의 파리평화회의(Paris Peace Conference)를 지나면서 국민투표를 통해 확인된 현지의 동의가 일정하게 반영된 국경 재설정 기간이 이어졌다. 예를 들어 덴마크와 독일 간 국경은 1920년 국민투표를 통해 결정됐고, 이 국경은 그 이후 지금까지 변하지 않은 채로 남아 있다.

그러나 유럽 이외의 지역에서는 이 같은 동의에 의한 국경 확정이 허용되지 않았다. 승전국들과 국제연맹은 영토적 정통성과 관련해 유럽 내부는 물론 바깥 지역에도 대단히 다른 논리를 도입해 밀고 나갔다. 가령 시리아에 대해 국제연맹의 위임 통치를 하고 있던 프랑스는 1939년 알렉산드레타(Alexandretta) 지역에 대한 터키의 권리 주장을 받아들였고, 그 결과 전쟁 뒤 시리아와 터키 사이에 분쟁이 발생하는 원인을 제공했다. 1990년대에도 시리아는 알렉산드레타 지역을 자국 영토의 일부로 지도에 표시하고 있다. 또 영국은 자신의 전략적 이해관계 때문에 1932년까지 트란스요르단(Transjordan)과 이라크 사이의 국경 협정 체결을 미뤘고, 1940년까지도 국경 조사를 실시하지 않았다.

유럽 안에서는 패전국들은 그들로서는 받아들이기 어려운 영토의 손실을 감수해야만 했다. 이런 지역들에서는 지도를 통해 이 같은 영토의 손실을 생생하게 표현하고 있다. 가령 부다페스트에는 옛 왕국의 지도 모양으로 조성된 기념공원이 있었다. 이 공원은 1920년 트리아농(Trianon) 강화 조약으로 잃게 된 땅들을 기록하고 있으며, 이를 통해 이것이 자연스러운 과정이 아니었음을 주장하고 있다.

1945년 이후

비록 30년이라는 세월이 걸리기는 했지만 제2차 세계대전이 끝나면서 유럽의 식민 제국들이 무너졌고, 1999년대 초에는 소련 제국도 붕괴됐다. 1945년 이후 120개의 새로운 국가가 탄생한 것이다. 탈식민화는 그것이 평화적이었든 아니든 즉각 새로운 국경 설정과 국경 분쟁으로 이어졌다. 소련 붕괴 이후 발트 해와 카스피 해 주변에 새로 수립된 연안국들 사이에 해상 경계선을 놓고 갈등이 일어났던 것이 이런 사례에 해당한다. 이 과정은 또한 분쟁의 당사자로든 중재자로든 제국주의 국가의 무력이나 영향력 행사를 통해 규모가 제한될 수도 있었을 초기 분쟁들이 심각한 양상으로 비화되는 결과를 낳기도 했다. 가령 포클랜드를 둘러싼 영국과 아르헨티나 사이의 전쟁이나 발트 해의 석유 탐사권을 놓고 벌어진 라트비아와 리투아니아 간의 국경 분쟁, 남중국해 일대의 분쟁들 따위가 여기에 해당한다. 이런 분쟁들은 권리 주장을 목적으로 한 지도학의 탄생을 불러왔는데, 특히 기존 국경을 바꾸고 싶어하는 국가들에서 이런 현상이 두드러졌다. 1942년 페루와 무력 충돌을 빚은 뒤 설정된 안데스 산맥 횡단 국경에 불만을 품고 있던 에콰도르의 국립지리원이 제작한 『에콰도르 역사지리 아틀라스』(키토[Quito], 1992) 따위가 그런 예에 해당한다. 제국주의 국가들, 특히 소련은 항상 내부의 경계들을 적절하게 확정해 지도화하지는 않았는데, 탈식민지화와 함께 내부의 경계선들이 국경선이 되면서 심각한 문제를 일으켰다.

국경에 만족하지 못하는 국가들 쪽에서 주장의 지도학이 발전했다면, 좀 더 일반적인 차원에서 독재 국가들에서는 지도학 일반이 강화되는 경향이 나타났다. 근대 중국의 지도들은 과거 중국 제국들의 영토를 과장하고 있는데,[41] 이를 통해 특정 영토에 대한 권리 주장에 무게를 실을 뿐만 아니라 일반적인 의미의 잠재력을 과시하고 있다. 이런 종류의 잠재력은 지도나 지도책을 이용해 여러 가지 방식으로 드러낼 수 있다. 지도에 국가 고유의 단위들을 사용하는 방식으로 통일성을 강조하고, 글을 통해 이를 더 강화시키는 경우도 있는데, 대통령이 직접 서문을 쓴 『마다가스카르 아틀라스』(안타나나리보[Antananarivo.], 1969)가 이런 사례에 해당한다. 사람과 영토 사이의 일체성 역시 지도를 통해 강조될 수 있고, 또 과거로까지 확장될 수 있다. 가령 다뉴브 강 북쪽 로마 제국의 영토였던 다키아(Dacia)의 경우에는 현대의 『로마 제국 지도』 프로젝트에 실린 지도들에서는 분할된 채로 표현돼 있다. 그러니까 헝가리에서 제작한 지도(L34, 부다페스트, 1968)와 루마니아에서 제작한 지도(L35, 부쿠레슈티[Bucureşti], 1969)에 따로따로 등장하고 있는데, 이 지역이 과거에는 분리되지 않은 로마의 영토였는데도 분할돼 있다는 인상을 주고 있는 것은 고대 로마 시대 이래 인종적 연속성을 가져왔다는 루마니아의 주장을 놓고 두 나라 사이에 오간 논쟁을 반영하고 있는 것이다.

민족자결주의는 탈식민화나 19세기의 민족주의처럼 진보적인 것으로 환영을 받았지만 한편으로는 국제적 불안정을 야기하고, 지도상의 불확실성을 가져온 요인이 되기도 했다. 민족자결주의 원칙은 누구에게 민족자결주의를 허용할 것인가 하는 문제를 해결하지 못했다. 1960년 유엔은 모든 '민족'이 자결권을 갖고 있다고 선언했지만,[42] 당시나 지금이나 이 '민족'을 어떻게 정의할지는 분명하지 않은 실정이다.[43] '민족'은 국민이 구성되는 것과 같은 방식으로 구성될 수도 있다. 예를 들어 앙골라의 오빔분두(Ovimbundu) 족은 UNITA(National Union for the Total Independence of Angola)의 지도자 요나스 사빔비(Jonas Savimbi)의 대변인들이 주장하는 것처럼 10여 개의 적대적인 부족들로 이루어져 있고, 단일한 '통치 조직'을 갖고 있지는 않다. 실제로 이 문제에 집중하지 못했던 것은 민족성이나 국적 문제를 다룬 대부분의 저작들뿐만 아니라 지정학과 '실제' 경계를 보여주는 정치적 지도 제작에도 중요한 문제로 남아 있다.[44]

민족적 정체성에 대한 강조 역시 지도 제작을 활성화시키고 있다. 몇몇 사례는 논쟁을 일으킬 만한 문제가 없는 경우도 있다. 벽걸이용 지도 〈로버트 1세: 스코틀랜드 독립전쟁과 배녹번(Banockburn) 전투 지도〉(에든버러, 1974) 같은 경우가 여기에 해당하는데, 20세기에 민족주의 바람이 불고 있던 무렵에 제작된 이 지도는 로버트 1세와 14세기에 그가 쟁취한 스코틀랜드 독립을 찬양하고 있다. 그러나 다른 상황에서는 특히 당대의 문제들을 다룬 경우에는 이런 지도들이 더 많은 논란의 여지를 안고 있을 수 있다. 가령 터키인들은 쿠르디스탄이나 아르메니아를 부각시키는 지도를 달가워하지 않는다.

1945년 이후의 국경 분쟁은 탈식민화뿐만 아니라 새로운 정치 체제를 수립하거나 기존 국경을 바꾸려는 '민족들'의 투쟁도 반영하고 있다. 그리고 여기에는 오래 전에 수립된, 혹은 신생 독립국들보다는 상대적으로 오래 전에 수립된 국가들 사이의 분쟁도 포함돼 있다. 예를 들어 미국이 러시아로부터 알래스카를 사들이게 되는 1867년의 협정에서 정의하고 있는 해상 경계선은 이후 미국과 소련이 서로 다르게 해석하는 바람에 두 나라의 지도에서 다르게 표시됐다. 두 나라가 세계에서 가장 긴 두 나라의 해상 경계를 확정하고, 양쪽이 합의한 대로 지도에 표시하게 된 것은 1990년이었는데, 그것도 9년에 걸친 장기간의 협상 끝에 이루어진 것이었다.

영토와 경계

북아시아, 그러니까 러시아가 지배하고 있는 시베리아를 제외할 경우, 이 책이 출판된 1997년을 기준으로 볼 때 유럽인들이 전세계에서 직접 정치적으로 지배하고 있는 지역은 지난 5세기 동안보다 작아졌다. 그러나 유럽식의 영토 이해는 당연한 것으로 여겨지게 됐고, 비유럽인들에게도 내면화됐으며,[45] 식민지 시대에 갈라졌던 민족들은 여전히 그 상태로 남아 있다. 예를 들어 1898년 영국과 프랑스 사이에 체결된 조약은 하우살랜드(Hausaland)를 양분했고, 이것은 1906년에서 1908년까지 두 나라의 공동 위임 통치로도 이어졌는데, 이 조약에서 규정한 경계는 니제르와 나이지리아의 국경으로 고착된다. 이 같은 식민 통치의 영향은 지방정부나 교육, 경제 분야에서도 여전히 확인할 수 있다. 이제 하우사(Hausa) 족은 이미 익숙해져 버린 국경선을 기준으로 정의되고 있다.[46] 좀 더 일반적인 차원에서, 인접국들인데도 가치관이 전혀 다른 사례들은 국경이 심리적 경계로서도 대단히 중요한 역할을 하고 있음을 말해 주고 있다.

최근에는 원주민들이 제국주의와 식민지 지배가 남긴 국경들에 대해 문제를 제기하는 사례가 많아지고 있다. 이들은 법정을 통해 과거의 권리를 주장하고 있는데, 이 과정에서 원주민들은 '서구의' 영토 개념을 따라야만 한다. 예를 들어 머스킴(Musqueam) 족은 밴쿠버 지역 대부분의 토지에 대한 권리를 주장하는 소송을 제기했는데 이들의 주장은 '서구적' 지도책들에서는 언급되지 않고 있다. 가령 『밴쿠버: 눈으로 보는 역사』의 경우에는 본문에서는 이들의 주장을 소개하고 있지만, 관련 지도에서는 이를 무시하고 있다.

따라서 국경선은 외교의 세계에서만 중요한 것이 아니다. 국제적 경계선들은 지역 차원의 삶의 정황을 결정하면서 영향을 미치고 있다. 지도들은 이 같은 영토화를 표시하고 확증하며, 구체화된 지식의 한 형태로서 영토를 자연스러운 것으로 보이게 만드는 과정에서 결정적인 역할을 하고 있다. 지도상에 등장하는 나라나 지역, 이를테면 프랑스나 캘리포니아의 모양은 특정 투시법으로 표현돼 반복 재생산되면서 익숙해지고, 결국 자연스럽게 보이게 된다. 그러나 특별한 경우로서 세계의 모양을 제외할 경우, 국경을 초월한 정치 조직의 지도 이미지를 자연스럽게 보이게 만드는 것은 이 경우보다 훨씬 어렵다. 유럽연합처럼 확실히 인위적으로 구성된 정치 조직이 이런 경우에 해당한다.

또 발트 해 연안 국가들처럼 자연적 지형을 공유하고 있지만 정체(政體)가 다양한 경우, 특히 정치적 적대 관계 때문에 갈라져 있는 경우에는 하나의 지도 이미지로 고정시키는 데 많은 어려움이 따른다.

> 핀란드나 스웨덴의 해안 지대에 사는 주민의 상당수는 에스토니아나 라트비아, 리투아니아 등과 교류가 거의 없었던 최근의 역사를 기억하고 있다. 그렇기 때문에 이들의 마음속에서 헬싱키나 고틀란드(Gotland)와 발트 해 건너편 사이에는 마치 대양이라도 있는 것처럼 까마득히 멀리 떨어져 있는 지역으로 인식되고 있다. 이에 비해 반대쪽에 사는 사람들은 교육이나 공식 이데올로기를 통해 자기 나라로 눈을 돌리도록 끊임없이 강요받았지만 발트 해 건너편의 나라들을 항상 기억했고 동경해 왔다. 그러나 정치적, 경제적, 문화적 상황이 바뀌면서 이런 풍경도 바뀌게 됐다. 관광이나 사업상의 교류 등을 통해 '반대쪽 해안'이 이전보다 훨씬 친숙해졌고, 이에 따라 심리적 풍경 역시 변하게 된 것이다.[47]

이렇듯 냉전시대의 국경은 발트 해를 중심으로 한 심리적 지도화를 가로막았고, 동시에 발트 해를 단일한 지리적 공간으로 표시한 지도들은 뭔가 잘못돼 있다는 인상을 갖게 만들기도 했다. 지도상에 단순히 선으로만 표시된 경계선들은 국경이나 지역적 경계의 표시로는 불충분한데, 특히 이런 경계가 가지는 무게나 비침투성, 심리적 영향을 표시하는 수단으로는 충분하지 않다고 할 수 있다.

발트 해는 또한 유럽이나, 이 경우에는 스칸디나비아 반도처럼, 특정 정치 제제를 포괄하는 지도에 특정한 지역이나 국가를 포함시키는 행위에는 정치적 바람이나 인식이 반영돼 있음을 보여주는 사례도 된다. 실제로 1809년 러시아가 스웨덴으로부터 핀란드를 넘겨받은 뒤 이 지역은 스칸디나비아 반도를 표시하는 지도에서는 빠져 버렸고, 대신 러시아의 유럽 쪽 지역을 보여주는 지도들의 북서쪽 모퉁이에 러시아에 속한 발트 해의 여러 주 가운데 하나로 표시되게 된다. 제1차 세계대전이 끝나고 핀란드와 에스토니아, 라트비아, 리투아니아가 독립을 획득하면서 이 지역들은 스칸디나비아 반도의 지도에 다시 표시되는데, 1940년 이후 소련이 에스토니아, 라트비아, 리투아니아를 병합하면서 핀란드만이 이 지역 지도에 남게 된다. 핀란드인들은 이 같은 역사적 배경 때문에 자신들의 지도적 정체성에 민감해질 수밖에 없었다. 1899년에 이미 핀란드 아틀라스가 제작됐고, 독립국으로서 최초의 지도책을 제작한 것은 1925년이었다. 핀란드인들이 유럽 국가의 하나로서 자기 나라의 지위에 얼마나 많은 관심을 갖고 있는지는 1993년 핀란드 외무부의 위임으로 핀란드 중앙박물관이 개최한 '과거 500년의 유럽지도에 나타난 핀란드' 전시회를 통해 더욱 분명하게 확인할 수 있다. 이 전시회는 전시회 목록에서 밝히고 있는 것처럼 "지도의 발전에 따라 핀란드가 어떻게 사람이 거의 살지 않던 스웨덴 변방의 한 주에서 유럽의 독립국가로 발전했는지"[48]를 보여줄 목적으로 계획됐다. 당연하지만 러시아와 소련의 지도는 이 전시회에서 무시됐다.

결론

오늘날 상당수의 국경들은 비교적 최근에 확정된 것으로 150년 안쪽의 역사를 가지는 것이 대부분이다. 지도학은 경계를 결정하고 이를 방어하는 과정에서 영토적 권리를 주장하고 유지하는 데 중요한 도구의 노릇을 했다. 지난 50년 동안 국경선들은 그에 앞선 60년 동안보다 일반적으로 훨씬 더 안정적이었는데, 이것은 탈식민화가 국경에 미친 영향이 식민화가 그런 것보다는 덜 파괴적이었기 때문이다. 그 결과 영토상의 권리를 주장할 때 지도를 내세우는 경우가 전보다, 이를테면 20세기 첫 20년간 유럽에서 그랬던 것보다는 줄어들게 됐다. 이런 상황은 지역화 과정에서 아래나 위로부터 국가의 정통성이 도전을 받게 되면 바뀔 수도 있다. 가령 독일이나 옛 유고슬라비아, 소련 등에서 일어난 변화는 지정학적 유동성을 보여주고 있는데, 유고슬라비아의 경우에는 인종적 정체성이나 영토상의 권리를 주장할 때, 또는 '인종청소'를 통해 영토화를 계획하는 과정에서 지도가 동원됐다.[49]

국경은 정체성을 강조하기도 하지만 분열시키기도 한다. 또 정체성은 경계를 반영하는 동시에 만들어내기도 하고, 경계는 고유의 지리학을 생산해 낸다.[50] 국경선의 존재는 지도화를 촉진하며, 국경선은 대체로 지도를 통해 인식된다. 국가권력을 표현하고, 국가의 정체성과 모양을 창조하고 유지하는 수단으로서 지도는 국경과 만나 상호작용을 하고 있다. 그리고 전쟁의 도구로 사용되는 지도 역시 같은 기능을 수행하고 있다.

6장
전쟁과 지도

국경 분쟁이 지도를 필요로 하고, 지도에 대한 정부와 일반의 관심을 증폭시킨다면, 전쟁의 경우에는 이보다 그 정도가 강해진다. 지도는 서로가 합의한 경계선을 확정하는 역할도 하지만 이런 경계선 확정이 의미가 없어지거나 이를 더는 유지할 수 없는 과정, 즉 전쟁의 지표 노릇도 하고 있다. 조직화된 무력의 노골적이고 격렬한 적용을 통해 이루어지는 정치 행위인 전쟁은 무력의 전개와 행사를 의미하며, 동시에 무력의 공간적 차원에 대한 세밀한 이해와 영토 자체에 대한 통제를 요구한다. 지도는 전쟁의 도구로서 전략과 전술, 통신과 후방 지원 등의 분야에서 필요하다. 전쟁의 다른 측면들은 지도로 표현할 수 없지만, 지도가 갈등의 영토적 측면을 확실히 정의해 분명하게 제시하는 것만큼은 확실하다. 그러나 사기, 그리고 막대한 인명 손실을 감수할 인내심 따위의 전쟁과 관련된 좀더 일반적 차원의 문화적 측면은 지도로 표시할 수 없다. 또한 명령과 지휘 능력 등을 표현하는 데도 많은 문제가 따른다.

지도의 군사적 적용 가능성은 사용 중인 무기 체계의 구체적인 특징에 따라 달라지며, 전쟁 지도들은 이런 시스템의 작전 능력과 상대방의 대응 장비들을 파악했을 때만 비로소 이해될 수 있다. 따라서 20세기 말에 특정 지역에서 벌어진 전쟁을 대상으로 할 경우, 지상전만을 보여주느냐, 공중전의 차원까지 포함시키느냐에 따라 지도 제작 과정은 달라질 것이다. 또 공중전의 차원 자체도 지도에 공대지 작전은 물론 대공포화 같은 지대공 대응 등을 포함할 경우 크게 달라진다.

사실 유럽 지도의 역사 대부분은 군사적 이유나 지도의 군사적 적용을 중심으로 흘러 왔으며,[1] 대부분의 지도는 군부의 지원 아래 또는 군사적 목적으로 제작됐다. 예를 들어 플리머스(Plymouth) 지역의 초기 지도 대부분은 군사적 방어를 이유로 만들어졌다. 비유럽 지역에서도 군사적 관심이 지도 제작으로 이어졌다. 15세기 후반부에 오스만 제국 군대는 지리 조사를 반복적으로 실시하기 시작했고, 남아시아 지역에서는 상당한 수의 요새를 지도에 표시하고 있었다.²

유럽의 경우 지도 제작에 필요한 기술적 기초를 보유하고 있었던 것이 군대만은 아니었다. 그러나 이를 활용할 능력과 자원, 그리고 넓은 지역을 조사해 다양한 축척으로 지도화할 필요를 갖고 있었던 것은 군대였다. 가령 영국은 1747년에서 1754년에 걸쳐 스코틀랜드 본토를 1:36,000의 축척으로 측량했는데, 이것은 1745년의 자코바이트(Jacobite) 봉기 같은 사태가 재발할 경우 군대가 더욱 효율적으로 대응할 수 있게 해 줄 지도를 제작하기 위해서였다. 이것은 같은 기간 동안 진행된 도로 및 요새 건축 정책들과 맞물려 있었다. 이렇게 해서 스코틀랜드는, 좀 더 구체적으로 말하면 하일랜드는 서로 관련돼 있는 다양한 방식들을 통해 통제될 수 있었다. 영국 정부가 장악한 중요한 연결점마다 요새가 자리를 잡았고, 이곳에서 뻗어나간 도로들은 하일랜드로 가는 접근로가 돼 주었으며, 지도는 진압 계획을 수립하는 데 길잡이가 됐다. 지도는 또한 스코틀랜드 어디서든 자코바이트 봉기가 다시 일어나더라도 전략적으로 대응할 수 있는 가능성을 열어줬다.

세계사로 차원을 넓힐 경우, 16세기 이래 유럽이 해상에서 패권을 거머쥘 수 있었던 것은 부분적으로는 지구의 표면을 평면에 묘사함으로써 계획적인 병력의 이동과 배치를 가능하게 했던 지도 제작 기술의 발달이 있었기 때문이다. 이것은 "그리스 기하학의 재발견과 투시도법의 발견, 추상적 사고와 과학의 발전, 전보다 더 추상적인 언어의 발전, 지도를 그릴 수 있는 종이의 전래, 인쇄술의 도입"³ 등의 결과였다. 결국 지도학은

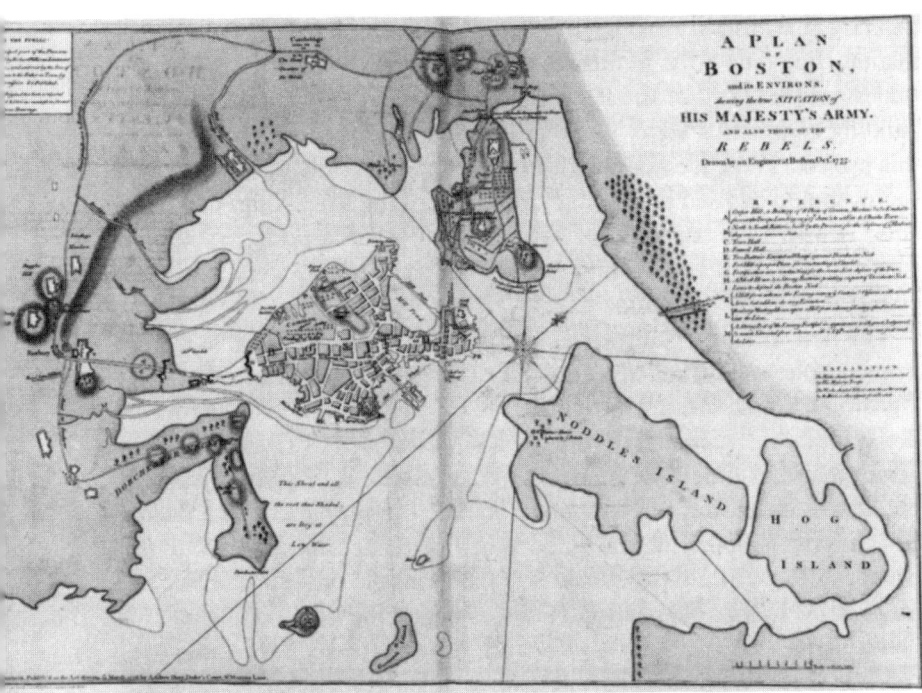

그림 45 제작자가 알려지지 않은 〈보스턴과 그 주변 지역 평면도 및 영국군과 반란군의 실제 위치〉 (1776). 나라 밖에서 전쟁이 계속되면서 일반인들이 구해볼 수 있는 지도들도 엄청나게 늘어났다. 영국 국민들이 아메리카의 식민지 지도들을 평화시보다 전시에 더 많이 볼 수 있게 된 것은 당연한 일이었다.

유럽의 패권 장악에 결정적 역할을 했던 정보를 종합, 보급, 활용, 재생산할 수 있는 능력의 중요한 한 측면이었던 셈이다. 이렇게 해서 선박들의 이동을 계획·예측할 수 있게 됐고, 이를 통해 교역뿐만 아니라 상륙 작전도 가능해졌다. 지도는 유럽인들이 관심을 갖고 있던 지역들에 관한 정보를 기록·재생산하는 역할을 했으며, 이 지역들을 유럽인들의 이해와 권력의 틀 속으로 종속시켜 재조직하는 데도 일조했다.

전쟁은 지도에 대한 일반인들의 관심을 한층 증폭시켰다. 1756년에 발행된 루이스 에번스(Lewis Evans)의 『아메리카 중부의 영국 식민지 지도 분석』에 대한 서평에서 존슨(Johnson) 박사는 "1736년에서 1739년까지 계속된 러시아와 터키의 전쟁을 통해 지리학자들은 그전까지는 거의 알려지지 않았던 상당수 나라들의 상황과 넓이에 대해 알게 됐다"[4]고 지적했는데, 여기서 말하는 상당수 나라들은 흑해 북쪽 연안의 국가들을 가리키는 것이었다. 이런 사례는 다른 곳에서도 찾아볼 수 있다. 갈등은 군대의 지도 제작과 상업적 지도 제작, 그러니까 수요와 공급을 모두 촉진했다. 예를 들어 1776년 런던의 지도 판매상 캐링턴 볼스(Carrington Bowles)는 『보스턴 시가와 항구, 주변부의 정확한 평면도를 포함한 뉴잉글랜드 전장 지도』를 출판했다. 이 지도는 영국의 독자들이 갈등의 전개 양상을 따라갈 수 있도록 충분히 자세한 내용을 담고 있었다. 영국군과 독립군의 배치 상태를 좀 더 자세하게 보여주는 보스턴 지역 지도가 같은 해에 런던에서 하나 더 출판됐다. 그리고 1775년의 벙커 힐(Bunker Hill) 전투의 경우에는 제법 많은 전투 지도들이 런던에서 잇따라, 그것도 신속하게 발행됐는데, 첫 지도는 전투 소식이 런던에 전해진 지 나흘 만에 나왔을 정도였다. 또 〈브뤼셀 정치 저널〉(Journal Politique de Bruxelles) 1788년 2월 2일호에는 당시 막 발발한 러시아-터키 전쟁에 관심을 가진 사람들을 겨냥해 제작된 흑해 북부 및 북서부 연안지도의 광고가 실리기도 했다. 또 영국 정부의 경우에도 1791년 영국과 러시아 사이에 오차코프(Ochakov) 위기가 진행되는 동안 정보 부족이 문제로 드러나면서 믿을 만한 흑해 연안 지도들을 필요로 하고 있었다.

프랑스 혁명과 그 뒤를 이은 나폴레옹 통치 기간(1792~1815)에 걸쳐 오랫동안 전쟁이 계속되면서 군대에 의한 지도 제작과 인쇄가 부쩍 늘어나게 된다. 영국 육지측량부가 영국 제도의 지도를 제작한 것도 이런 이유에서였다. 또 웰링턴 공은 이베리아 반도에서 벌어진 반도전쟁에서 이동식 석판 인쇄기로 지도를 제작했는데, 이는 군대에서 신기술을 채용한 사례로 꼽히고 있다. 전쟁은 전쟁 및 전투 지도에 대한 일반인들의 관심도 촉발시켰다. 19세기에 들어서면 군대의 지도 제작은 점점 제도화되는 양상을 보이게 됐고, 평화시[5]나 전시를 가리지 않고 제작 횟수 역시 늘어나게 됐다. 이런 현상은 미국과 유럽에서 공통적으로 찾아볼 수 있었다. 예를 들어 1838년부터 1862년까지 활동했던 미국 지형 조사부는 미국 서부 지역의 탐사와 지도화에서 대단히 중요한 역할을 수행했다. 이 기관은 1846년에서 1848년 사이의 미국-멕시코 전쟁에서 지도를 제작 공급하며 큰 도움을 주기도 했다.[6] 군 소속 측량 기술자들은 아메리카 원주민들의 지도나 이들이 전해 준 지리적 정보를 이용하기도 했지만 그것은 어디까지나 제한적이었다. 이들은 확장해 가는 대륙 국가의 관점에서 자신들이 측량하는 땅을 파악, 이해, 활용하려고 했다. 지역적 특성은 오직 이 거대한 프로젝트의 관점에서만 의미를 가질 따름이었다. 이를테면 미시시피 강에서 태평양을 연결하는 철도의 경로를 결정하는 데 미국 정부가 상당히 많은 시간과 노력을 투자했던 것을 이런 사례로 꼽을 수 있다. 아미엘 휘플(Amiel Whipple) 중위가 1853년에서 1854년까지 미국 남부 지역에서 가능한 경로들에 대한 조사를 벌였던 것도 이런 노력의 하나였다. 이렇게 해서 나온 태평양 철도 조사 결과는 상원 행정 문서로도 출판됐다.[7]

군대가 아닌 상업적 지도 제작 회사들도 전쟁 관련 지도를 공급할 능력을 갖고 있었는데, 북이탈리아의 경우가 여기에 해당했다. 그리고 이들 역시 군사 작전이나 전투의 세부 상황에 대한 일반의 관심에 부응할 수밖에 없었다. 19세기가 되면서 점차 정치의식을 형성하게 된 대중들은 정보를, 그것도 정확한 정보를 원하고 있었다. 이들 대중의 문자 해독률이 갈수록 높아지면서 가까운 곳과 먼 곳의 정치, 즉 민족주의와 제국주의에 대한 정치적 관심도 높아져 갔다. 가령 1790년대의 프랑스 신문 독자들은 프랑스가 치열한 전쟁을 치르고 있었는데도 신문에 지도가 하나도 실리지 않는 것을 전혀 답답해하지 않았다. 그러나 1세기 뒤 그들의 후손들은 서아프리카나 마다가스카르, 인도차이나 등지에서 프랑스 제국주의의 확장세를 보여주는 지도를 보고 싶어 했고, 또 볼 수 있으리라 기대하고 있었다. 이런 관심들은 출판업자들에게 새로운 기회를 제공했고, 이것은 몇 가지 지도상의 혁신을 가져왔다. 예를 들어 1855년 리드(Read)와 코(Co)는 『북유럽 전장의 파노라마 지도』를 런던에서 출판했는데, 이 지도는 발트 해를 둘러싼 영국과 러시아 사이의 갈등 상황을 항공기에서 내려다 본 것 같은 투시법을 채용하여 보여주고 있었다. 그리고 같은 해 영국 전쟁 대신(大臣)은 지세국(地勢局)을 설립했다.

　미국 남북전쟁(1861~1865)은 정부 및 대중의 정보 수요가 지도 제작에 영향을 미친 사례로 꼽히는데, 특히 정부 차원의 지도 제작이 시급하다는 점을 인식시키는 계기가 됐다. 당시 야전 지휘관들은 지도를 광범위하게 사용했는데, 적어도 전쟁 초기에는 적절한 지도가 부족해 많은 어려움을 겪었다. 상업용 지도들은 군사적 용도를 충족시킬 수 없었고, 결국 군대는 지도 수요를 자체 충당하는 쪽으로 방향을 돌렸다. 이것은 군사지도 제작에서 민간과 군대의 비중이 바뀌어 가던 일반적 경향을 보여주는 것으로, 19세기부터 군사지도에 영향을 미치기 시작했던 이런 경향은 20세기에 들어서면서 한층 더 강해지게 된다. 1864년 무렵이면 미국 연안 측량부와 육군 기술부에서 해마다 약 4만 3,000매의 인쇄 지도를 제공하기에 이른다. 같은 해 연안 조사부는 남부 연합의 미시시피 강 동쪽 지역 대부분을 10마일당 1인치의 단일 축척을 적용해 표시한 지도를 제작하기도 했다. 기술의 일반적 발전 역시 전쟁 수행에 일조했는데, 석판 인쇄술로 다량의 지도를 신속하게 찍어낼 수 있게 된 것을 예로 들 수 있다. 군사 작전의 규모를 감안할 때 특히 상당한 거리에 걸쳐 작전을 수행하고 병력들을 적절히 통제해야 한다는 점을 감안할 경우 표준지도의 제작은 대단히 중요한 요소였다. 이것은 군사 작전뿐만 아니라 개별 전투들에도 그대로 적용됐다. 전투 자체의 규모도 상당했기 때문에 각 현장 지휘관의 시야, 그리고 전투가 진행되는 동안 명령을 내리는 지휘관의 개인적 능력에만 전적으로 의존할 수는 없게 됐기 때문이다. 대신 이제 군대에서는 참모들, 특히 작전 계획을 전담하는 참모들이 더 큰 역할을 하게 됐고, 그 결과 지도 역시 훨씬 더 중요해졌다.[8]

남북전쟁 중에는 측량사나 지도 제작 전문가들이 군대에 징발됐는데, 이미 종이나 면화, 직물, 판지, 접착제 등이 군대에 우선 배정돼 어려움을 겪고 있던 민간 지도 제작 업자들로서는 문제가 아닐 수 없었다. 정부의 개입이 좀 더 직접적인 경우도 있었는데, 일부 지도는 적에게 이용될 위험이 있다는 이유로 판매를 보류당하기도 했다.[9]

이제 미국 국민들은 신문에서 지도를 보고 싶어 했고, 신문들은 종군 기자들과 개발된 지 얼마 안 된 증기 동력 윤전식 인쇄기와 목판 인쇄 같은 제작 기술의 발전에 힘입어 이 같은 요구에 부응할 수 있었다. 사진이나 삽화 따위를 넣는 방향으로 언론이 변화하면서 지도를 더욱 자주 사용할 수 있는 길이 열리게 됐다. 종군 기자들은 자신들이 직접 목격한 전투 상황을 스케치해 보냈고, 신문사에서는 신속하게 스케치를 다시 그려 조각했고, 신문으로 찍어내고 있었다. 출판업자들도 엄청난 수의 한 장짜리 지도를 발행하고 있었다. 당시의 지도 제작 규모는 대단했다. 1861년 4월 1일에서 1865년 4월 30일까지 북부의 일간지들이 찍어낸 전쟁 관련 지도는 2,045장에 이르렀다. 특히 북부에서는 한 장짜리 지도들이 많이 제작돼 지도에 대한 대중적 수요를 충족시켰다. 이런 지도 중에는 포토맥 강 유역 지도처럼 대규모 전투가 벌어지고 있는 지역을 보여주는 것이 상당수 포함돼 있었는데, '본국에 있는' 사람들은 이런 지도를 통해 형제나 자식들의 이동 상황을 확인할 수 있었다. 반면 남부에서는 인쇄 기술자나 인쇄업자, 목판 조각가를 비롯해 인쇄 재료들까지 아주 부족했고, 이런 요인들은 남부에서 발행하는 신문들에 지도가 거의 실리지 못했던 원인이 됐다. 그러나 이런 와중에서도 〈찰스턴 머큐리〉(Charleston Mercury)나 〈오거스타 컨스티튜셔널리스트〉(Augusta Constitutionalist) 같은 신문에는 제법 많은 지도가 실렸다.

신문들이 전쟁 지도를 싣는 과정에 정부가 개입한 사례도 있었다. 1861년 12월 5일자 〈뉴욕 타임스〉 1면에는 '워싱턴 방어선. 수도 방어 현황과 연방군 소속 사단들의 위치를 보여주는 지도'가 실렸다. 여기에 딸린 기사는 이렇게 시작하고 있다.

> 포토맥 강 방어선에 배치된 국군의 작전 상황에 대해 많은 관심이 쏠리고 있고, 이에 따라 우리는 타임스 독자들에게 워싱턴의 버지니아 쪽에 설치된 철통같은 방어선을 완벽하고, 또 대단히 정확하게 보여주는 지도를 싣기로 했다. …… 수도 점령 계획을 갖고 있는 반란군이 실제 공격을 감행해 올 경우 도저히 넘어설 수 없는 장벽이라는 점을 깨닫게 될 주요 상설 요새들에 대해서는 매클레런(McClellan) 장군의 일반 명령에서 명칭과 위치가 열거된 바 있지만, 그 위치와 이름까지 표시된 것은 이 지도가 처음이다. …… 이 지도가 갖는 또 하나의 유용한 특징은 방위군을 구성하고 있는 8개 사단이 점령하고 있는 지역을 지리적으로 분명하게 정의하고 있다는 점이다.

방위군 사령관 조지 매클레런(George McClellan)은 이 기사에 격분해 남부 연합에 유리한 정보를 제공한 혐의로 신문을 제재해야 한다고 강력하게 요구하고 나섰다. 전쟁장관(Secretary of War) 역시 강도가 약하긴 했지만 신문 편집자에게 같은 사태의 재발이 없어야 한다고 경고하고 나섰다. 그리고 이듬해 봄 전쟁성은 포토맥 강에서 작전 중인 군대를 취재하는 기자들이 남부 측에 유리한 지도들을 기사화하지 않도록 하는 일종의 자율규제 체제를 만들게 된다.[10]

전쟁을 보여주는, 그리고 전쟁을 준비하기 위한 목적의 지도 제작은 세계의 다른 지역에서도 늘어나는 추세를 보였다. 1905년 프로이센의 슐리펜(Schlieffen) 참모총장이 벨기에와 프랑스에 대한 침공 계획을 세웠을 때처럼, 프로이센의 방식을 따라 구성된 각국의 참모진들은 과거의 군사 작전을 연구해, 작전을 수립했고, 전쟁을 계획했다. 이런 모든 과정에는 상세한 지도, 특히 지형과 이동로가 함께 표시된 지도가 필요했다. 그러나 이런 지도는 오판을 불러올 수도 있었는데, 기후나 날씨가 미칠 영향에 대해서는 아무것도 알아낼 수 없었기 때문이다. 이것은 봄이나 가을의 러시아처럼 비가 오면 도로들이 진창이 돼 버리는 지역에서는 특히 심각한 문제였다. 후일 밝혀지게 되지만 참모진들은 도로 사정보다는 철도 사정을 예상하는 데 숙련돼 있었다.

전쟁은 지도에 대한 대중의 관심을 증폭시킨다. 미국 지리학협회가 자신들이 발행하던 잡지에 처음으로 지도를 실은 것은 1899년이었는데, 바로 전해에 스페인과 전쟁을 벌여 미국이 필리핀을 점령한 것이 그 이유였다. 이 전쟁과 관련해서는 이미 『세인트폴 스페인-미국 전쟁 아틀라스』(미네소타, 1898)와 아리스타 슈이(Arista C. Shewey)의 『스페인-미국 전쟁 관련 역사 정보, 통계표, 공식 지도 수록 슈이 포켓용 백과사전』(시카고, 1898) 두 권이 출판된 상태였다. 또 제국주의 군대들이 멀리 떨어진 세계 여러 지역에서 작전을 벌이고 있었기 때문에 본국의 대중들은 전황을 보여주는 지도를 원하고 있었는데, 1890년대에 수단이나 남아프리카 공화국 지도 등이 발간된 것도 이런 이유에서였다. 최근에 있었던 전쟁들을 다룬 지도책도 여러 권 출판됐는데 『1859~1860년간의 아프리카 전쟁 역사지리 아틀라스』(마드리드, 1861)나 『파라과이 전쟁 역사 아틀라스』(리우데자네이루, 1871) 등이 이런 사례에 해당한다.

지도를 권력의 중요한 부속물로 볼 수 있다는 점을 감안할 경우, 지도들이 공격적 용도에 사용되는 것은 딱 들어맞는 것처럼 보이는 것이 사실이다. 그러나 20세기에 전쟁은 민간 차원의 지도 제작을 가로막았고, 지도 제작 시설들을 파괴하기도 했다. 가령 아일랜드 지질 조사국의 현장 측량 활동은 독립전쟁(1919~1921)과 내전(1922~1923) 기간 동안 축소됐는데, 측량 기사들을 정부 측 첩자로 오인하는 경우가 많았기 때문이다.[11]

그러나 전쟁이 지도 제작 도구 및 방법의 개선이나 표현상의 발전을 가져온 것 역시 사실이었다. 제1차 세계대전의 참호전에서는 정확한 대축척 지도가 대단히 중요했는데, 특히 포병대가 포격 지점을 결정할 때 큰 역할을 했다. 또 곡사포격이 갈수록 중요해지면서 지도에도 중대한 영향을 미치게 된다. 참호전은 군사용 지도 제작의 급속한 성장을 가져왔던 것이다. 이것은 부분적으로는 관측용 기구(氣球)나 항공기에 장착한 카메라로 촬영한 항공사진 기술 덕분이었다. 지도 제작 자체도 엄청나게 확대됐다. 1914년 영국 해외파병군(BEF)이 프랑스에 파견됐을 때만 해도 장교 한 명과 서기 한 명이 지도 제작을 맡았고, 따라서 이렇게 제작된 지도는 신뢰성이 떨어졌다. 그러나 1918년이 되면 BEF의 측량담당 부서는 5,000명 규모로 늘어났고 3,500만 매가 넘는 지도의 제작을 책임지게 된다. 1918년 8월에는 불과 열흘 사이에 40만 매 이상의 지도를 찍어내기도 했다. 지리적, 지도적 기술 능력이 전쟁에 효과적으로 동원됐던 것이다.[12]

제2차 세계대전에서는 축척과 규모가 한층 더 중요한 요소가 됐다. 지상전이나 해상전을 막론하고 공군력의 영향이 커지면서 상당수 지도들이 이전보다 훨씬 복잡해져야만 했고, 이에 따라 전문적 지도 제작 기술

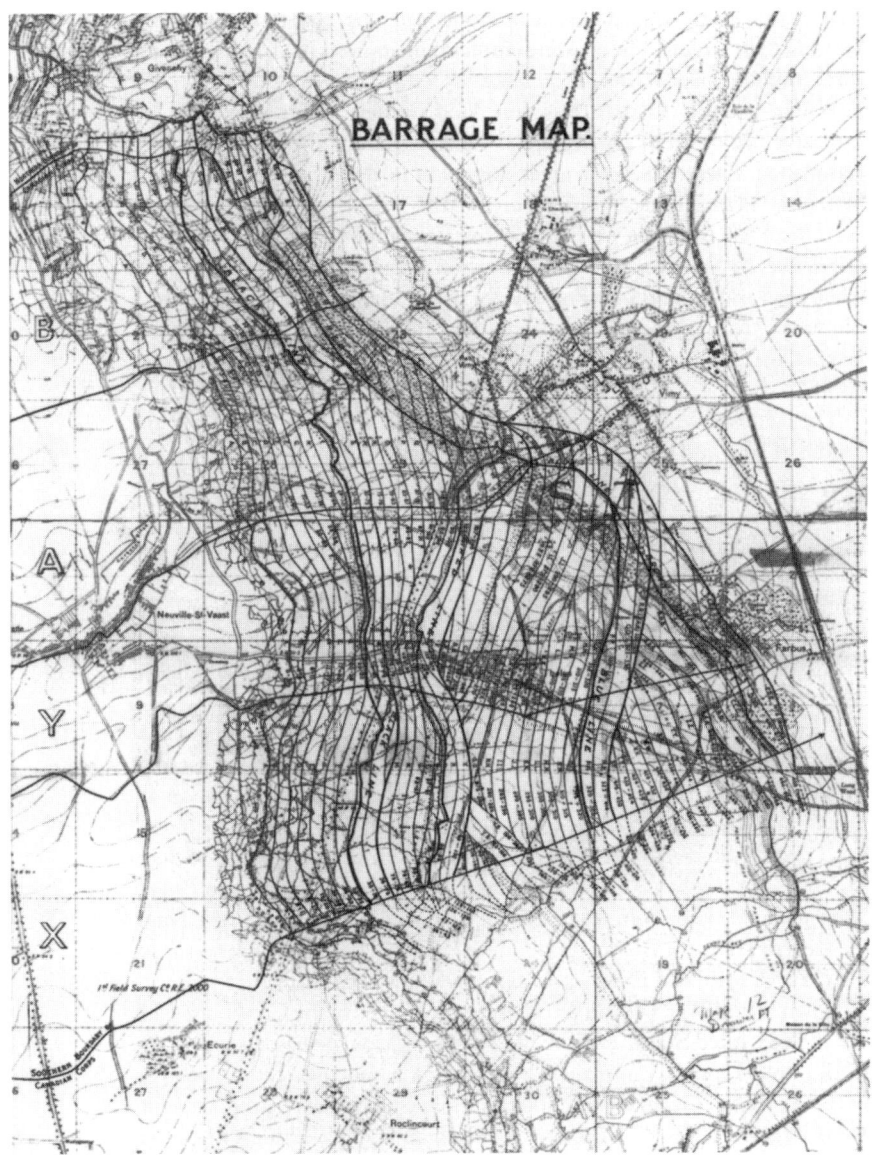

그림 46 제1차 세계대전 중 비미 고지 전투에서 사용한 포격용 지도. 참호전이 등장하면서 군사용 지도는 비약적으로 성장했다. 보병이 포격 지원을 받게 되면서 정확한 좌표의 확보는 필수불가결해졌다.

이 중요하게 취급되기 시작했다. 가령 1942년 미국의 프랑스령 북아프리카 침공 작전이었던 '횃불'을 준비하는 과정에는 컬럼비아대학 지질학 교수였던 아민 로벡(Armin Lobeck)이 지도와 도표를 제작하게 된다. 양도 역시 중요했다. 영국 육지측량부는 연합국 측에 대략 3억 매의 지도를 제작해 줬는데, 사우샘프턴(Southampton)에 있던 측량부 건물은 1940년 독일군의 공습으로 심하게 파괴되고 말았다.[13] 미 육군 지도 제작국의 경우에는 5억 매 이상의 지도를 제작했다.

더욱이 전쟁은 공공 기관과 언론의 지도 수요를 급격히 확대시켰다. 출판업자들은 제1차 세계대전을 다룬 지도책들을 소화할 거대한 시장이 열리고 있음을 감지하게 되는데, 공공 기관들의 경우에는 전쟁을 수행하던 국가들이 어떻게 국내 자원을 동원했는지를 파악하고 싶어했고, 일반 대중들은 대중들대로 전쟁의 강도에 압도돼 지도에 상당한 관심을 갖게 됐기 때문이다. 이 같은 수요는 신문들을 통해서, 또 출판사들이 펴낸 『유럽 전쟁 아틀라스』(시카고, 1914), 『데일리 텔레그래프 포켓용 전쟁 아틀라스』(런던, 1917), 『전쟁지리학』(파리, 1917), 『서부 전선 훑어보기』(런던, 1917), 『전쟁과 평화의 소아틀라스』(파리, 1918), 『브레타노 기록 아틀라스』(뉴욕, 1918) 등의 지도책들을 통해 충족됐다.

유럽에서 제2차 세계대전이 터지자 미국에서는 유럽 쪽 지도들이 매진됐고, 뉴욕 공공도서관에서 지도를 열람하는 일반인들의 수도 급격히 늘어났다. 1940년부터 정부 기관원들은 미국 지리학협회에서 펴낸 지도들을 사용하기 시작했으며, 영국에서는 지리학자들이 영국의 전쟁 수행에서 중요한 역할을 담당하고 있었다.[14] 1941년 미국이 전쟁에 개입하면서 전쟁 관련 지도들이 부족해지자, 미국 정부는 뉴욕 공공도서관 같은 곳들에서 지도를 점점 더 많이 징발해 사용하게 됐고, 마이크로필름으로 지도를 기록하는 경우도 부쩍 늘어났다. 또 뉴욕 공공도서관의 지도부서 책임자였던 월터 리스토(Walter Ristow)는 군 정보기관의 뉴욕 지부 지리 및 지도 분야 책임자로 자리를 옮기기도 했다. 미국 정부는 지도 확보에 많은 노력을 기울이기도 했지만, 지도의 배포에도 신경을 썼다. 특히 미국 지질조사 지형도와 미국 해안 측지국에서 제작한 해도들의 경우에는 배포를 엄격하게 제한했다. 미국 정부는 일반 대중들을 겨냥한 지도를 제작하기도 했는데, 미국 정부 인쇄국에서는 뉴스지도 시리즈를 발행하기도 했다.[15]

제2차 세계대전은 언론 쪽에서도 지도 제작이 급격하게 확대되는 계기가 됐다. 〈뉴욕 헤럴드 트리뷴〉, 〈뉴욕 타임스〉, 〈뉴욕 데일리 뉴스〉, 〈크리스천 사이언스 모니터〉, 〈시카고 트리뷴〉, 〈밀워키 저널〉 같은 신문사들은 모두 전속 지도 제작 전문가들을 두고 있었고, 다른 신문들도 이런 신문에 실린 지도들을 받아썼다. 이 지도 제작 전문가들 중 중요한 인물로는 우선 에밀 헐린(Emil Helrin)을 들 수 있다. 그가 제작한 지도들은 『지도로 본 전쟁, 뉴욕 타임스 게재 지도 아틀라스』(1942)로 다시 묶여 나왔다. 〈타임〉의 로버트 차핀(Robert Chapin Jr.)이 제작한 지도들 역시 나중에 훨씬 확대돼 같은 잡지사에 의해 별도로 출판됐다. 그리고 리처드 에즈 해리슨(Richard Edes Harrison)을 꼽을 수 있는데, 그는 1935년 에티오피아 전쟁을 설명하는 지도를 제작하면서 미국 보도지도에 투사도법 지도를 도입한 인물이었다. 자신의 『세계를 보라, 표준 세계전략지도』(뉴욕, 1944)의 서문에서 해리슨은 "왜 미국인들이 낯선 곳에서 싸우고 있는지, 왜 교역은 그토록 다양한 경로를 통해 이루어지고 있는지를 보여주기 위해서" 이 지도책을 발간했다고 밝히고, "여기에 실린 지도들은 세계전략의 지리적 기반들을 강조하고 있다"고 말했다. 독일에서도 유스투스 페르테스(Justus Perthes)나 라벤슈타인(Ravenstein) 같은 기업들이 독일 국민들을 위해 상세한 전쟁 지도를 제작 보급했다.[16] 지도와 지도에 사용된 투영법은 대중들의 전쟁 이미지에 상당한 영향을 미쳤다. 가령 1942년 2월 23일 루스벨트는 대국민 라디오 연설에서 미국의 전략을 설명하기 위해 세계지도를 언급하기도 했다. 그는 앞선 연설에서 청취자들에게 세계지도를 구해 놓으라고 부탁했는데, 이 한 마디로 지도 수요가 크게 늘어났을 뿐만 아니라 신문들도 지도를 더 많이 싣게 됐다.

보도지도 제작 전문가들은 꽤 많은 문제들과 씨름해야 했는데, 일부는 전쟁을 묘사하는 일반적 어려움과 관련돼 있었고, 다른 문제들은 독자들의 특수한 성격에서 비롯된 것이었다. 후자의 경우에는, 미국인들에게는 대단히 멀리 떨어져 있어 아는 것이 거의 없는 지역들을 정확한 위치를 특정해 이해시켜야 한다는 점이 문제가 됐다. 또한 이런 지역들을 미국의 이해관계와 연결지음으로써 미국인들의 고립주의를 극복하는 것도 중요했는데, 이를 위해서는 이해관계에 초점을 맞춰야만 했다. 결국 지도 제작은 정치적 목적에 봉사한 셈이 됐는데, 지도 제작은 미국의 지정학적 관심과 군사적 개입이 세계 전역으로 확장되는 과정의 한 부분이었던 것이다. 제2차 세계대전은 미국인들의 관심을 세계적 차원으로 확대시켰고, 지도는 이 과정에서 중요한 역할을 수행했다. 예를 들어 해리슨이 사용한 정사투영법과 공중부감도는 멀리 떨어진 다른 지역들과 미국을 가깝게 보이도록 만들었다. 또 〈라이프〉나 〈타임〉에 실렸던 지도들처럼 화살표 등을 이용해 움직이는 듯한 느낌을 전달했던 상당수 전쟁 지도들은 전쟁이 먼 곳에서 정지돼 있는 실체가 아니라 끊임없이 움직이고 있으며, 따라서 전쟁은 지도상의 이동하는 이미지를 통해 시각적으로 독자들에게 육박해 오고 있을 뿐만 아니라 실제로도 독자들을 둘러싸 버릴 수 있다는 인상을 전달하고 있었다.

1941년 일본의 진주만 공격은 적어도 미국인들에게는 공군력의 역할을 극적으로 각인시키는 역할을 했다. 이제 사람들은 이 새로운 전쟁방식에는 누구든 취약할 수밖에 없으며, 이에 따라 새로운 지정학적 관계가 조성되고 있다는 점을 깨닫게 됐다. 다시 말하면 새로운 공간 인식이 생겨나게 된 것이다. 기존의 메르카토르 투영법은 공중 항로를 보여주는 데 도움이 되지 않았다. 북위와 남위 지역에서 거리를 실제보다 과장함으로써[17] 거대한 곡선을 그리는 항로들과 거리를 제대로 표현할 수 없었던 것이다. 조금 더 구체적으로 들어가면, 공군력은 정확한 지도에 대한 수요를 더욱 강화시켰는데, 포격과 지상 지원 작전을 계획·수행하기 위해서는 정확한 지도가 필수적이었기 때문이다. 따라서 제2차 세계대전 중에 참전국들은 타격 지역의 지도를 구하느라 혈안이 돼 있었다. 참전국들은 이미 나와 있던 지도들을 확보한 뒤 항공사진 정찰과 그 밖의 다른 조사 작업을 통해 지도를 보완했다. 가령 독일은 영국 육지측량부 지도를 기초로 공중사진 정찰을 통해 얻은 정보를 덧붙여 제2차 세계대전 중에 폭격기들을 유도할 지도를 제작해냈다. 이 같은 사진 정찰은 상륙 및 지상 작전을 위한 지도들을 제작할 때도 중요한 역할을 했다. 1944년 연합군의 노르망디 상륙작전이나 1941년 독일의 소련 침공이 이런 사례에 해당하는데, 소련 침공 전에 독일은 고공비행 능력을 갖춘 도니에르(Dornier)나 하인켈(Heinkel) 같은 정찰기를 이용해 장거리 정찰 작전을 이미 마쳐 놓은 상태였다.

제2차 세계대전에서 지도는 참전국들의 프로파간다에서도 일정한 역할을 수행했다. 이를테면 나치 독일이나 일본의 세력 확대를 보여주는 포스터에 지도를 이용함으로써 위협을 극적으로 과장했던 것이다. 미 육군 영화 제작국이 제작한 프랭크 캐프라(Frank Capra) 감독의 영화 〈전쟁의 서막〉은 위협이라는 주제를 강조하기 위해 지도를 사용했다. 이 영화에서 독일과 이탈리아, 일본의 지도는 위협을 상징하는 기호들로 변형됐고, 세계지도는 그들에게 포위돼 점령당할 위기에 처해 있는 신세계를 보여주고 있었다. 추축국들과 그 동맹국들은 서로 비슷한 장치들을 사용했다. 가령 비시(Vichy) 정권이 제작한 포스터에서는 문어로 묘사된 처칠이 시리아나 다카르 같은 프랑스의 해외 영토들로 마수를 뻗치고 있는 장면을 보여주고 있었다. 지도는 전승을 극적으로 표현하는 데도 동원돼 국민들의 사기를 유지시키는 역할도 했다.

정확한 자료를 구하기 어렵다는 점, 또 본질적으로 역동적일 수밖에 없는 주제를 지도화해야 한다는 점은 전쟁을 지도화할 때 부딪치는 일반적인 어려움이었다. 더욱이 군사용 지도는 전쟁과는 떼려야 뗄 수 없는 인명 피해와 재산 손실 따위를 무시하고 있다. 즉 전투 과정을 멸균화시키고 있는 것이다. 주체가 민간 애호가든 군대든 지도는 전쟁 게임에서 필수적인 요소이며, 한 방울의 피도 흘리지 않는 이 전쟁 연습의 분위기를 실제 전장으로 그대로 옮겨놓는 역할도 하고 있다.

전쟁 지도는 또한 군수 지원이나 산업적 생산능력처럼 전쟁에 결정적인 다른 요인들을 제쳐 놓고 전투와 관련된 측면만을 강조한다. 더욱이 전략적 차원에서 볼 때 지도는 전쟁을 일련의 거대한 군사작전들의 연속으로 보는 선(線)적 개념에 기초해 있었기 때문에 게릴라 활동 같은 것들을 포함해 '인민들'의 전쟁을 이해하고 싶은 사람들에게는 거의 도움을 주지 않고 있다.

또한 용어상의 문제도 있다. 군단, 사단, 여단, 대대 등과 같은 군대의 각 단위에 대한 정의는 나라에 따라 달랐고, 지금도 다르다. 더욱이 각 단위의 규모 역시, 심지어는 단일한 전쟁 중에도 달랐다. 이런 문제는 해군의 경우에도 마찬가지로 군함의 호칭 역시 나라에 따라 많은 차이가 있었다.

용어상의 통일을 이루기는 사실상 불가능하다. 지도의 표제나 범례,

그림 47 독일 공군이 제작한 울버햄프턴 시 지도. 독일 공군은 공중 정찰로 기존 지도를 보완해 폭격 및 지상 지원 작전이 진행될 해당 지역의 지도를 새로 만들었다.

여기에 딸린 글에서 채용한 다른 용어들은 모두 다른 의미를 함축하고 있기 때문이다.

적지를 군사적으로 점령했을 때는 일반적으로 지도에 표시할 수 있는 방어선을 설정하게 된다. 이 선이 잠정적일 경우, 군사 전략가들이나 정치인들은 이것을 낙관적인 전망을 섞어 **전선**이라고 부른다. 만약 교전 당사자들이 전투 중단에 합의할 경우, 이 선은 **휴전선** 또는 **정전선**으로 불리게 된다. 비교적 넓지만 경계가 정확하지 않은 선은 **지대**로 불릴 수 있으며, 오랫동안 확보해, 경계가 분명하고 방어가 굳건하다면 이 선은 **경계**가 된다. 그리고 정착민들과 군대가 자신들보다 약하고 기술적으로도 뒤떨어진 다른 집단들이 이전에 또는 지금도 부분적으로 거주하고 있는 지역을 침범해 자리를 잡게 됐을 경우, 이 선은 **변경**이 되는 것이다.[18]

이 같은 분류와 설명은 지도상의 선들처럼 일견 정확하고 보편적이며, 객관적인 용어를 찾아내려고 들면 끝없이 늘어날 수도 있다. 그러나 한 쪽에서는 '잔학 행위'인 것이 다른 쪽에서는 '진압'이 될 수도 있다. 이것은 단순히 단일한 해석 구조 및 전통 안에서 진행되는 논의에만 국한돼 있는 것은 아니다. 가령 소련과 동구권 공산주의의 붕괴는 좌파식 해석 방법이나 기술(記述)에 대단히 심각한 도전을 준 반면, 민족주의에 관한 다양한 논의들에서는 여전히 용어를 둘러싸고 상충하는 주장들을 내놓고 있다. 그리고 극동의 신흥 공업국들이나 이슬람이 다시 세력을 얻고 있는 지역들에서는 서구에서는 지배적인 평가 체계에 대해 강력한 문제제기가 일고 있다. 서로 다른 세계가 만나는 지점에서는, 가령 아랍과 이스라엘 사이의 갈등에는 합의된 지도를 만들어내는 데 기초가 되는 이해의 공감대 같은 것은 존재하지 않는다. 이것은 단순히 지도에 표시된 선들의 위치가 분쟁의 원인이 될 수 있기 때문만은 아니다. 더욱 중요한 것은 이런 선들이 갖는 의미 자체를 놓고 다툼이 (그것도 여러 가지 방식으로) 일어날 수 있기 때문이다. 이것은 국경과 전쟁의 경우에도 마찬가지다. 이 둘은 서로 관련돼 있으며, 갈등의 다른 두 측면이기 때문이다. 결국 한 측면에서는 공격적인 것이 다른 한 측면에선 방어적인 것이 되는 셈이다. 이것은 지도에서 쉽게 찾아볼 수 있다. 가령 어느 군사지도에서도 찾아볼 수 있는, 앞으로만 뻗어나가는 화살표들은 다소간 위협적인 방식으로 표시될 수 있으며, 다른 지도 기호들도 이런 목적으로 활용될 수 있다.

선거와 국경, 전쟁. 이 세 가지는 정치지도의 중요한 세 가지 주제로

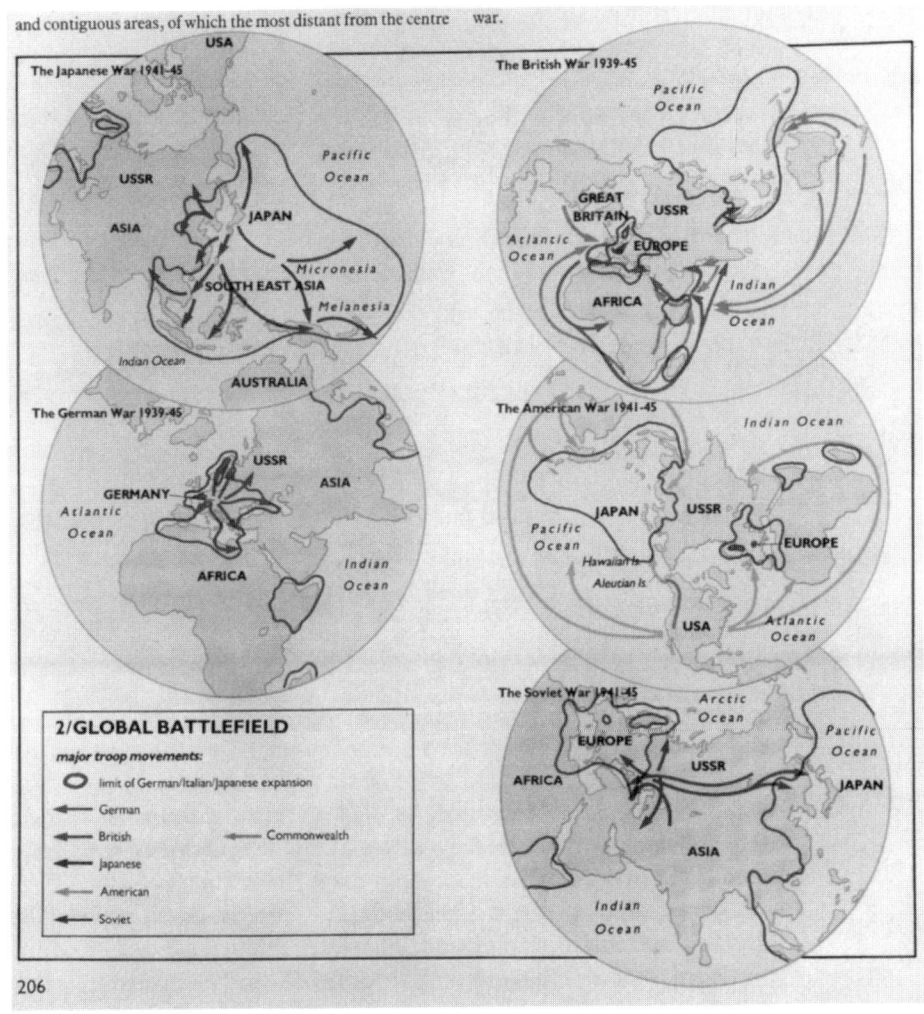

그림 48 〈타임스 제2차 세계대전 아틀라스〉에서 제시된 두 개의 다른 관점. 이 지도들은 관점이 다르면 같은 전쟁에 관해서도 얼마나 다른 지도가 만들어질 수 있는지를 보여주고 있다. 실제로 이 지도들에서는 전혀 다른 인상들을 받게 된다.

여겨지고 있다. 이 세 주제 모두 지도학상의 문제를 제기하기는 하지만, 전쟁이 제기하는 문제가 가장 크다고 할 수 있다. 그것은 전쟁이 역동적인 요소를 안고 있을 수밖에 없기 때문이다. 이 역동성을 보여주는 것은 단순한 문제가 아니다. 더욱이 "전쟁은 평화시에 일어날 수 있는 그 어떤 사태보다 훨씬 더 혼란스럽다."[19] 군사적 사건들은 계획대로 진행되는 경우가 거의 없다. 진군과 후퇴가 반복되는 전장에서는 각 전투 단위들의 위치가 대단히 혼란스럽기 마련이다. 전투 단위들 자체도 서로 뒤섞이거나 흩어지게 되고, 지휘 계통도 단절된다. 따라서 전쟁에는 대부분의 선거 결과에서 찾아볼 수 있는 정확성이 부족하다. 물론 현재의 경계선들을 놓고도 의견이 일치하지 않는 경우가 있지만, 각각의 경우에는 판례법이 존재하고, 보통 정확하게 그려졌지만 서로 상충하는 선들 사이의 의견 불일치일 경우가 많다.

전쟁의 양상이 지상전과 해전, 공중전으로 복잡해지면서, 또 보통은 게릴라 활동까지 포함될 정도로 전쟁 개념이 확대되면서, 전쟁의 지도화에 따르는 어려움도 늘어났다. 종래의 군사지도 제작은 전투 단위와 이들의 위치가 결합된 전선이라는 개념에 기초해 있었고, 이렇게 전진 또는 후퇴하는 전선은 얼마간은 정확하게 지도에 표시할 수 있었다. 그 결과 선과 화살표를 통해 전쟁을 요약할 수 있었다. 해전의 경우에도 상황은 많이 다르지 않았다. 함대는 전진하거나 후퇴했고, 함대가 봉쇄하고 있는 위치들은 선으로 표시할 수 있었다. 그러나 시/공의 비율을 지도에 표시하는 것은 어려웠다. 가령 나폴레옹 전쟁, 특히 1805년에서 1807년, 1808년에서 1809년의 전쟁을 기록한 지도들이 나폴레옹 군대가 얼마나 빠르고 효율적으로 엄청난 거리를 전진했는지, 또 적군이 이에 비해 얼마나 굼뜨게 움직였는지를 보여줄 수 있다면 그 가치는 상당할 것이다.

그러나 현대전의 경우에는 선과 화살표의 사용이 적합하지 않게 됐다. 현대 무기와 무기 체계의 사정거리 때문에 선과 화살표는 전황을 표시하는 데 별 도움이 되지 않게 된 것이다. 항공기와 로켓은 군대가 배치된 장소들 위를 비행하며 정찰을 하거나, 타격을 가할 수 있는데, 대포는 이런 능력을 갖고 있지 않다. 또 가스는 '대기'를 통제할 수 있다. 해상에 떠 있는 전함들은 전투기나 미사일, 잠수함으로 공격할 수 있다. 다시 말해 현대전에서는 공간의 통제가 어려워진 것이다. 특히 지도로 쉽게 표시할 수 있는 지역에 배치된 지상군이나 전함들로는 더 이상 통제가 가능하지 않게 되었다. 대신 전쟁에서 공간은 다차원적인 성격을 띠게 됐고, 각각의 차원은 언제나 바뀔 수 있게 됐는데, 예를 들면 공중 폭격 같은 것이 여기에 해당한다.

이제 전선이라는 개념은 과거, 예를 들어 19세기 유럽에서 일어났던 전쟁들에서보다 그 유용성이 훨씬 떨어지고 있다. 그러나 신문지도들에서는 여전히 이 개념을 선호하고 있다. 2차원에, 흑백으로 표현되는 신문지도들의 특성상 보여줄 수 있는 정보의 범위나 복잡성은 줄어들 수밖에 없고, 이해하기 쉬운 전쟁 지도를 기대하는 독자들 역시 신문지도에 영향을 미치기 때문이다.

현대의 '재래' 전 또는 '정규' 전(이 개념들 자체가 다양한 의미를 내포하고 있기는 하지만)을 묘사하는 데 따르는 어려움들은 '비정규', '비재래' 도는 '게릴라' 전들을 표시할 때 부딪치는 문제들과도 비견될 수 있다. 그러나 지금은 후자가 훨씬 더 중요해졌는데, 여기에는 20세기에 들어서, 특히 '제3세계'에서 진행된 정치화가 부분적으로 작용했다. 그리고 제3세계 역시 지도로 표현하기에는 까다로운 개념이다. '비정규' 전에서는 영토에 대한 지배라는 개념이 기존의 군사 단위로는 쉽게 설명할 수 없는 무장 세력들에 의해 도전을 받고 있다. 이들은 민간인들 내부에서 활동하려고 하는데, 조직의 보호와 유지를 위해서이기도 하지만, 적대 세력이 인구 밀집 지역을 완전히 장악하지 못하도록 하려는 목적도 있다. 게릴라들은 일반적으로 지역을 완전히 장악하려 들지 않는데, 이 경우 압도적 화력을 가진 적들에게 타격 대상을 제공하는 꼴이 되기 때문이다. 대신 이런 지역들에서는 일종의 공존 시스템이 작동하게 된다. 군대나 경찰은 방해를 받지 않고 순찰을 할 수 있고, 그렇지 않은 경우라도 간혹 발생하는 저격이나 매복 공격, 또는 지뢰에 신경을 쓰면 될 뿐이지만, 다른 방식으로 권력을 행사하지는 못한다. 군대나 경찰은 주둔지 너머의 지역은 거의 장악하지 못한다. 이런 상황을 지도로 표현하는 것은 대단히 어렵다. 굳이 지도화를 한다면 시간을 기준으로, 즉 낮에는 정부군 또는 진압군이 장악하고, 밤에는 반대편에서 장악하는 것을 보여주거나, 공간을 기준으로 할 수 있다. 그러나 후자의 경우에는 여러 가지 문제가 따를 수 있다. 일반적으로 정부 쪽 군대들은 물자보급로를 중심으로 작전을 전개하고, 이곳을 장악하려고 한다. 이런 도로들은 순찰과 물자 공급에 사용되기 때문이다. 그러나 다른 지역에서는 정부 쪽 군대들을 찾아보기가 쉽지 않다.

그러나 이런 상황은 1950년대 초 인도차이나에 있던 프랑스군, 베트남의 미군, 북아일랜드의 영국군, 수단 남부 지역의 수단 정부군이 그랬던 것처럼 공중 수송이 도입되면서 한층 더 복잡해졌다. 공중 수송에 필요한 작전 능력은 1960년대 이래 효율적이고 강력한 성능을 갖춘 헬리콥터들이 등장하면서 비약적으로 향상되는데, 베트남에서는 휴이 헬리콥터가, 레바논에서는 이스라엘군이 사용한 미국제 코브라 헬리콥터가 이런 작전에 투입됐다. 이렇게 해서 취약한 진지들은 항공기를 통해 물자와 병력을 지원받을 수 있었다. 베트남에서처럼 헬리콥터를 이용해 공격 작전을 수행할 수도 있었는데, 어떤 경우에는 대규모 장기 작전이 실시되기도 했다.

그러나 공중 수송 및 공격 능력은 대공무기, 특히 열추적 지대공 미사일 때문에 많은 제한을 받게 됐고, 지도로는 이런 무기들의 실질적, 잠재적 영향을 보여주기가 어렵다. 실제로 1973년 욤키푸르(Yom Kippur) 전쟁에서 이스라엘 공군은 지대공 미사일 공격을 받아 꽤 많은 전투기를 잃었다. 이에 따라 저고도 공중작전들의 안정성도 제한을 받게 됐다. 즉 공중전의 수직 공간이 특히 많은 영향을 받게 된 것이다. 1990년에서 1991년까지 진행된 걸프전에서는 이동식 미사일 발사대와 항공기들을 '손에 쥐듯' 포착했던 이동식 레이더들이 상당히 중요한 역할을 했는데, 이런 무기들의 역할 역시 지도로 표현하기가 어렵다. 특히 지도가 일정한 범위를 포괄해야 할 경우 그러니까 특정한 기간이나 무기의 사정거리를 다뤄야 할 경우에는 어려움이 더욱 커진다.

그리고 이런 무기류를 게릴라들이 조종하고 있을 경우에는 문제가 더욱 더 어려워진다. 예를 들어 1996년이 되면서 IRA가 여러 기의 샘-7 지대공 미사일을 소유하고 있다는 추정이 나돌기 시작했는가 하면, 수단 남부 지역의 비정규군들은 이런 미사일들을 사용해 정부군의 병력 공급을 방해하고 있었다. 이렇게 전선은 해체되고 말았다. 주권의 분점 때문에 특정 지역의 정치적 지배 상황을 지도화하기가 어려워진 것처럼, 경계선이라는 지도적 장치 역시 이런 상황 때문에 사실을 제대로 보여주지 못하게 됐고, 이런 측면에서는 전쟁 역시 같은 역할을 하고 있다. 그러나 전쟁이라는 역동적인 주제는 문제를 더 복잡하게 만들었고, 이런 점에서 전쟁의 지도화는 훨씬 더 어렵다고 할 수 있다.

그리고 여기에 게릴라전이 결합될 경우 상황은 더욱 더 정치화되어서, 어떤 용어를 사용하느냐 하는 것은 이 같은 전쟁 수행 방식의 정당성 또는 비정당성을 가리는 데 결정적인 역할을 한다. 게릴라들은 '자유의 투사'가 될 수도 있고, '산적'이나 '테러리스트'가 될 수도 있으며, 이들에 대한 대응 역시 '진압' 혹은 '잔학 행위'가 될 수 있기 때문이다. 더욱이 어떤 용어를 사용하는지와는 상관없이, 이를테면 폭탄 공격 같은 게릴라들의 활동이나 이들의 세력을 보여주는 데 어떤 지도 제작 기법을 사용하느냐에 따라 아주 다른 메시지들이 전달될 수도 있다. 그리고 지도 제작자의 정치적 관점에 따라 이들이 장악 또는 활동 중인 지역의 범위도 크게 차이가 날 수 있다. 더욱이 게릴라들의 활동을 강조할 수도 이들에 대한 대응을 강조할 수도 있고, 아예 게릴라들의 영향을 받지 않는 나머지 대부분의 사회활동에 초점을 맞출 수도 있다. 결국 IRA나 페루 '빛나는 길'(Sendero Luminoso)의 활동을 보여주는 지도들은 이들의 활동을 중요한 문제로 부각시킬 수도 있고, 주변부로 밀어내 버릴 수도 있다. 이것은 베트콩의 활동상을 보여주는 지도들의 경우에도 마찬가지였다. 게릴라 활동의 지도화는 그 자체로 전쟁의 성격을 증언할 수도 있다. 가령 1958년 불가리아에서는 1941년에서 1944년 사이 불가리아 레지스탕스 활동을 다룬 지도책이 출판됐는데, 이것은 불가리아 사람들의 정체성은 반파시즘의 측면에서 이해해야 한다는 주장이었던 셈이다. 또 이런 점에서 불가리아가 동구권 블록에 포함돼 있는 것은 단순히 소련에 점령된 결과가 아니며, 1949년의 점령은 불가리아 역사의 연장선상에 있음을 선언하고 있는 것이다.

더욱 일반적인 차원에서 전쟁의 지도화는 그것이 당대의 전쟁을 다루든 과거의 전쟁을 다루든 무엇을 보여주어야 하느냐는 문제를 제기한다. 참전국들이 동맹국과 교전국들(사실 이들은 항상 명확하게 구분되는 것은 아니다)을 희생해 가며 자신들의 역할과 이해관계를 강조하는 지도적 진술을 내놓는 것은 조금도 놀랄 일이 아니다. 가령 영국이나 미국은 제2차 세계대전을 지도화하면서 자신들이 기여한 대목만을 과장하고 소련의 역할을 무시해 버렸는데, 이것은 지금도 마찬가지다.[20] 또한 전쟁의 심리적 측면을 보여주는 것도 어려운 문제다. 전후 세계에서 베를린이나 쿠바에는 위치상의 중요성을 훨씬 넘어서는 상징적 중요성이 부여됐다. 또 베트남이나 보스니아 역시 꽤 많은 사람들의 마음속에 중

요한 의미를 갖는 지역으로 자리 잡게 됐다.[21]

그렇다면 전쟁은 지도의 '객관적' 영역으로 볼 수 없다. 전쟁의 지도적 분석과 묘사에 수반되는 커다란 문제점들은 무엇이 중요한지 따위의 주관적 평가와 관련돼 있으며, 특히 게릴라전의 지도화와 같은 경우에는 정치화라는 중요한 요소가 자리 잡고 있다. 이런 문제점들은 전쟁의 지도화와 관련된 모든 측면에 영향을 미치고 있다. 그러나 이런 문제점들은 일반적으로 무시되고 있으며, 특히 신문이든 전쟁 게임이든 대중을 겨냥한 전쟁 지도에서 이런 경향이 더욱 두드러진다.[22] 전쟁 게임에서 지도를 사용하게 된 것은 꽤 오랜 역사를 갖고 있는데, 19세기 말 참모본부의 시대가 열리고 이른바 군사계획 수립에서 '과학적' 접근이 보급되면서 지도 사용은 급속히 늘어나게 된다. 옥스퍼드대학 크리그슈피엘(Kriegspiel, 전쟁 게임) 클럽에서는 "1866년 자도바(Sadowa) 작전에 사용된 프로이센 군대의 공식 지도를 놓고 독일식으로 전쟁 게임을 했으며, 가끔씩은 분위기를 바꾸기 위해 영국 육지측량부의 옥스퍼드셔(Oxfordshire) 지도나 알더샷(Aldershot) 인근의 지도를 놓고 게임을 하기도 했다." 이 클럽의 회장은 헤러포드 부르크 조지(Hereford Brooke George, 1838~1910)였는데, 그는 옥스퍼드대학 군사역사 및 지리학의 개척자였다.[23] 크리그슈피엘은 1871년 영국 왕립 군사학교에도 도입된다.

이 같은 대중적 용도와는 별도로 지도는 전력은 물론 무기 체계의 부속물로서도 중요한 의미를 갖는다. 유도 폭탄이나 유도 미사일 같은 '스마트' 무기들은 좌표 값으로 설정된 목표물들까지 사전 설정된 경로를 따라 비행하기 위해 목표물과 장애물들을 사전에 정확하게 표시한 지도들을 사용하고 있다. 1991년 걸프전과 1995년과 1996년 사이에 미국이 순항 미사일로 이라크 내 시설물들을 공격할 때 이런 방식이 사용됐다. 당시의 미사일들은 비행경로에 포함된 지역들의 디지털 지형모델을 사용했다. 걸프전 기간 동안 사용된 첨단 지도 기술들로는 위성항법장치(GPS) 안에서 미국의 인공위성들과 연동해 사용됐던 정밀 위치추적 장치들이 있다. 그리고 GPS는 동맹국 전차와 이라크 전차들 사이의 교전에서도 성공적으로 이용됐다. 여기에 신속한 사진지도 제작 기술과 결합해 사용된 위성 이미지들도 덧붙일 수 있다. 현대 군대에서는 작전훈련을 할 때 작전 지역의 지형을 2차원과 3차원 이미지로 그 자리에서 제작해 주는 지리정보시스템(GFS) 소프트웨어를 사용하기도 한다. 지도가 전쟁에 미치는 영향이 더 강력해지고, 더 빨라지게 된 것이다.

지도는 성공적인 전쟁 수행에 필요한 정보 중에서도 가장 중요한 축에 든다. 대체로 적군에 대한 첩보 수집은 적 병력의 위치 파악을 우선으로 했고, 지금도 마찬가지다. 그리고 조금 더 일반적인 차원에서는 적국 영토의 지형을 정확하게 파악하는 것이 주된 관심사였다고 할 수 있다. 1870년대 이래 영국 첩보부에서 확보한 외국 지도들은, 여기에 기초해 새로 제작된 지도들과 함께 전쟁에서 중요한 역할을 했다. 이 같은 첩보 활동의 또 다른 한 측면은 적을 속이는 것이었는데, 여기에는 잘못된 지도를 만들어 상대방이 병력의 위치와 이동을 오인하게 만드는 일도 포함돼 있었다. 실제로 제2차 세계대전 중에는 독일의 유럽 제2 전선에서 연합국의 계획을 오판하도록 할 목적으로 대단히 광범위하고 상세한 역정보 제공 계획이 수립되기도 했다. 이 계획에는 위장 무선 교신이나 목제 탱크 부대, 상륙정의 이동, 모형 상륙정 제작 등을 비롯해, 독일군으로 하여금 연합국의 공격 목표가 불로뉴(Boulogne)라고 믿게 하기 위한 예비 폭격, 군대의 위장 이동, 첩보원들을 통한 거짓 정보 유포 등의 다양한 방법이 동원됐다. 이런 수단들은 연합국의 상륙 목표가 불로뉴나 브르타뉴, 발칸 반도, 혹은 노르웨이의 스타방에르(Stavanger) 중 하나인 것처럼 보이도록 만드는 데 목적이 있었다. 결국 독일은 이런 잘못된 첩보들에 기초해 사실과는 다른 지도를 제작하게 된다. 러시아인들 역시 이같은 전략적 속임수를 사용하는 데는 전문가들이었다. 1944년 러시아군이 프리피아치(Pripet Marshes) 강의 북쪽이 아닌 남쪽에서 공격할 것처럼 독일군을 속였던 것을 그 사례로 들 수 있다.

첩보 수집은 지도학과 군사적 관심 사이의 관계에서 핵심적인 측면이다. 그리고 이 관계는 시간이 흘러도 변하지 않는다. 일반적으로 말해서, 조직화된 정보의 한 형태로서, 또 표현으로서 지도는 결정을 내리는 사람들에게 대단한 가치가 있는데, 여기서 결정을 내리는 사람들이란 바로 권력을 행사하는 사람들이다.

7장
결론

그것은 존재 자체만으로도 캐나다가 지리적 실체라는 점을 단언하고 있다. 이 아틀라스는 정교한 지리 결정론으로 가득 차 있으며, 여기에 기초해 이니스(Innis)는 정치 경제가 농경에 기초했던 훨씬 더 남쪽의 식민지들과는 판이하게 달랐기 때문에 '캐나다'가, 모피 교역을 해야 했던 북아메리카 북부의 의존적인 오지와 정확하게 같은 공간을 차지하고 있다고 주장했다. …… 분명히, 1990년대 말의 시점에서 볼 때는 전적으로 타당하게 들리지는 않지만 캐나다 역사의 통일성을 강조하고, 통일된 민족국가를 **향한** 전진을 역설하는 주장들은 상대적으로 많은 주목을 받고 있다. 인구학적 그리고 문화적 다양성이나, 다른 지역들과는 확연히 구별되는 퀘벡 지역, 강력한 힘을 가진 중앙집권적 세력들, (지금은 '최초의 민족들'로 부르고 있는) 원주민들의 권리 및 그에 대한 주장 등은 적절하게 강조되지 못하고 있는 것 또한 사실이다.[1]

지도가 선택한 대상이나 그 내용, 지도 제작을 둘러싼 상황들 따위에는 분명 일정한 전제가 깔려 있다. 또한 이런 전제들은 단어의 의미를 넓게 해석할 경우 정치적인 성격을 갖는 것으로 간주할 수 있다. 지식은 권력의 부속물이면서, 한 측면이고, 또 원인이자 결과라는 주장 역시 폭넓게 받아들여지고 있다. 따라서 지도와 지도 제작이 자율적인 과정이라는 식의 관점이 파국을 맞게 된 것은 지도가 객관적이라는 기존의 이해에 대한 광범위한 문제제기의 일부분일 따름이다.

지도의 경우에는, 무엇을 어떻게 지도화할 것인지와 지도를 어떻게 이해할지를 결정하는 선택 과정을 놓고 나름의 관점이 존재한다. 결국 지도와 지도에 대한 평가는 글 자체에 대한, 그리고 저자와 독자의 역할에 대한 토론의 영향을 받고 있다. 또한 시각적 요소들과 도상학에 대한 여러 가지 관점들 역시 지도에 영향을 주고 있다. 캐리커처와 비슷하게, 그러나 글이나 회화와는 다르게, 지도에는 글과 그래픽이 섞여 있으며, 지도의 의미와 지도의 힘은 바로 이 글과 그래픽의 혼합에서 나온다고 할 수 있다. 그러나 또 캐리커처와는 달리 지도에서는 이 두 가지가 얼마간은 분리돼 있다. 사람들은 지도에 주목하는 것이지, 범례나 장소의 명명법 따위에 관심을 갖는 것은 아니기 때문이다. 물론 메시지를 전달하기 위해 글상자를 사용하는 지도들이 있기는 하지만, 이런 경우를 제외하면, 지도에는 캐리커처의 등장인물이 한 말을 보여주는 말 풍선 같은 장치가 없다. 그러나 몇몇 측면에서 지도는 캐리커처와 비슷하기도 하다. 특히 표제의 경우는 선택의 문제이지, 그것 자체로 자명한 정답이 있는 것은 아니다. 가령 'IRA의 테러리즘'이나 '이스라엘의 침공', '빈곤' 등을 지도화한다는 것은 지도에서 다루고 있는 주제들에 대한 지도 제작자의 견해를 밝히는 것이며, 이런 견해들은 그것 자체로 논쟁의 여지를 안고 있다. 그리고 범례에 지정된 색깔이나 그 농담 역시 논쟁의 여지가 덜하기는 하지만 특정한 반응을 일으키려는 목적을 갖고 있다. 일반 독자들에게 어떤 색상은 다른 색상들보다 편안하고 긍정적인 인상을 줄 수 있기 때문이다.

　지도와 캐리커처의 유사점은 여기에 그치지 않는다. 둘 사이의 유사점을 계속 강조하는 목적은 의도나 내용, 제작 기법 등을 기준으로 할 때 보통 객관적이라고 여겨지는 것과 이 세 가지 기준 모두에서 주관적이라고 여겨지는 것을 연결짓기 위해서다. 따라서 캐리커처와는 달리 영토가 존재 이유이며 주제이기는 하지만, 캐리커처처럼 지도 역시 정치적이며, 정치화하는 텍스트라는 사실에 유념해야 한다. 그러나 지도의 이런 성격을 문제 삼는다는 것이 분석의 수단 또는 표현의 방법으로서 지도의 가치를 부정하는 것은 아니다. 사실 지도는 더욱 더 흔해지고, 더욱 더 쓸모가 많아지고 있다. 그것은 새로운 지도 제작 기법들이 등장한 때문이기도 하고, 서로 다른 매체들이 경쟁하는 세계에서 뉴스거리들의 '포장'을 개선할 필요가 있다는 인식이 확산됐기 때문이기도 하다.[2] 갈수록 전보다 더 '시각화'된, 아니 인쇄물의 권위에서 시각적 측면들이 차지하는 비중이 점점 커져가고, 말 그대로 '뉴스를 보는' 사회에서 지도들의 역할은 더 확대될 수 있고, 또 확대될 것이다. 그리고 지도가 수행하게 될 역할 중에서 위치를 찾아주는 전통적 기능은 여전히 가장 중요한 요소가 될 것이다. 즉 도면으로서 지도가 갖는 기능이 핵심적인 셈인데, 그러나 위치 파악은 장소 그 자체만큼이나 여러 가지 문제를 안고 있을 수 있다.

  지도가 권위와 가치를 갖고, 또 증명해 주는 기능을 한다는 것은 자동차 엔진에서부터 무릎 관절, 두뇌에 이르기까지 모든 것을 나 실명해 주는 도면들을 보는 데 익숙해진 현대 사회의 한 단면을 보여주고 있다. 따라서 도면은 이해하고 싶어하며, 동시에 무언가를 창조하고, 건설하며, 통제할 수 있는 사회를 반영하고 있다. 그리고 이 둘은 같은 과정 또는 메커니즘의 한 부분이라고 할 수 있다. 영향을 미치거나 통제하지 않는 관찰자로서 인간을 바라보던 관점, 그러니까 19세기 지질학 지도에 깔려 있던 견해나 조작을 목적으로 하지 않고 단순히 식물의 특성을 결정하는 유전적 형질을 표시했던 도면들에 담겨 있던 견해는 점점 주변으로 밀려나고 있다. 전통적으로 인간의 통제나 이해 바깥의 영역이라고 여겨왔던 우주지도들조차도 이제는 인간에 의해 파악되고 이해된 대상으로서, 또 인공위성이나 우주 쓰레기 같은 인간 활동의 흔적이 남아 있는 공간으로서 우주를 제시하고 있다. 또 다른 극단적인 예를 들어보면 헤파럼프(Heffalump)는 곰돌이 푸의 상상 속에서만 존재하는 것이었지만, 푸가

함정을 파 자기가 갖고 있던 지도에 표시하고 나자, 이들은 공간적 실체가 되면서 지도상의 현실이 됐던 것이다. 또 푸는 북극점을 발견하고는 거기에 자신이 북극점을 발견했다는 글을 남김으로써 북극점을 '전유해' 버리기도 했다.

결국 지도가 도면인 한, 지도는 인간 활동의 산물이자 기록물이고, 또 그렇기 때문에 이런 인간 활동의 논쟁적 성격에 의해 영향을 받게 된다. 인간사회를 유기적이고 통일된 단위로 보던 관점은 19세기 민족주의의 시대에 상당한 영향력을 갖고 있었지만 20세기 말에는 그렇게 자명해 보이지만은 않게 됐다. 민주주의 — 투표권의 부여 — 는 제도나 사회적 인식, 관습의 민주화를 불러왔다. 이제 과거의 거대 담론들은 부서져 조각이 났거나 최소한 도전을 받게 됐다.

이런 변화들은 도면으로서 지도에 큰 영향을 미쳤다. 무엇을 보여줄 것인가의 문제가 이제 다툼의 대상이 된 것이다. 위치의 확정 그 자체도 문제가 되고 있다. 가령 요르단 강 서안에서 분쟁 대상이 된 장소를 보여준다고 할 경우 여러 가지 문제가 생겨나게 된다. 즉 어떤 경계선을 채택할 것인가, 요르단 강 서안과 유대인 정착촌을 어떤 식으로 언급할 것인가, 아랍인들의 거주 지역이나 성경에 등장한 장소들을 표시할 것인가, 수자원 이용권 문제를 언급해야 하는가, 그렇다면 어떻게 언급할 것인가 등등의 문제가 제기되는 것이다. 더욱이 이 지도는 주변 아랍국들까지 다룰 것인가, 그리고 이를 통해 요르단 강 서안이 단순히 이스라엘과만 관계가 있는 것이 아니라는 점을 보여주어야 하는가의 문제도 있을 수 있다.

만약 지도가 분석의 도구로 사용될 경우 제기될 수 있는 논쟁적 문제의 수는 훨씬 더 늘어난다. 그러나 다른 한편으로, 분석의 수단으로, 그것도 여러 가지 해답이 있을 수 있는 문제를 분석하는 수단으로 지도를

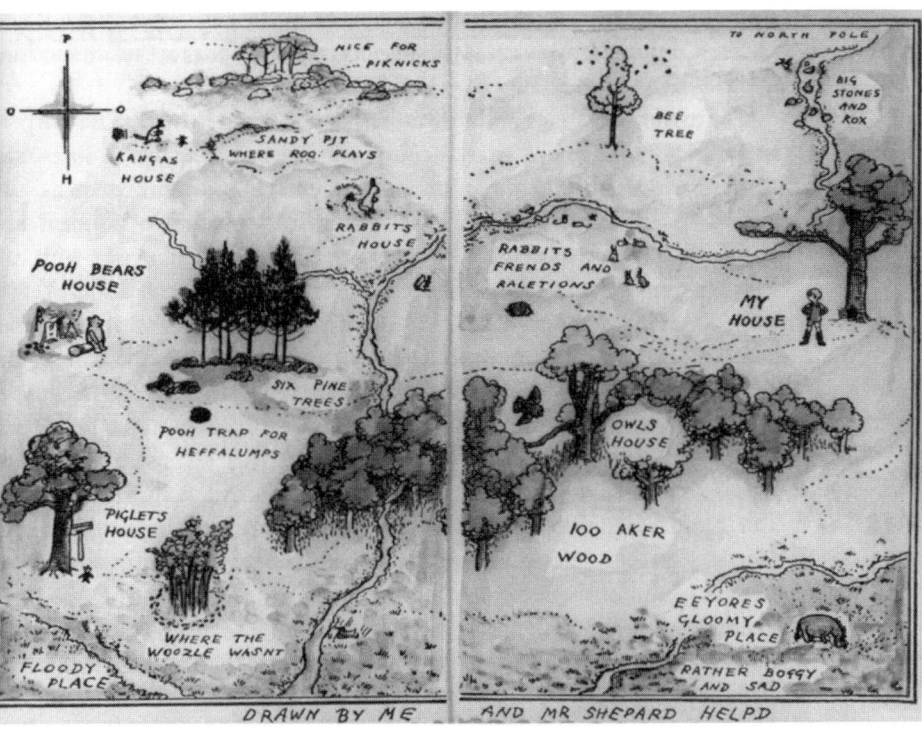

그림 49 곰돌이 푸의 세계. A. A. 밀른의 『푸 마을의 집들』(1974)의 면지.

사용하는 그 자체는, 지도를 인간의 조작 과정이 개입되지 않은 단순한 객관적인 언명으로 취급하는 것을 어렵게 만들었다. 대신 공간적 관계를 표시 또는 평가하기 위해 지도를 사용한다는 것은 이 목적에 적절해 보이는 측면들만 지도화된다는 의미다. 따라서 이 같은 시도를 하는 과정에서 인간의 선택이 작용한다는 것은 분명한 사실이다. 만약 목적에 적절해 보이는 측면들조차 그 자체로 논란의 여지를 안고 있다면, 분석이 좀 더 정교해지거나 더 많은 (혹은 다른) 요소들까지 포함될 필요가 있다. 이 경우 논의는 지도 제작 과정까지를 포괄하게 되는 것이다.

따라서 이제는 지도 제작 과정이 문제가 된다. 그러나 객관성 또는 편견에 문제를 제기하기 위해 쉽게 동원할 수 있는, 이의를 제기할 수 없을

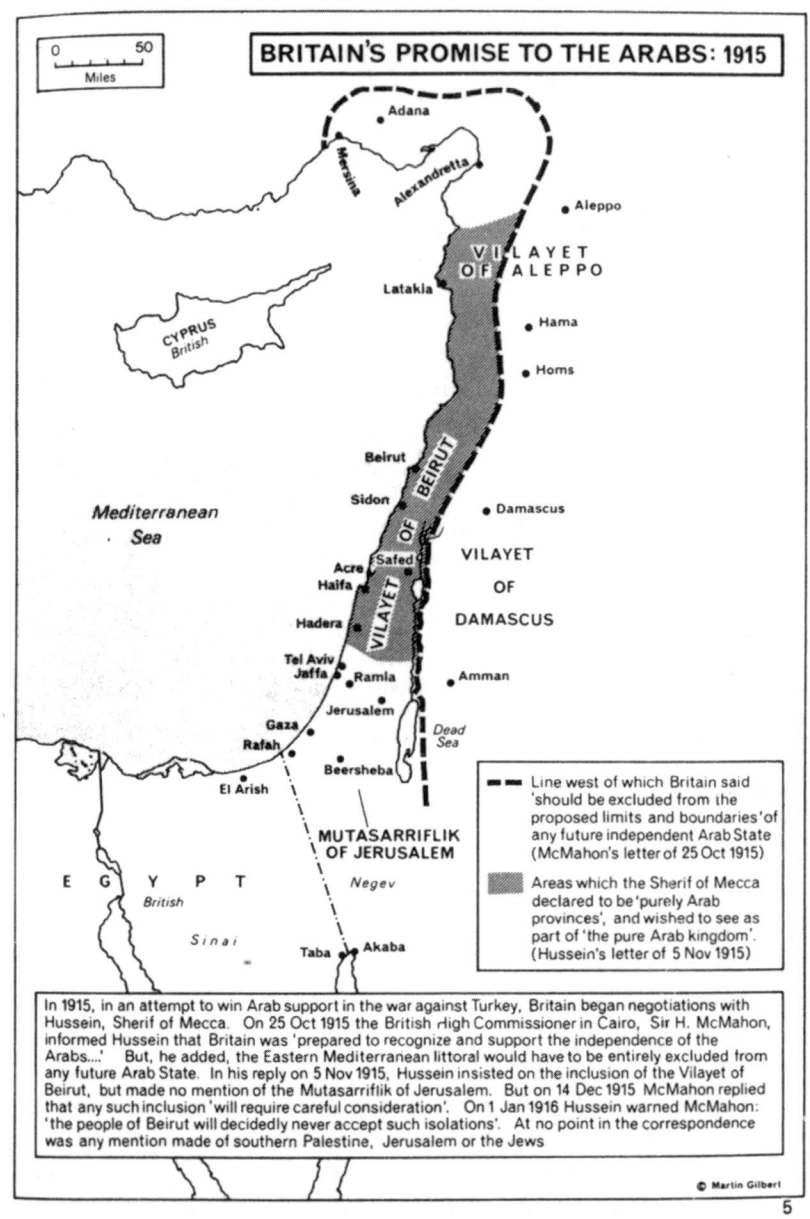

그림 50 마틴 길버트가 제작한 〈아랍-이스라엘 갈등 지도〉(1993) 중에서, 1915년 영국이 아랍인들에게 내놓은 제안을 보여주는 지도.

만큼 자명한 객관성을 갖는 기준 따위는 존재하지 않는다. 주관성이야 말로 제작과 이해에서 핵심적이기 때문이다. 투영법과 투시법, 색상과 그 농담, 축척과 등고선, 서체와 범례, 지도의 배치 순서와 조합 따위를 통해 이미 강조하고 싶은 것이 강조됐고, 지도를 보는 사람들의 평가는 영향을 받았기 때문이다. 그러나 이것이 지도는 권력을 가진 사람들의 음모가 깔려 있는 도구라는 결론으로 이어져서는 안 된다. 실제로 일부 지도는 이런 목적에 부응하고 있기는 하지만, 지도는 '매체일 뿐' 메시지가 아니다. 지도라는 매체는 다면적이고, 개별 지도들의 경우처럼, 지도의 목적이나 기능 방식에 대해서는 다양한 분석이 가능하다. 그리고 이렇게 주관성을 강조하는 것이 지도와 지도 제작은 아무런 가치도 없다거나, 아니면 별 의미가 없다는 말로 해석될 필요도 없다. 오히려 주관성을 강조하는 것은 지도를 지도가 의미를 갖는 사회·정치적 상황 속으로 다시 가져다 놓는 것을 뜻할 따름이다. 여기서의 의미란 이론이 있을 수 없는 의미가 아니라, 논쟁의 대상이 되는 의미를 가리킨다.

옮긴이의 말

문득 번역가는 '이 순간에는 당신만을 사랑한다'고 맹세하는 바람둥이와 비슷하다는 생각을 했다. 세상에서 가장 중요한 책이라도 되는 양 노냥 끌어안고 있다가도, 재교, 삼교를 보고 역자 후기를 쓸 때가 되면 슬슬 다른 또는 다음 책으로 눈이 돌아가고, 마침내 출판이 돼 서점에 깔릴 즈음이면 베스트셀러까지는 아니더라도 스테디셀러는 돼서 '부디 행복하기를' 빌고는 한 권의 책과 작별을 하게 된다.

그리하여 한달이 지나고 두달이 지나면 그렇게 애를 태우던 문장 한 줄, 단어 하나의 구체적인 기억들은 증발되고 그저 한덩이 느낌만 남게 되는데, 지금까지는 대체로 '그 책과는 참으로 행복하였다'는 기억들을 갖고 있다는 점에서 나는 운이 좋은 번역가라고 할 수 있다. 적어도 이 책을 만나기 전까지는 그랬다.

이 책의 번역 원고를 넘긴 것이 지난해 4월, 그 사이 이런저런 일들이 많이 생겨 이제야 책으로 묶이는 셈인데, 이 책과 얽힌 기억들을 뭉뚱그려 본다면 '지독한 사랑' 정도로 정리할 수 있겠다. 몇 개월을 고스란히 이 책에만 매달렸으니 그 동안에는 이 책을 사랑했다고 해도 상관없을 것이거니와, 결국 '사랑'보다는 '지독한'을 설명하는 일이 남아 있는 셈이다.

이 책의 주제는 제1장의 첫 번째 문장 "지도는 현실의 선택적 재현이다"에서 선명하게 드러나고 있다. 다시 말하면 지도는 과학적이기 때문에 거기에는 (최대한 넓은 의미에서 본) 제작자의 주관적 선택이 끼어들지 않았으리라고 생각들을 하지만 사실은 그렇지 않다는 것이 저자의 주장이다. 구형의 지구를 평면으로 표현하는 가장 '지도적인' 과정 자체가 현실에서 특정 요소만을 골라내 제시하는 선택을 분명히 보여주고 있다는 것이다.

그렇다고 선택이 기술 분야에서만 이루어지는 것은 아니다. 예를 들어 지도 위의 국경은 영토로, 영토는 다시 주권 국가로 이어진다는 점에서, 당연해 보이는 국경 역시 제작자가 지도에 표시하기로 적극적으로 '선택한' 결과이다. 타이어 회사 미쉐린(Michelin)의 유명한 관광 안내지도 '레드가이드'에서 철도보다 도로가 더 두드러지는 이유도 제작자의 적극적인 선택을 빼놓고는 설명할 길이 없다. 원제가 '지도와 정치학'인 만큼 저자의 관심은 주로 정치 쪽에 닿아 있지만, 다양한 종류의 지도를 만드는 데 개입하는 선택들도 언급하고 있다.

어쨌든 관심의 문제를 따로 제쳐놓으면 일반 독자들 역시 충분히 쉽게 이해할 수 있는 내용들이라고 믿는다. 고등학교 시절 지리 성적이 영 시원치 않았는데도 번역을 하면서 전문적인 내용이라 이해가 안됐던 기억은 없으니까 말이다. 사실 지도에 남들보다 더 관심이 있다고 할 수 없는 처지였지만 책에 담긴 저자의 주장에는 충분히 공감했고, 그 통찰력에는 고개를 숙였으며, 새로운 시각 덕에 눈이 뜨이는 경험을 했다.

그러나 번역을 하는 내내 곱씹었던 질문 하나가 있었으니, '이런 내용을 전달하는 데 정말 문장을 이렇게 써야만 했을까'였다. 고백하거니와 번역을 시작하고 처음으로 독해 능력을 스스로 의심하는 참담한 경험을 해야 했다. 물론 저자 제러미 블랙 역시 단위 시간 당 얻어먹은 욕의 양에서 다른 저자들을 월등히 앞섰으니까 피장파장이라고도 할 수 있지만,

여전히 내가 훨씬 더 많이, 심하게 당했다는 억울함은 지울 길이 없다.

그렇다고 작업을 대충했다는 말은 아니다. 정말로 요령부득일 때는 한문으로 된 개념들이라도 찾아보려고 일본어판을 참조하기는 했다. (나는 일본어 자모도 읽지 못한다.) 그러나 일어판의 경우 까다로운 부분들은 번역을 하지 않고 넘어간 대목들이 많아 그나마 거의 도움이 되지 않았다. 하지만 한국어판은 완역을 했다. 오역이나 실수가 없다고 자신할 수는 없지만 어떤 책을 누가 번역해도 나올 수밖에 없는 정도를 넘어서지는 않았으리라고 믿는다. 물론 오역이나 실수가 있다면 전적으로 역자의 탓이다.

'지독한 사랑'이었지만, 부디 행복하기를 …….

참고문헌

들어가는 말

1 T. P. Wiseman, 'Julius Caesar and the Mappa Mundi', in Wiseman, *Talking to Virgil: A Miscellany* (Exeter, 1992), pp.33-40.
2 D. N. Livingstone, 'The Spaces of Knowledge: Contributions Towards a Historical Geography of Science', *Environment and Planning D: Society and Space*, 13(1995), pp.5-34.

1장 지도, 권력의 얼굴

1 J. Szegö, *Mapping Hidden Dimensions of the Urban Scene: Modelling the Cartographic Anatomy and Internal Dynamics of Growing Towns and Cities for Application in Urban and Regional Planning and in Environmental Analysis* (Stockholm, 1994).
2 J. B. Harley, 'Maps, Knowledge and Power', in D. Cosgrove and S. Daniels, eds., *The Iconography of Landscape* (Cambridge, 1988), pp.277-312, 'Deconstructing the Map', in T. Barnes and J. Duncan, eds., *Writing Worlds: Discourse, Text and Metaphor in the Representation of the Landscape* (London, 1992), pp.231-47, and 'Rereading the Maps of the Columbian Encounter', *Annals of the Association of American Geographers*, 82 (1992), pp.522-42. For critiques of Harley, B. Belyea, 'Images of Power: Derrida/Foucault/Harley', *Cartographica*, 29/2 (1992), pp.1-9, and J. H. Andrews, 'Meaning, Knowledge and Power in the Map Philosophy of J. B. Harley', *Trinity Papers in Geography*, 6 (1994). A positive and valuable review of his contribution that charts the developments in his ideas is provided by M. H. Edney, 'J. B. Harley (1932-1991): Questioning Maps, Questioning Cartography, Questioning Cartographers', *Cartography and Geographic Information Systems*, 19 (1992), pp.175-8. Another important obituary was by W. Ravenhill in *Transactions of the Institute of British Geographers*, new series, 17 (1992), pp.363-9.
3 J. Crampton, *Harley's Critical Cartography: In Search of a Language of Rhetoric* (University of Portsmouth, Department of Geography, Working Papers), 26 (1993).
4 I. C. Taylor, 'Official Geography and the Creation of "Canada"', *Cartographica*, 31/4 (Winter 1994), p.1.
5 Harley, 'Silences and Secrecy: The Hidden Agenda of Cartography in Early Modern Europe', *Imago Mundi*, 40 (1988), pp.58-9.

6 Harley, 'Cartography, Ethics and Social Theory', *Cartographica*, 27/2 (1990), pp.4, 6. For Foucault, see F. Driver, 'Power, Space and the Body: A Critical Assessment of Foucault's *Discipline and Punishment*', *Environment and Planning D: Society and Space*, 3 (1985), pp.425-46.

7 M. Pelletier, 'La Martinique et La Guadeloupe au lendemain du Traité de Paris (10 février 1763) l'oeuvre des ingénieurs géographes', *Chronique d'histoire maritime*, 9 (1984), pp.22-30.

8 J. D. Forbes, *Atlas of Native History* (Davis, 1981), Introduction, unpaginated. See also H. Brody, *Maps and Dreams: Indians and the British Columbia Frontier* (London, 1981); D. Turnbull, *Maps are Territories: Science is an Atlas* (Geelong, Victoria, 1989).

9 J. F. Ade Ajayi and M. Crowder, *Historical Atlas of Africa* (Harlow, 1985), Introduction, unpaginated.

10 D. Aberley, 'The Lure of Mapping: An Introduction', in Aberley, ed., *Boundaries of Home*, pp.1-2.

11 M. H. Edney, 'Cartography without "Progress": Reinterpreting the Nature and Historical Development of Mapmaking', *Cartographica*, 30/23 (1993), pp.54-68; S. S. Hall, *Mapping the Next Millennium. The Discovery of New Geographies* (New York, 1992), pp. 372, 383, 397-8; C. Jacob, *L'Empire des cartes: Approche théorique de la cartographie à travers l'histoire* (Paris, 1992), p.457.

12 D. Hayden, *The Power of Place: Urban Landscapes as Public History* (Cambridge MA, 1995).

13 Taylor, 'Official Geography and the Creation of "Canada"', *Cartographica*, 31/4 (Winter 1994), pp.1-15.

14 D. Turnbull, 'Cartography and Science in Early Modern Europe: Mapping the Construction of Knowledge Spaces', *Imago Mundi*, 48 (1996), pp.7, 19. See also E. Ferrier, 'Mapping Power: Cartography and Contemporary Cultural Theory', *Antithesis*, 1 (1990), p.38.

15 A. M. MacEachren, *How Maps Work* (New York, 1995), p.459; H. Foster (ed.), *Vision and Visuality* (Seattle, 1988); M. Jay, *Downcast Eyes* (Berkeley, 1993); D. Levin, *Modernity and the Hegemony of Vision* (Berkeley, 1993); D. Gregory, *Geographical Imaginations* (Oxford, 1993). Gregory also addressed the pattern/process problem inherent in any cartographic interpretation in his 'Social Geometry: Notes on the Recovery of Spatial Structure', in P. R. Gould and G. Olsson (eds.), *A Search for Common Ground* (London, 1982).

16 Edney, 'Mathematical Cosmography and the Social Ideology of British Cartography, 1780-1820', *Imago Mundi*, 46 (1994), pp.112, 109.

17 D. Wood, 'P. D. A. Harvey and Medieval Mapmaking: An Essay Review', *Cartographica*, 31/3 (Autumn 1994), p.58.
18 J. H. Andrews, *A Paper Landscape: The Ordnance Survey in Nineteenth Century Ireland* (Oxford, 1975), pp.119-26, and 'Irish Placenames and the Ordnance Survey', *Cartographica*, 31/3 (Autumn 1994), pp.60-1.
19 S. Kern, *The Culture of Time and Space, 1880-1918* (Cambridge, MA, 1983).
20 R. Dennis, *English Industrial Cities of the Nineteenth Century: A Social Geography* (Cambridge, 1984), p.11.
21 Harley, 'Maps, Knowledge and Power', p.279.
22 B. Crow and A. Thomas, *Third World Atlas* (Milton Keynes, 1983), p.24.
23 H. Lefebvre, *The Production of Space* (Oxford, 1991).
24 D. Bell and G. Valentine, eds., *Mapping Desire: Geographies of Sexualities* (London, 1995).
25 For example, H. Brody, *Maps and Dreams: Indians and the British Columbia Frontier* (London, 1981).
26 F. Ormeling, 'New Forms, Concepts, and Structures for European National Atlases', *Cartographic Perspectives*, 20 (Winter 1995), p.13.
27 C. Board, 'Things Maps Won't Show Us: Reflections on the Impact of Security Issues on Map Design', in K. Rybaczuk and M. Blakemore, eds., *Mapping the Nations, International Cartographic Association Conference Proceedings* (London, 1991), p.137.
28 Harley, 'Deconstructing the Map', *Cartographica*, 26/2 (1989), p.1.
29 M. Foucault, *Power/Knowledge: Selected Interviews and Other Writings* (New York, 1980), p.131; A. Ophir and S. Schaffer, 'The Place of Knowledge', *Science in Context*, 4 (1991), pp.3-21; F. Driver, 'Geography and Power: The Work of Michel Foucault', in P. Burke, ed., *Critical Essays on Michel Foucault* (Aldershot, 1992), pp.147-56; C. Philo, 'Foucault's Geography', *Environment and Planning D: Society and Space*, 10 (1992), pp.137-61; Driver, 'Making Space', *Ecumene*, 1 (1994), pp.386-90; D. Livingstone, 'The Spaces of Knowledge: Contributions Towards a Historical Geography of Science', *Environment and Planning D: Society and Space*, 13 (1995), pp.5-34.
30 M. Warhus, *Another America: Native American Maps and the History of Our Land* (New York, 1997); N. Peterson, 'Totemism Yesterday: Sentiment and Local Organisation among the Australian Aborigines', *Man*, 7 (1972), pp.12-32; Peterson and Langton, eds., *Aborigines, Land, and Land Rights* (Canberra, 1983); N. Williams, *The Yolgnu and their Land* (Canberra, 1986); H. Watson, 'Aboriginal-Australian Maps', in D. Turnbull, *Maps are Territories: Science is an Atlas* (Chicago, 1993), pp.28-36; J. M. Jacobs, '"Shake'im This Country": The Mapping of the Aboriginal Sacred in Australia - The Case of Corona-

tion Hill', in P. Jackson and J. Penrose, eds., *Constructions of Race, Place and Nation* (London, 1993), pp.100-18.

31 A good example of a different spatiality is provided by the work of Denys Lombard, *Le Carrefour javanais: Essai d'histoire globale* (3 vols., Paris, 1990). On this see R. De Koninck, 'Le Carrefour javanais de Denys Lombard', *Cahiers de géographie du Québec*, 36 (1992), pp.339-45, and 'Au Carrefour de l'histoire et de la géographie: L'Île de Java selon Denys Lombard', *Mappemonde*, 4/92 (1992), pp.42-4.

32 For example, B. J. Graham, 'No Place of the Mind: Contested Protestant Representations of Ulster', *Ecumene*, 1 (1994), pp.257-81.

33 P. Nora, *Les Lieux de mémoire* (Paris, 1984-92); A. Charlesworth, 'Contesting Places of Memory: The Cause of Auschwitz', *Environment and Planning D: Society and Space*, 12 (1994), pp.579-93.

34 Harley and Woodward, eds., *The History of Cartography* (Chicago, 1987-), IIii. *Cartography in the Traditional East and Southeast Asian Societies* (1994).

35 *Ibid*, Iii. *Cartography in the Traditional Islamic and South Asian Societies* (1992), p.4.

2장 투영법과 세계관

1 J. P. Snyder, *Flattening the Earth: Two Thousand Years of Map Projections* (Chicago, 1993), pp.196-8.

2 *Ibid*., pp.258-62.

3 *Ibid*., pp.214-15.

4 A. Peters, *The New Cartography* (New York, 1983). See also W. L. Kaiser of the American National Council of Churches, 'New Global Map Presents Accurate Worldview', *Interracial Books for Children Bulletin*, 16 (1985), pp.5-6, and *A New View of the World A Handbook to the World Map: Peters Projection* (New York, 1987). The Peters and Kaiser books were both published by Friendship Press.

5 P. Vujakovic, 'The Extent of Adoption of the Peters Projection by "Third World" Organizations in the UK', *Society of University Cartographers Bulletin*, 21/1 (1987), pp.11-15.

6 J. P. Snyder, 'Social Consciousness and World Maps', *The Christian Century*, 24 (February 1988), pp.190-2.

7 D. H. Maling, 'Peters' Wunderwerk', *Kartographische Nachrichten*, 4 (1973), pp.153-6. Despite its title, this was a critical article; J. Loxton, 'The Peters' Phenomenon', *The Cartographic Journal*, 22/2 (1985), pp.106-8; A. H. Robinson, 'Arno Peters and His New Cartography', *The American Cartographer*, 12 (1985), pp.103-11, and 'Reflections on the Gall-Peters Projection', *Social Education*, 51 (1987), pp.260-4; P. Porter and P. Voxland, 'Distortion in Maps: The Peters' Projection and Other Devilments', *Focus*, 36 (1986),

pp.22-30; H. A. Sandford review of N. Myers, ed., *The Gaia Atlas of Planet Management* (London, 1985) in *Bulletin of the Society of University Cartographers*, 20/1 (1986), pp.39-40; U. Freitag, 'Do We Need a New Cartography?', *Nachrichten aus dem Karten-und Vermassungswesen*, series 2/46 (1987), pp.51-9; Vujakovic, '*Peters Atlas*: A New Era of Cartography or Publisher's Contrick?', *Geography*, 74 (1989), pp.245-51, and 'Arno Peters' Cult of the "New Cartography": From Concept to World Atlas', *Society of University Cartographers Bulletin*, 21/2 (1989), pp.1-16.

8 J. Crampton, 'Cartography's Defining Moment: The Peters Projection Controversy', *Cartographica*, 31/4 (Winter 1994), pp.16-32.

9 A. Spilhaus, 'Maps of the Whole World Ocean', *Geographical Review*, 32 (1942), pp.431-5', 'To See the Oceans Slice Up the Land', *Smithsonian*, 10/8 (November 1979), p.116, and 'World Ocean Maps: The Proper Places to Interrupt', *Proceedings of the American Philosophical Society*, 127/1 (January 1983), pp.50-60; Spilhaus and J. P. Snyder, 'World Maps with Natural Boundaries', *Cartography and Geographic Information Systems*, 18 (1991), pp.246-54.

10 M. H. Edney, 'Cartographic Confusion and Nationalism: The Washington Meridian in the Early Nineteenth Century', *Mapline*, 69-70 (1993), pp.48.

11 A. K. Henrikson, 'America's Changing Place in the World: From "Periphery" to "Centre"?', in J. Gottman, ed., *Centre and Periphery: Spatial Variation in Politics* (Beverly Hills, 1980), pp.79-80.

12 W. W. Ristow, *Maps for an Emerging Nation: Commercial Cartography in Nineteennth Century America* (Washington, 1977), pp.32-3, 36; C. Gilbert, 'The End of Selective Availability', *Mapping Awareness*, 10/6 (July 1996), p.10; A. Mason, *The Children's Atlas of Exploration* (London, 1993), pp.8-9. See, more generally, K. Hodgkinson, 'Eurocentric World Views - The Hidden Curriculum of Humanities Maps and Atlases', *Multicultural Teaching*, 5/2 (1987), pp.27-31, and 'Standing the World on its Head: A Review of Eurocentrism in Humanities Maps and Atlases', *Teaching History*, 62 (January 1991), pp.19-23; R. A. Rundstrom, 'Mapping, Postmodernism, Indigenous People and the Changing Direction of North American Cartography', *Cartographica*, 28 (1991), pp.112; C. A. Lutz and J. L. Collins, *Reading National Geographic* (Chicago, 1993), but see the critical review by Susan Schulten in *Reviews in American History*, 23 (1995), pp.521-7.

13 J. Schwartzberg, ed., *Atlas of South Asian History* (2nd edn, New York, 1992), p.xxix.

14 R. Cooper, 'A Note on the Biological Concept of Race and its Application in Epidemiological Research', *American Medical Journal*, 108 (1984), pp.715-23; P. A. Senior and R. Bhopal, 'Ethnicity as a Variable in Epidemiological Research', *British Medical Journal*, 309 (1994), pp.327-30.

15 P. J. Stickler, 'Invisible Towns: A Case Study in the Cartography of South Africa', *Geographical Journal*, 22 (1990), pp.329-33.

3장 사회 · 경제 문제의 지도화

1 J. R. Akerman, 'From Books with Maps to Books as Maps: The Editor in the Creation of the Atlas Idea', in J. Winearls, ed., *Editing Early and Historical Atlases* (Toronto, 1995), pp.3-48, esp. pp.3-4. See also W. G. Dean, 'The Structure of Regional Atlases: An Essay on Communications', *Canadian Cartographer*, 7 (1970), pp.48-60, and D. Wood, 'Pleasure in the Idea: The Atlas as Narrative Form', in R. J. B. Carswell, G. J. A. de Leeuw and N. M. Waters, eds., *Atlases for Schools: Design Principles and Curriculum Perspectives*, Cartographica monograph no. 36, *Cartographica*, 24/1 (1987), pp.24-45.

2 D. Massey, 'The Geography of Trade Unions: Some Issues', *Transactions of the Institute of British Geographers*, new series 19 (1944), p.98. See also Massey and J. Painter, 'The Changing Geography of Trade Unions', in J. Mohan, ed., *The Political Geography of Trade Unions* (Basingstoke, 1989), pp.130-50.

3 D. Harvey, *The Limits to Capital* (Oxford, 1982); S. Corbridge, ed., *Money, Power and Space* (Oxford, 1994).

4 A. J. S. Gibson and T. C. Smout, 'Regional Prices and Market Regions: The Evolution of the Early Modern Scottish Grain Market', *Economic History Review*, 48 (1995), p.275; T. J. Barnes, *Logics of Dislocation: Models, Metaphors and Meanings of Economic Spaces* (Harlow, 1996).

5 H. Lefebvre, *The Production of Space* (Oxford, 1991).

6 D. Gregory, 'Historical Geography', in D. Gregory, P. Haggett, D. M. Smith and D. R. Stoddard, eds., *The Dictionary of Human Geography* (Oxford, 1981), pp.146-50.

7 J. Hay, ed., *Boundaries in China* (London, 1994), pp.12-13.

8 D. Hiebert, 'The Social Geography of Toronto in 1931: A Study of Residential Differentiation and Social Structure', *Journal of Historical Geography*, 21 (1995), p.70.

9 B. Macdonald, *Vancouver. A Visual History* (Vancouver, 1992), pp.70-1 for male-female proportions. D. Hayen, *The Grand Domestic Revolution: A History of Feminist Designs for American Homes, Neighbourhoods, and Cities* (Cambridge, MA, 1981).

10 For example, recently, H. L. Moore, *Space, Text and Gender: An Anthropological Study of the Marakwet of Kenya* (Harlow, 1996).

11 T. H. and C. C. Fast, *The Women's Atlas of the United States* (2nd edn, New York, 1995), pp.1-2, 180-1.

12 M. P. Kumler and B. P. Buttenfield, 'Gender Differences in Map Reading Abilities: What Do We Know? What Can We do?', in C. H. Wood and C. P. Keller, eds., *Cartographic*

Design: Theoretical and Practical Perspectives (Chichester, 1996), pp.125-36.
13 R. Downs and D. Stea, *Maps in Minds. Reflections on Cognitive Mapping* (New York, 1977), p.239.
14 M. Lamont, 'National Identity and National Boundary Patterns in France and the United States', *French Historical Studies*, 19 (1995), p.350; M. H. Matthews and P. Vujakovic, 'Private Worlds and Public Places: Mapping the Environmental Values of Wheelchair Users', *Environment and Planning A*, 27 (1995), pp.1069-83; D. J. Bell, '[Screw]Ing Geography (Censor's Version)', *Environment and Plannng D: Society and Space*, 13 (1995), pp.127-31; B. Forest, 'West Hollywood as Symbol: The Significance of Place in the Construction of a Gay Identity', *ibid.*, pp.133-57. See, more generally, P. Jackson, 'The Cultural Politics of Masculinity', *Transactions of the Institute of British Geographers*, 16 (1991), pp.199-213; G. Rose, *Geography and Gender* (Oxford, 1993).
15 J. H. Mollenkopf, *New York City in the 1980s: A Social, Economic and Political Atlas* (New York, 1993), pp.41-3; D. Rapetti, 'L'impôt dans la ville: de la rue aux quartiers nantais, 1972-80', *Mappe Monde*, 89/1 (1989), pp.34-7.
16 M. Barke and R. J. Buswell, eds., *Newcastle's Changing Map* (Newcastle, 1992), p.59.
17 C. A. Lutz and J. L. Collins, *Reading National Geographic* (Chicago, 1993); no author/editor, *The March of Civilization in Maps and Pictures* (New York, 1950), pt.III, p.32; H. H. Kagan, ed., *The American Heritage Pictorial Atlas of United States History* (New York, 1966), p.13.
18 E. A. Fernald and E. D. Purdum, eds., *Atlas of Florida* (Gainesville, FL, 1992), p.81.
19 R. L. Bryant, 'Romancing Colonial Forestry: The Discourse of "Forestry as Progress" in British Burma', *Geographical Journal*, 162 (1996), pp.169-78.
20 W. L. Kahrl, ed., *The California Water Atlas* (North Highlands, CA, 1978), pp.iv-vi, 3, 112.
21 M. Monmonier, *Drawing the Line, Tales of Maps and Cartocontroversy* (New York, 1995).
22 D. Aberley, ed., *Boundaries of Home: Mapping for Local Empowerment* (Philadelphia, PA, 1993).
23 S. Berthon and A. Robinson, *The Shape of the World* (London, 1991), p.7.
24 I. C. Taylor, 'Official Geography and the Creation of "Canada"', *Cartographica*, 31/4 (Winter 1994), pp.12-13.
25 *Boundary and Security Bulletin*, 3/4 (Winter 1995-6), p.12.
26 D. J. Dzurek, 'Eritrea-Yemen Dispute over the Hanish Islands', *Boundary and Security Bulletin*, 4/1 (1996), pp.70-7. Re the Spratlys, R. D. Hill, N. G. Owen and E. V. Roberts, eds., *Fishing in Troubled Waters* (Hong Kong, 1991). More generally, D. M. Johnston,

The Theory and History of Ocean Boundary Making (Montréal, 1987).

27 Relevant recent works include J. Bulloch and A. Darwish, *Water Wars: Coming Conflicts in the Middle East* (London, 1993); P. P. Howell and J. A. Allan, *The Nile: Sharing a Scarce Resource: An Historical and Technical Review of Water Management and of Economic and Legal Issues* (Cambridge, 1994); N. Kliot, *Water Resources and Conflict in the Middle East* (London, 1994); J. A. Allan et al., *Water in the Middle East: Legal, Political and Commercial Implications* (London, 1995); A. T. Wolf, *Hydropolitics along the Jordan River: Scarce Water and its Impact on the Arab-Israeli Conflict* (New York, 1995).

28 M. Monmonier and G. A. Schnell, *Map Appreciation* (Englewood Cliffs, NJ, 1988), p.245.

29 M. F. Goodchild, 'Stepping over the Line: Technological Constraints and the New Cartography', *The American Cartographer*, 15 (1988), pp.311-19.

30 E. R. Tufte, *Envisioning Information* (Cheshire, CT, 1990).

31 D. Dorling, 'Cartograms for Visualizing Human Geography', in D. Unwin and H. Hearnshaw, eds., *Visualization and GIS* (Chichester, 1994), pp.85-102, and 'Visualizing Changing Social Structure from a Census', *Environment and Planning A*, 27 (1995), pp.353-78, and *A New Social Atlas of Britain* (Chichester, 1995).

32 J. Pickles, ed., *Grand Truth: The Social Implications of Geographic Information Systems* (New York, 1995).

33 J. Akerman, 'Selling Maps, Selling Highways: Rand McNally's "Blazed Trails" Program', *Imago Mundi*, 45 (1993), pp.77-89, and 'Blazing a Well Worn Path: Cartographic Commercialism, Highway Promotion, and Auto Tourism in the United States, 1880-1930', *Cartographica*, 30/1 (Spring 1993), pp.10-20.

34 W. W. Ristow, *Maps for An Emerging Nation: Commercial Cartography in Nineteenth-Century America* (Washington, DC, 1977), p.27.

35 N. Nicholson, 'The First Family of American Maps', *Meridian*, 10 (1996), p.8.

36 Richard Browne to his father, 24 August 1765, British Library, Department of Manuscripts, RP 3284.

37 R. V. Francaviglia, *The Shape of Texas: Maps and Metaphors* (College Station, TX, 1995). For the use of maps in advertising see also N. Holmes, ed., *Pictorial Maps* (London, 1992).

38 C. Scarre, 'The Western World View in Archaeological Atlases', in P. Gathercole and D. Lowenthal, eds., *The Politics of the Past* (London, 1990), pp.11-18.

39 S. Rycroft and D. Cosgrove, 'Mapping the Modern Nation', *History Workshop Journal*, 40 (1995), pp.91-105.

40 *The Times Atlas of the World* (London, 1968), xxviii; *The Reader's Digest Great World Atlas* (2nd edn, London, 1968), p.119.

41 Z. Vilnay, *The New Israel Atlas: Bible to Present Day* (London, 1968), pp.18, 29, 33-5.

4장 정치의 지도화

1 R. and B. Crampton, *Atlas of Eastern Europe in the Twentieth Century* (London, 1996), p.156.
2 *Ibid.*, pp.178-9.
3 J. B. Post, *An Atlas of Fantasy* (Baltimore, MD, 1973).
4 H. M. Hearnshaw and D. J. Unwin, eds., *Visualization in Geographic Information Systems* (Chichester, 1994); A. M. MacEachren, *Some Truth with Maps: A Primer on Symbolization and Design* (Washington, DC, 1994).
5 MacEachren, 'Visualising Uncertain Information', *Cartographic Perspectives*, 20 (1995), pp.10-19.
6 MacEachren, *How Maps Work* (New York, 1995), pp.276-7, 443.
7 K. Kox, 'The Voting Decision in Spatial Context', *Progress in Geography*, 1/2 (1969), pp.96-100; K. Rohe, 'German Elections and Party Systems in Historical and Regional Perspective: An Introduction', in Rohe, ed., *Elections, Parties and Political Traditions* (New York, 1990), pp.1-25; R. J. Johnston, *A Question of Place* (Oxford, 1991); P. Jehlicka, T. Kostelecky and L. Sykora, 'Czecchoslovak Parliamentary Elections 1990: Old Patterns, New Trends and Lots of Surprises', in J. O'Loughlin and H. van der Wusten, eds., *The New Political Geography of Eastern Europe* (London, 1993), pp.235-54; O'Loughlin, C. Flint and L. Anselin, 'The Geography of the Nazi Vote: Context, Confession, and Class in the Reichstag Election of 1930', *Annals of the Association of American Geographers*, 84 (1984), pp.351-80; O'Loughlin, Flint and M. Shin, 'Regions and Milieux in Weimar Germany: The Nazi Party Vote of 1930 in Geographic Perspective', *Erdkunde*, 49 (1995), pp.305-14; H. Carter, ed., *National Atlas of Wales* (1989), spread 2.2.
8 *Atlas des éléctions fédérales au Québec, 1867-1988* (1989).
9 G. Schoyer, 'The Coverage of Political Patterns and Elections in Some Selected State Atlases of the United States', *Special Libraries Association, Geography and Map Division, Bulletin*, 117 (September 1979), p.7; J. V. Minghi, 'Politics', in J. F. Rooney, W. Zelinsky and D. R. Louder, eds., *This Remarkable Continent: An Atlas of United States and Canadian Society and Cultures* (College Station, TX), p.207; M. Kinnear, *The British Voter. An Atlas and Survey since 1885* (London, 1981) is useful.
10 W. W. Ristow, *Maps for An Emerging Nation. Commercial Cartography in Nineteenth Century America* (Washington, DC, 1977), pp.37, 63.
11 M. Ogborn, 'Local Power and State Regulation in Nineteenth Century Britain', *Transactions of the Institute of British Geographers*, n.s. 17 (1992), pp.215-26.
12 M. D. Maltz, A. C. Gordon, W. Friedman, *Mapping Crime in its Community Setting. Event Geography Analysis* (New York, 1991), p.21.

13 M. Vovelle, *La Decouverte de la politique: géopolitique de la Révolution Française* (Paris, 1993).
14 A. Dorpalen, *The World of General Haushofer: Geopolitics in Action* (New York, 1942).
15 J. M. Hunter, *Perspectives on Ratzel's Political Geography* (Lanham, MD, 1983), esp. pp.252, 275; M. Bassim, 'Imperialism and the Nation-State in Fredrich Ratzel's Political Geography', *Progress in Human Geography*, 11 (1987), pp.473-95; H. Mackinder, 'The Geographical Pivot of History', and subsequent discussion, *Geographical Journal*, 23 (1904), pp.421-37, and *Democratic Ideals and Reality* (London, 1919). On Mackinder, W. H. Parker, *Mackinder: Geography as an Aid to Statecraft* (Oxford, 1982), B. W. Blouet, *Sir Halford Mackinder: A Biography* (College Station, TX, 1987); G. Ó. Tuathial, 'Putting Mackinder in his Place', *Political Geography*, 11 (1992), pp.100-18. More generally, Parker, *Western Geopolitical Thought in the Twentieth Century* (London, 1985). For Amery, Mackinder, 'Geographical Pivot', p.438.
16 A. K. Henrikson, 'Maps, Globes, and the "Cold War"', *Special Libraries*, 65 (1974), pp.445-54.
17 E. L. Ayers, P. W. Limerick, S. Nissenbaum and P. S. Onuf, *All Over the Map. Rethinking American Regions* (Baltimore, MD, 1996), p.vii.
18 J. W. Konvitz, 'The Nation-State, Paris and Cartography in Eighteenth-and Nineteenth-Century France', *Journal of Historical Geography*, 16 (1990), pp.37.
19 *National Atlas of Mongolia* (Moscow, 1990), pp.20-2.
20 S. Schulten, 'The Transformation of World Geography in American Life, 1880-1950', unpublished abstract. I would like to thank Susan Schulten for sending me this abstract and other unpublished items.
21 Ex. inf. R. H. Hewsen.
22 M. Brawer, *Atlas of Russia and the Independent Republics* (New York, 1994), p.6.
23 M. Monmonier and G. A. Schnell, *Map Appreciation* (Englewood Cliffs, NJ, 1988), p.205.
24 S. Schulten, unpublished paper, 'Locating the World: Popular Cartography in the United States, 1880-1950'.
25 J. Elliott and C. King, *Usborne Children's Encyclopedia* (London, 1986), pp.30-1, 26-7.
26 B. Williams, *Kingfisher First Encyclopedia* (London, 1994), pp.9, 24-5.
27 H. R. Roemer, 'The Safavid Period', in P. Jackson and L. Lockhart, eds., *The Cambridge History of Iran VI* (Cambridge, 1986), p.258.
28 M. Bassin, 'Expansion and Colonialism on the Eastern Frontier: Views of Siberia and the Far East in Pre-Petrine Russia', *Journal of Historical Geography*, 14 (1988), p.16.
29 I. G. Taylor, 'Official Geography and the Creation of "Canada"', *Cartographica*, 31/4 (Winter 1994), p.14.

30 J. R. Akerman, 'The Structuring of Political Territory in Early Printed Atlases', *Imago Mundi*, 47 (1995), pp.138-54.
31 J. Gottmann, *The Significance of Territory* (Charlottesville, VI, 1973).
32 H. S. Shapiro, 'Giving a Graphic Example: the Increasing Use of Charts and Maps', *Nieman Reports*, 36 (1982), pp.4-7.
33 P. Gilmartin, 'The Design of Journalistic Maps/Purposes, Parameters and Prospects', *Cartographica*, 22 (1985), pp.1-18.
34 *Sunday Times*, 17 November 1996, p.9.
35 G. Ó. Tuathial, 'Geopolitics and Discourse: Practical Geopolitical Reasoning in American Foreign Policy', *Political Geography*, 11 (1992), pp.190-204; D. Slater, 'The Geopolitical Imagination and the Enframing of Development Theory', *Transactions of the Institute of British Geographers*, n.s. 18 (1993), pp.419-37, and subsequent debate, 19 (1994), pp.228-38; G. Ó. Tuathial and S. Dalby, editorial introduction to *Environment and Planning D: Society and Space* 12 (1994), pp.513-634 issue on geopolitics, at p.513; G. Ó. Tuathial, 'Problematising Geopolitics: Survey, Statesmanship and Strategy', *Transactions of the Institute of British Geographers*, 19 (1994), pp.259-72, and *Critical Geopolitics: The Politics of Writing Global Space* (Minneapolis, 1996).

5장 국경

1 F. de Dainville, 'Cartes et contestations au XVe siècle', *Imago Mundi*, 24 (1970), pp.99-121, for example p.112 and figure 10; R. Almagia, *Monumenta italiae cartographica* (1929), p.13, plate XIII.
2 S. R. Gammon, *Statesman and Schemer. William, First Lord Paget. Tudor Minister* (Newton Abbot, 1973), p.106. On the early-modern period see, more generally, P. Barber, 'Maps and Monarchs in Europe 1550-1800', in R. Oresko, G. C. Gibbs and H. M. Scott, eds., *Royal and Republican Sovereignty in Early Modern Europe* (Cambridge, 1996), pp.75-124; K. Buczek, *The History of Polish Cartography from the 15th to the 18th Century* (Amsterdam, 1982).
3 J. Richard, 'Enclaves royales et limites des provinces', *Annales de Bourgogne*, 20 (1948), p.112.
4 C. J. Ekberg, *The Failure of Louis XIV's Dutch War* (Chapel Hill, 1979), pp.118-19; P. Sahlins, 'Natural Frontiers Revisited: France's Boundaries since the Seventeenth Century', *American Historical Review*, 95 (1990), pp.1, 433-4.
5 Louis XV to Vaulgrenant, 21 October 1745, Paris, Bibliothèque Victor Cousin, Fonds de Richelieu 40, f. 77; Puysieulx to Duke of Richelieu, French commander at Genoa, 22 July 1748, Paris, Archives Nationales, KK 1372.

6 P. Harsin, *Les Relations extérieures de la Principauté de Liège* (1927), p.164; N. G. d'Albissin, 'Propos sur la frontière', *Revue historique de droit Français et étranger*, 47 (1966), pp.390-407.

7 Sahlins, *Boundaries: The Making of France and Spain in the Pyrenees* (Berkeley, 1989), pp.35, 49, 187; Rebenac, French envoy in Madrid to Louis XIV, 9 September 1688, Paris, Archives du Ministère des Affaires Étrangères, Correspondance Politique (hereafter AE. CP.) Espagne 75, f. 56; Lord Grantham, British envoy in Madrid, to Horace St. Paul, Secretary of Embassy at Paris, 8 May, 20 November 1775, London, British Library, Additional Manuscripts (hereafter BL. Add.) 24177, ff. 41, 501.

8 Dainville, 'Cartes et contestations', p.118.

9 P. Hetherington, 'Anglo-Scottish Borders', *Boundary Bulletin*, 2 (1991).

10 P. Waeber, *La Formation du Canton de Genève* (Geneva, 1974), pp.42-3.

11 Praslin, French foreign minister, to Châtelet, French envoy in Vienna, 16 July 1763, AE. CP. Autriche 295, f. 54; P. de Lapradelle, *La Frontière: étude de droit international* (Paris, 1928), p.45 n.1; J. F. Noel, 'Les problèmes des frontières entre la France et l'Empire dans la seconde moitié du XVIIIe siècle, *Revue historique*, 235 (1946), pp.336-7; G. Livet, ed., *Recueil des Instructions données aux Ambassadeurs et Ministres de France depuis les Traités de Westphalie jusqu'à la Révolution Française. L'Electorat de Trèves* (Paris, 1966), pp.cxix-cxx, cxxxiii-cxl; O. T. Murphy, *Charles Gravier: Comte de Vergennes* (Albany, 1982), p.454; D. Nordman and J. Revel, 'La formation de l'espace français', in J. Revel, ed., *Histoire de la France, vol. I: L'Espace français* (Paris, 1989), pp.29-69; Sahlins, 'Natural Frontiers Revisited', pp.1, 438-41.

12 A. Somme, ed., *A Geography of Norden* (London, 1968), pp.15-17; D. Kirby, *Northern Europe in the Early Modern Period: The Baltic World 1492-1772* (Harlow, 1990), p.20.

13 Keith to Lord Grenville, Foreign Secretary, 5 August 1791, London, Public Record Office, Foreign Office, 7/27, f. 167; *Gentleman's Magazine* (London, 1791), p.861; K. A. Roider, *Austria's Eastern Question 1700-1790* (Princeton, NJ, 1982), pp.177, 189.

14 H. Inalcik, 'Ottoman Methods of Conquest', *Studia Islamica*, 2 (1954), pp.103-29.

15 O. Subtelny, *Domination of Eastern Europe: Native Nobilities and Foreign Absolutism, 1500-1715* (Gloucester, 1986).

16 V. W. Crane, *The Southern Frontier, 1670-1732* (Ann Arbor, MI, 1929); W. P. Cumming, *The Southeast in Early Maps* (Chapel Hill, NC, 1962); L. DeVorsey Jr., *The Indian Boundary in the Southern Colonies, 1763-1775* (Chapel Hill, NC, 1966); D. H. Cockran, *The Creek Frontier, 1540-1783* (Norman, OK, 1967); J. M. Sosin, *The Revolutionary Frontier, 1763-1783* (New York, 1967); E. J. Cashin, *Lachlan McGillivray, Indian Trader: The Shaping of the Southern Colonial Frontier* (Athens, GA, 1992), pp.214-22, 229, 238-47.

17 R. A. Abou-El-Haj, 'The Formal Closure of the Ottoman Frontier in Europe: 1699-1703', *Journal of the American Oriental Society*, 89 (1969); J. Stoye, *The Life and Times of Luigi Ferdinando Marsigli, Soldier and Virtuoso* (New Haven, CT, 1993).

18 D. M. Lang, *The Last Years of the Georgian Monarchy 1658-1832* (New York, 1957); A. W. Fisher, *The Russian Annexation of the Crimea, 1772-1783* (Cambridge, 1970); G. Jewsbury, *The Russian Annexation of Bessarabia: 1774-1828* (Boulder, CO, 1976); M. Atkin, *Russia and Iran, 1780-1828* (Minneapolis, 1980).

19 D. K. Bassett, *British Trade and Policy in Indonesia and Malaysia in the Late Eighteenth Century* (Hull, 1971), pp.73-80; R. Bonney, *Kedah 1771-1821: The Search for Security and Independence* (Oxford, 1971), pp.52-101; C. A. Bayly, *Imperial Meridian: The British Empire and the World 1780-1830* (London, 1989), pp.46-7.

20 J. D. Black, ed., *The Blathwayt Atlas* (2 vols, Providence, RI, 1970-5), vol. I, 49-55; P. Barber, 'Necessary and Ornamental: Map Use in England under the Later Stuarts, 1660-1714', *Eighteenth-Century Life*, 14 (1990), p.19.

21 Joseph Yorke to Lord Chancellor Hardwicke, 27 August 1749, BL. Add. 35355, f. 103.

22 Mirepoix to Rouillé, French foreign minister, 16 January, 8 March 1755, AE. CP. Ang. 438 f. 18, 261.

23 Bonnac to Rouillé, 21 February 1755, AE. CP. Hollande 488 ff. 106-7; Bussy to Rouillé, 29 July 1755, AE. CP. Brunswick-Hanover 52, f. 22; A. Reese, *Europäische Hegemonie und France d'outre-mer. Koloniale Fragen in der französischen Aussenpolitik 1700-1763* (Stuttgart, 1988), pp.274-310.

24 E. A. Reitan, 'Expanding Horizons: Maps in the *Gentleman's Magazine*, 1731-1754', *Imago Mundi*, 37 (1985), pp.54-62.

25 Z. E. Rashed, *The Peace of Paris 1763* (Liverpool, 1951), p.166 and map opposite p.254.

26 J. L. Wright, *Britain and the American Frontier, 1783-1815* (Athens, GA, 1975); R. C. Stuart, *United States Expansionism and British North America, 1775-1871* (Chapel Hill, NC, 1988).

27 A. P. Whitaker, *The Spanish-American Frontier, 1783-1795* (Boston, 1927); S. F. Bemis, *Pinckney's Treaty: America's Advantage from Europe's Distress* (2nd edn, New Haven, CT, 1960).

28 R. C. Downes, *Evolution of Ohio County Boundaries* (Columbus, OH, 1970); *The Atlas of Pennsylvania* (Philadelphia, PA, 1989), p.81.

29 A. Godlewska and N. Smith, eds., *Geography and Empire* (Oxford, 1994).

30 D. Hooson, ed., *Geography and National Identity* (Oxford, 1994).

31 J. C. Stone, *A Short History of the Cartography of Africa* (Lewiston, 1995), pp.107, 228-9; Sahlins, 'Centring the Periphery: The Cerdanya between France and Spain', in R. L. Kagan

and G. Parker, eds., *Spain, Europe and the Atlantic World* (Cambridge, 1995), p.231.
32 S. Berthon and A. Robinson, *The Shape of the World* (London, 1991), p.169.
33 J. J. Ferguson and E. R. Hart, *A Zuni Atlas* (Norman, 1985), pp.56-7.
34 M. S. Seligmann, 'Maps as the Progenitors of Territorial Disputes: Two Examples from Nineteenth-Century Southern Africa', *Imago Mundi*, 47 (1995), pp.173-83; J. B. Harley, 'Maps, Knowledge, and Power', in D. Cosgrove and S. Daniels, eds., *The Iconography of Landscape* (Cambridge, 1988), p.282; G. Huggan, 'Decolonising the Map: Postcolonialism, Poststructuralism and the Cartographic Connection', in I. Adam and H. Tiffin, eds., *Past the Last Post: Theorizing Postcolonialism and Postmodernism* (London, 1991); J. K. Noyes, *Colonial Space: Spatiality in the Discourse of German South West Africa, 1884-1915* (Chur, 1992); T. J. Bassett, 'Cartography and Empire Building in Nineteenth-Century West Africa', *Geographical Review*, 84 (1994), pp.316-35; F. Driver, 'Geography's Empire: Histories of Geographical Knowledge', *Environment and Planing D: Society and Space*, 10 (1992), pp.23-40; A. Godlewska and N. Smith, eds., *Geography and Europe* (Oxford, 1994).
35 R. Schofield, ed., *The Iran-Iraq Border 1840-1958* (11 vols., Neuchâtel, 1989).
36 Stone, *Cartography of Africa*, p.228; Schofield and G. Blake, ed., *Arabian Boundaries: Primary Documents 1853-1960* (30 vols., Slough, 1988).
37 R. Hay, 'The Persian Gulf States and their Boundary Problems', *Geographical Journal*, 120 (1954), p.431.
38 R. Schofield, ed., *Islands and Maritime Boundaries of the Gulf 1798-1960* (20 vols., Neuchiâtel, 1991).
39 J. C. Wilkinson, *Arabia's Frontiers: The Story of Britain's Boundary Drawing in the Desert* (London, 1991).
40 P. Toye, *Palestine Boundaries 1833-1947* (4 vol., Neuchâtel, 1989); D. Gavish, 'The British Efforts at Safeguarding the Land Records of Palestine in 1948', *Archives*, 22 (1996), pp.107-20; M. Gilbert, *The Dent Atlas of the Arab-Israeli Conflict* (6th edn, London, 1993), p.5.
41 F. W. Mote and D. Twitchett, eds., *The Cambridge History of China. VII: The Ming Dynasty, 1368-1644, Part 1* (Cambridge, 1988), pp.392-3.
42 General Assembly Resolution 1514 of 14 December 1960.
43 S. J. Anaya, 'The Capacity of International Law to Advance Ethnic or Nationality Rights Claims', *Human Rights Quarterly*, 13 (1991), pp.403-11, and J. J. Corntassel and T. H. Primeau, 'Indigenous " Sovereignty" and International Law: Revised Strategies for Pursuing "Self-Determination"', *Human Rights Quarterly*, 17 (1995), pp.140-56.
44 R. Griggs and P. Hocknell, 'Fourth World Faultlines and the Remaking of "International"

Boundaries', International Boundaries Research Unit, *Boundary and Security Bulletin*, 3/3 (1995), pp.49-58.
45 T. Winichakul, *Siam Mapped: a History of the Geo-Body of a Nation* (Honolulu, HI, 1994).
46 W. S. Miles, *Hausaland Divided: Colonialism and Independence in Nigeria and Niger* (Ithaca, NY, 1994). See also A. I. Asiwaju, ed., *Partitioned Africans: Ehtnic Relations Across Africa's International Boundaries, 1884-1984* (London, 1985), and Asiwaju and P. Nugent, eds., *African Boundaries: Barriers, Conduits and Opportunities* (London, 1996).
47 M. Klinge, 'The Baltic An Image', in U. Ehrensvärd, P. Kokkonen and J. Nurminen, eds., *Mare Balticum* (Helsinki, 1995), p.10.
48 E. Fredrickson, introduction, *Finland 500 Years on the Map of Europe* (Jyväskylä, Finland, 1993), p.2.
49 For example, L. Boban, *Croatian Borders 1918-1993*, English translation of second edition of a Croatian work (Zagreb, 1993); *A Concise Atlas of the Republic of Croatia and of the Republic of Bosnia and Hercegovina* (Zagreb, 1993).
50 D. Rumley and J. V. Minghi, eds., *The Geography of Border Landscapes* (London, 1991).

6장 전쟁과 지도

1 D. Buisseret, ed., *Monarchs, Ministers and Maps: The Emergence of Cartography as a Tool of Government in Early Modern Europe* (Chicago, 1992).
2 L. R. Shelby, *John Rogers: Tudor Military Engineer* (Oxford, 1967); R. A. Skelton, 'The Military Surveyor's Contribution to British Cartography in the Sixteenth Century', *Imago Mundi*, 24 (1970), pp.77-83; D. W. Marshall, 'The British Military Engineers 1741-1783: A Study of Organization, Social Origin and Cartography' (unpublished PhD, Michigan, 1976); D. Hodson, *Maps of Portsmouth before 1801* (Portsmouth, 1978); W. A. Seymour, *A History of the Ordnance Survey* (Folkestone, 1980); E. Stuart, *Lost Landscapes of Plymouth: Maps, Charts and Plans to 1800* (Stroud, 1991); Harley and Woodward, *Cartography in the Traditional Islamic and South Asian Societies*, pp.209-15, 462-5, 491-3.
3 U. Freitag, *Kartographische Konzeptionen/Cartographic Conceptions* (Berlin, 1992), p.280.
4 *Literary Magazine*, 15 October 1756.
5 G. Raudzens, 'The British Ordnance Department and the Advancement of Geographic Science', *Cartography*, 1 (1991), pp.106-9; J. W. Fireman, *The Spanish Corps of Engineers in the Western Borderlands: Instruments of Bourbon Reform 1764-1815* (Glendale, CA, 1977); M. Watelet, 'La cartographie tographique militaire des Alliés en France et en Belgique (1815-1818)', *Bulletin trimestriel du crédit communal de Belgique*, 174 (1990).

6 W. H. Goetzmann, *Army Exploration in the American West, 1803-63* (New Haven, CT, 1959); F. Schubert, *Vanguard of Expansion: Army Engineers in the Trans-Mississippi West, 1819-1879* (Washington, DC, 1980); A. G. Traas, *From The Golden Gate to Mexico City: The US Army Topographical Engineers in the Mexican War, 1846-1848* (Washington, DC, 1993).

7 M. Warhus, *Cartographic Encounters: An Exhibition of Native American Maps from Central Mexico to the Arctic, Mapline*, special issue, number 7, September 1993, pp.15-16; F. C. Luebke, F. W. Kaye and G. E. Moulton, eds., *Mapping the North American Plains* (Norman, OK, 1987).

8 C. Nelson, *Mapping the Civil War* (Washington, DC, 1992); W. J. Miller, *Mapping for Stonewall: The Civil war Service of Jed Hotchkiss* (Wasington, DC, 1993).

9 W. W. Ristow, *Maps for and Emerging Nation: Commercial Cartography in Nineteenth Century America* (Washington, DC, 1977), p.29.

10 D. Bosse, *Civil War Newspaper Maps of the Northern Daily Press: A Cartobibliography* (Westport, CT, 1993) and *Civil War Newspaper Maps* (Baltimore, MD, 1993).

11 G. L. H. Davies, *North from the Hook: 150 Years of the Geological Survey of Ireland* (Dublin, 1995), pp.299-300.

12 J. S. Murray, 'The Face of Armageddon', *Mercator's World*, 1/2 (1996), pp.30-7; M. Heffernan, 'Geography, Cartography and Military Intelligence: The Royal Geographical Society and the First World War', *Transactions of the Institute of British Geographers*, 21 (1996), pp.504-33.

13 P. McMaster, 'Ordnance Survey: Completing Two Centuries of National Mapping and Now Facing the Challenge of the 1990s'. in K. Rybaczuk and M. Blakemore, eds., *Mapping the Nations* (International Cartographic Association Conference Proceedings), (2 vol., cont. pag., London, 1991), p.7.

14 J. K. Wright, *Geography in the Making: The American Geographichal Society 1851-1951* (New York, 1952), pp.354-5; W. C. V. Balchin, 'United Kingdom Geographers in the Second World War', *Geographical Journal*, 153 (1987), pp.159-80.

15 A. C. Hudson, 'The New York Public Library's Map Division Goes to War, 1941-1945', *Geography and Map Division: Special Libraries Association Bulletin*, 182 (Spring 1996), pp.2-25.

16 Ristow, 'Journalistic Cartography', *Surveying and Mapping*, 17 (1957), pp.369-90; M. Mandell, 'World War II Maps for Armchair Generals', *Mercator's World*, 1/4 (1996), pp.42-5.

17 J. Ager, 'Maps and Propaganda', *Bulletin of the Society of University Cartographers*, 11/1 (1977), p.8; A. K. Henrickson, 'The Map as "Idea": the Role of Cartographic Imagery dur-

ing the Second World War', *The American Cartographer*, 2 (1975), pp.19-53.
18 M. Monmonier, *Mapping It Out: Expository Cartography for the Humanities and Social Sciences* (Chicago, 1993), p.200.
19 Field Marshal Wavell quoted in R. O'Shea and D. Greenspan, *American Heritage Battle Maps of the American Civil War* (Stroud, 1994), p.7.
20 M. Kitchen, 'Old Tales of the Second World War', *International History Review*, 13 (1991), p.110, with reference to B. and F. Pitt, *The Chronological Atlas of World War II* (London, 1989).
21 G. Ó. Tuathial, 'An Anti-geopolitical Eye: Maggie O'Kane in Bosnia', *Gender, Place and Culture*, 3 (1996), pp.171-86.
22 The range of the latter is illustrated in W. W. Easton, 'War Games and Maps', *Geography and Map Division: Special Libraries Association Bulletin*, 111 (March 1978), pp.18-24.
23 R. A. Butlin, 'Historical Geographies of the British Empire, c. 1887-1925', in M. Bell, R. A. Butlin and M. Heffernan, eds., *Geography and Imperialism 1820-1940* (Manchester, 1995), pp.169-7.

7장 결론

1 J. G. Darwin, review of *Historical Atlas of Canada*, *Economic History Review*, 49 (1996), p.416.
2 M. Monmonier, *Maps with the News* (Chicago, 1989), pp.68, 244.

찾아보기

ㄱ

가시 영역 18
가이아 가설 128
가치관 171, 224, 239
개발 24, 75, 125, 138, 153, 226
객관성 12, 31, 33, 107, 225, 279
게르하르두스 크라메르(Gerhardus Kramer)
  → 메르카토르
경계 23, 26, 28~29, 78~80, 85~87, 121, 124, 128, 136~137, 139, 149, 168~169, 175, 178, 183, 193, 199~200, 206, 208, 210, 212, 214~215, 217~219, 221~231, 233~234, 236, 238~239, 241~242, 261
경계선 139, 174, 189, 191, 194, 201~202, 205, 214, 217, 220~223, 228, 234, 236, 239, 241, 245, 264, 267, 278
경도 12, 61~62, 225
경선 49~50, 61, 66
경제 지도 93~94
경제 지표 37, 94
경제 활동 74, 89, 91~93, 95, 226
경제적 공간 88, 95
골, 제임스(Gall, James) 52, 55, 60
공간 감각 77, 92, 169
공간 배분 64~65
공간 이해 43, 73, 76~77, 89, 116, 168~169, 178, 224, 227
공간성 13, 32, 43, 76, 161, 187
공간적 정체성 140

공간적 차원 129~130, 138, 151, 178, 245
공간정치학 121
공동체 39, 72, 121
공상 세계 164, 166
공중부감도 258
과학지상주의 76
관습적 지도 91
관할권 150, 207, 217~218
구드, 폴(Goode, J. Paul) 52
국가지리학 179
국경 90, 130, 138~140, 183, 192, 194, 199~203, 205~212, 214~216, 219, 221, 225, 227~228
국경선 73, 125, 138, 140~141, 194, 199, 202, 206~209, 212, 214~216, 223~224
국경체계 202
국내정치 11, 164, 179, 182, 199
국적 78, 238
국제적 공간 32
국제정치 11, 137, 149, 164, 195, 199
군국주의 184
군사용 지도 254
군사적 154, 245~246, 250, 258, 261, 264, 271
군사지도 250, 262, 264
군산복합체연구소 89
굿맨(Goodman, J. M.) 74
권력관계 32, 77, 88, 95, 191, 213, 215, 233
균질성 81

균질화 31~32
그레이엄, 케네스(Graham, Kenneth) 166
그루, 피에르(Grou, Pierre) 88
그리니치 60~62, 66
그리스 기하학 246
극방위각(極方位角) 투영법 181
급진적 지도학 123~124
기독교력(曆) 39
기독교적 세계관 149
기브스, 찰스 드레이턴(Gibbes, Charles Drayton) 133
기하학 32, 133
길버트, 마틴(Gilbert, Martin) 234

ㄴ

나침반 44, 49
남반구 51, 63, 65
냉전시대 54, 182, 240
네트워크 28, 92, 146, 195
노동 89, 91~92

ㄷ

다원주의 41, 72
데니스, 리처드(Dennis, Richard) 36
데카르트적 투시 33
도상학 27~28, 276
도시사회학 121
독단주의 60
돌링, 대니얼(Dorling, Daniel) 160
동맹국 181, 203, 260, 268, 270
동질성 80, 121, 123
뒤퓌, 클로드(Dupuy, Claude) 89
드릴, 기욤(Delisle, Guillaume) 215
등가 107

등고선 85, 119, 281
딕슨, 제레미아(Dixon, Jeremiah) 222

ㄹ

라첼, 프리드리히(Ratzel, Friedrich) 179
람베르트, 요한 하인리히(Lambert, Johann Heinrich) 52
랜드샛 원격탐사 화상(Remote Sensing by Landsat Imagery) 18
레옹, 퐁스 드(Léon, Ponce de) 126
레이몬드 터너(Turner, Raymond) 132
레클뤼스(Reclus) 88
로벡, 아민(Lobeck, Armin) 256
로빈슨, 아서(Robinson, Arthur) 54~55
로빈슨, 토머스(Robinson, Thomas) 220
로빈슨(Robinson) 투영법 54
롱바르, 드니(Lombard, Denys) 76
루이스(Lewis, G. B.) 68, 106
르페브르, 앙리(Lefebvre, Henri) 96
리드(Read) 250
리스토, 월터(Ristow, Walter) 257
리텐하우스, 데이비드(Rittenhouse, David) 222
리히, 에드워드(Leahy, Edward) 125

ㅁ

마일드메이, 윌리엄(Mildmay, William) 219
매클레런, 조지(McClellan, George) 252
매킨더, 해퍼드(Mackinder, Halford) 179~180
맥널리, 랜드(McNally, Rand) 176, 186
맥도널드, 브루스(Macdonald, Bruce) 81
맥이크렌, 앨런(MacEachren, Alan) 33

맥킬턴(McQuilton, J.) 75
머핸, 앨프리드 세이어(Mahan, Alfred Thayer) 181
메르카토르(Mercator) 50~52
메르카토르 투영법　51~52, 57, 59, 180~181, 259
메이슨, 앤터니(Mason, Antony) 71~72
메이슨, 찰스(Mason, Charles) 222
메타포　45, 147
멸균된(sanitized) 공간(=멸균 공간)　188, 191
명명법　69, 166, 276
모델 구성(model building)　42
목적론적 진보주의　124
몰렌코프, 존(Mollenkopf, John) 118~119
몰바이데(Mollweide) 52
문화적 지표　96
문화지리학　96
미국 자오선(Ameridian) 61
미국 전략첩보국(OSS) 54
미국 지리학협회　52, 54~55, 253, 256
미국 지형 조사부　249
미르푸아(Mirepoix) 219
민족국가　31, 78, 80, 185, 275
민족성　78~79, 116, 238
민족자결주의　237
민족적 정체성　122, 238
민족주의　39, 80, 185~186, 192, 215, 223, 230, 234, 237~238, 249, 262, 278
밀렐리, 크리스티앙(Milelli, Christian) 89

ㅂ

바워스(Bowers, J.) 132
반(反)공간　39

반데르 그린텐(Van der Grinten) 투영법　52, 54~55, 268
반파시즘　268
방위　25, 50
배타주의　35
버거, 줄리언(Burger, Julian) 130
버제스, 토니(Burgess, Tony) 132
범례　69, 80, 85, 260, 276, 281
베스트팔렌 강화 조약　207
베오그라드 조약(Treaty of Beograd) 217
벡, 해리(Beck, Harry) 24~25
벨러미, 데이비드(Bellamy, David) 127
보름스 조약(Treaty of Worms) 209
본초 자오선　62
볼스, 캐링턴(Bowles, Carrington) 248
봉건주의　217
북반구　51~52, 59~60, 62~63
불평등　119, 123, 139
브라운, 리처드(Browne, Richard) 150
브룩스, 에드윈(Brooks, Edwin) 126
비선형적 국경　217
비시(Vichy) 260
비판적 지정학　195
빌네이, 제프(Vilnay, Zev) 153~154

ㅅ

사바리, 쥘리앵(Savary, Julien) 89
사법적 영토　213
사선축 투영법　51
사소페라타, 바르톨로 데(Sassoferrata, Bartolo de) 205
사용자　11~12, 19, 21, 24~26, 28~29, 36, 38, 40, 80, 142~143
사회적 공간　32, 96

사회적 지표 119
사회적 차별 105, 187
사회적 패턴 96
사회정의 29, 123
산업화 124, 188
산업 활동 91
상대적 중요성 64, 174
상대적 착취도 94~95
상대주의 43, 72
상호의존성 127
색상 276, 281
샌슨 플램스티드(Sanson-Flamsteed) 52
생략 134, 169
생산 90~91, 105, 161, 183, 242
생산 활동 43, 91
서열화 30
선거 170~176, 262, 264
선거지리학 173
선거학 170
선택 18, 25~26, 34, 49, 60~61, 79, 85, 89, 91, 96, 135~136, 169~170, 184, 203, 205, 275~276, 279
선택적 사용 71
선택적 재현 17
성별(gender) 40, 106~107
세계자연보호연맹 132
세마(scemas) 88
세부도 20
센트럴벨트(Central Belt) 160
소비 11, 91, 93, 95, 115, 143
소비에트 과학아카데미 185
소비자 우선주의 152
소유 91~93, 135, 140, 143, 215, 267
수학 11

슈이, 아리스타(Shewey, Arista C.) 253
슐리펜(Schlieffen) 253
스워츠베르크, 조지프(Schwartzberg, Joseph) 73
스탈린주의 160~161
스필하우스, 아셀스탄(Spilhaus, Athelstan) 61, 69
시각화 88, 107, 141, 277
시간 12, 36, 77, 119, 148, 150, 168, 174, 193, 249, 266, 271
시거, 요니(Seager, Joni) 110
시걸, 로널드(Segal, Ronald) 94, 110, 130
시오니스트 234
시카고학파 121
식민지 지배 239
신문지도 265
신성 로마 제국 206~207
실물대(實物大) 17
실제 축척 55
실증주의 34, 96
심리적 경계 239
심리적 지도화 240

◉

아동용 지도 71, 188~189
아르드르 조약(Treaty of Ardres) 201
아제이, 아데(Ajayi, J. F. Ade) 30
아틀라스 73, 75, 119, 185, 275
아파르트헤이트(인종분리) 80
애머리, 레오(Amery, Leo) 180
애커먼, 제임스(Akerman, James) 87
앤드루스, 존(Andrews, John) 35~36
에드니, 매슈(Edney, Matthew) 35
에번스, 루이스(Evans, Lewis) 247

에케르트 IV 투영법 60
엘리엇, 제인(Elliott, Jane) 188
역사 지도학 5
역사지리학 5
영국 육지측량부 24, 35, 248, 256, 259, 269
영토 11, 19, 26~27, 29, 31~32, 80, 187, 191, 193, 200, 203~207, 210, 213~216, 218, 221, 223, 225~226, 230, 232~237, 239~240, 242, 245, 260, 265, 270, 276
영토 주권 202
영토화 179, 232~233, 240, 242
영혼 77, 150
오르멜링, 페르얀(Ormeling, Ferjan) 40
올손, 안(Olson, Ann) 110
왕립지리학협회 179
요크, 조지프(Yorke, Joseph) 219
용도의 문제 19
용이성 92~93, 153
우드, 데니스(Wood, Denis) 27, 35
우드워드, 데이비드(Woodward, David) 76
우주론 77, 151, 167
원주 50
위도 12, 220, 225
위선 49
위성국가 181
위성항법장치(GPS) 70, 270
위치정보 시스템(GIS: Geographical Information System) 141, 144
위트레흐트 조약(Treaty of Utrecht) 219
윌리엄스, 브라이언(Williams, Brian) 188
윌킨슨, 스펜서(Wilkinson, Spencer) 179
유럽 식민주의 57, 70, 75, 130

유럽 제국주의 69~70, 192, 212~213, 226~227, 229
유럽중심주의 61, 63, 69, 71, 74, 212
유형도(typological maps) 24
이데올로기 26, 28, 34, 77, 105, 107, 117, 123, 147, 179, 184~187, 192, 223, 240
이동식 석판 인쇄기 248
이븐 바투타 68
이질성 81
이코노미스트 152
인구과밀 120
인구조사 81, 117, 141
인구조사 표본지역(census tract) 81~82, 118
인구통계학 65
인구학 79, 82, 275
인디오 126
인쇄술 44, 49, 246, 250
인종 74, 78~82, 185~186
인종적 정체성 242
인종지도 226
인종청소 242

ㅈ

자본주의 35, 71, 152, 184
자연 지도 86~87
자연 지형 85~87, 215, 225
자연적 경계 217
자오선 60
장소 12, 19, 32, 42~43, 69, 72, 90, 92, 122~124, 133, 135~137, 144, 148, 168, 171, 173, 176, 227, 264, 276~278
적도 투영법 51
전선 261, 264~265, 267

전자 정보 시스템 142
전자파 18
전쟁 154, 188, 211~213, 219, 221, 229~230, 235~236, 242, 245, 247~250, 253~254, 256, 258~260
전쟁 지도 245, 252, 257~258, 260, 265, 269
전쟁의 지도화 264, 267~269
전제주의 35
전체주의 161, 184~185
전통적 지도학 41~42, 124
절단면 49, 52
정당성 137, 225, 267
정당 정치 172
정사투영법 258
정적(正積) 도법 52, 55, 60, 141, 160
정체성 62, 115~116, 118, 123, 172, 175, 178, 185, 226, 228, 242, 268
정치성 96, 116
정치적 경계 87, 128
정치적 공간 19, 74
정치적 지역 19
정치지도 121, 170, 189, 199, 262
제국주의 11, 29, 61, 71, 184~185, 212, 218, 222, 227~229, 231~233, 236, 239, 249~250, 253
조든, 테리(Jordan, Terry) 96
조지, 헤러포드 부르크(George, Hereford Brooke) 269
존슨(Johnson) 247
종곡선(縱曲線) 182
종교개혁 149
주(主)축척 55
주권 121, 123, 191, 204, 206~207, 218, 233, 267, 284
주류 지도학 124
지그소퍼즐 72
지도 구매자 11, 152, 228
지도 제작 11, 26, 28~31, 35~38, 41~42, 45, 49, 54, 58, 70, 72, 74, 77, 81~82, 117, 139, 143, 151, 168, 182~184, 186
지도 제작 과정 12, 34~35, 185, 199, 245, 279
지도 제작 기술 11~12, 86, 171, 202~203, 221, 246, 254
지도 제작 방식 26, 31, 76, 82, 182
지도 제작자 17~18, 28, 33~34, 36, 38, 41, 69~70, 116~117, 119, 121, 134, 141~143, 169, 186, 207, 225, 268, 276
지도 창작자(map-creator) 28~29
지도적 정체성 241
지도학 11, 28, 30, 32~34, 38, 41~45, 54, 57~58, 61, 71, 77, 88, 117, 123~124, 132, 168, 170, 173, 179, 181, 184, 199, 227, 236, 242, 246, 271
지도화 과정 11, 28, 33, 79, 133, 136, 182, 185
지리적 영토 213~214
지상전 245, 254, 264
지식구성이론 34
지식의 정치학 28
지정학 54, 179~182, 195, 238
지질 조사 225
지질학 66, 86, 148, 277
진보 31, 123~125, 130, 153~155

ㅊ

차핀, 로버트(Chapin, Robert Jr.) 257

찰스워스, 앤드루(Charlesworth, Andrew) 187
참호전 254
축척 19, 24~26, 44, 50, 55, 59, 65, 67, 107, 174, 186, 225, 246, 250, 254, 281
측량 기술 11

ㅋ

카로(Caro)-오르나오(Ornano) 위원회 205
캐프라, 프랭크(Capra, Frank) 259
코(Co) 250
코로플레스(choropleth) 지도 170~171
크램(Cram, J. R.) 75
크로, 벤(Crow, Ben) 39, 60, 123
크로더, 마이클(Crowder, Michael) 30
크리그슈피엘(Kriegspiel, 전쟁 게임) 269
크리스토퍼(Christopher, A. J.) 186
키드런, 마이클(Kidron, Michael) 94, 110, 130
키부츠 154
킹, 콜린(King, Colin) 188

ㅌ

탈식민화 236~238, 242
탈정치화 188
토머스, 앨런(Thomas, Alan) 39, 60, 123
톨킨(Tolkien, J. R. R.) 164~165
통계지도 141, 160
통제 28, 41, 76, 107, 116, 122, 133, 137, 153, 155, 161, 234, 245~246, 250, 265, 277
투시도법 246
투시법 11~12, 17, 43, 141, 181, 240, 250
투영법 12, 26, 49~52, 54~55, 57~60, 64, 107, 141, 181~182, 194, 258
튀지나 조약(Treaty of Teusina) 211
트리아농(Trianon) 강화 조약 235

ㅍ

파겔(Fagel) 220
파리 자오선 62
파리평화회의(Paris Peace Conference) 235
파월, 존 웨슬리(Powell, John Wesley) 226
파이그래프 171
파장 18
파편화 77
팔레스타인 154, 233~234
패스트, 캐시(Fast, Cathy) 108
패스트, 티머시(Fast, Timothy) 108
퍼거슨(Ferguson, J. J.) 74
페터스, 아르노(Peters, Arno) 55, 57~60
펠리페(Felipe) 2세 51
평균적 지도 사용자 80
포격 지점 254
포브스, 잭(Forbes, Jack) 30
포스트모더니즘 27, 34
표본추출 117
표제 25, 89~90, 260, 276
푸셰, 미셸(Foucher, Michel) 130
푸코, 미셸 28
풀, 윌리엄(Pool, William) 192
프랑스 혁명 177, 205, 209, 213, 215, 248
프렌티스(Prentice, R. C.) 68, 105
프로테스탄티즘 96
프로파간다 38~39, 176, 259
프리엘, 브라이언(Friel, Brian) 35
프톨레마이오스 왕조 45, 201
플롯화 78

ㅎ

하트(Hart, E. R.) 75
할리, 브라이언(Harley, Brian) 27~30, 34~
    35, 38, 41, 76, 117, 142, 184, 191
항공사진 254, 259
해군측후소(Naval Observatory) 62
해도 70, 221, 224, 257
해리슨, 리처드 에즈(Harrison, Richard
    Edes) 257~258
해사법협정(海事法協定) 138
해상 경계선 236, 238
해상전 254
해양지정학(geopolitics of navalism) 181
해체주의자 41
핵심지 179~181
허드슨즈 베이 컴퍼니(Hundson's Bay
    Company) 218
헐린, 에밀(Helrin, Emil) 257
헤게모니 35
헤이든, 도러레스(Hayden, Dolores) 122
호러빈, 존(Horrabin, John) 71
화살표 88, 195, 258, 262, 264
환경 20, 40, 75~77, 86, 110, 115, 124,
    126~128, 130, 133~135, 137, 139, 146,
    148~149, 153, 155, 173, 177, 182
환경결정론 87, 107, 182
환경 문제 125, 132, 136~137, 153
환경의 지도화 127
환경주의 124
횡축 51
후기구조주의 27, 195
휘플, 아미엘(Whipple, Amiel) 249

4차원적 27
A-Z 20~21